劳动关系集体协商：
理论与实务

李苑凌 ◎ 著

COLLECTIVE
NEGOTIATION
OF
LABOR RELATIONS:
THEORY AND
PRACTICE

知识产权出版社
全国百佳图书出版单位
—北京—

图书在版编目（CIP）数据

劳动关系集体协商：理论与实务／李苑凌著．—北京：知识产权出版社，2020.10
ISBN 978－7－5130－7263－2

Ⅰ.①劳… Ⅱ.①李… Ⅲ.①劳动关系—研究—中国 Ⅳ.①F249.26

中国版本图书馆 CIP 数据核字（2020）第 205520 号

责任编辑：雷春丽　　　　　　　　责任校对：潘凤越
封面设计：乾达文化　　　　　　　责任印制：孙婷婷

劳动关系集体协商：理论与实务
李苑凌　著

出版发行：	知识产权出版社有限责任公司	网　址：	http：//www. ipph. cn
社　址：	北京市海淀区气象路 50 号院	邮　编：	100081
责编电话：	010－82000860 转 8004	责编邮箱：	leichunli@ cnipr. com
发行电话：	010－82000860 转 8101/8102	发行传真：	010－82000893/82005070/82000270
印　刷：	北京九州迅驰传媒文化有限公司	经　销：	各大网上书店、新华书店及相关专业书店
开　本：	720mm×1000mm　1/16	印　张：	16.5
版　次：	2020 年 10 月第 1 版	印　次：	2020 年 10 月第 1 次印刷
字　数：	249 千字	定　价：	75.00 元

ISBN 978－7－5130－7263－2

前　言

自 2015 年国家公布《中共中央　国务院关于构建和谐劳动关系的意见》以来，如何构建和谐劳动关系成为我国理论界和实务界关注的热点问题。劳动关系是最基本、最重要的社会关系之一。劳动关系是否和谐，事关广大职工和企业的切身利益能否实现，事关我国经济发展和社会和谐能否实现。因此，构建新时代中国特色和谐劳动关系，是一项紧迫的现实任务，也是一项持续的、长期的重要工作。当前，我国正处于社会经济转型的重要历史时期，劳动关系中所涉的各方主体诉求呈现多元化的趋势，"劳企"之间利益不一致问题显现，集中表现为劳动争议案件数量较多，发生较为频繁，不但职工合法权益得不到保障，而且企业的利益也遭受损失。

在此背景下，"劳企"之间构建和谐劳动关系的意义就尤为重大，劳动者和企业的相互信任是构建"劳企"和谐劳动关系的重要基础，也是持续推动我国劳动关系不断优化的关键。集体协商的相关制度自 20 世纪 90 年代从国外引入中国之后，经过多年的理论创新和实践探索，逐步成为在社会主义市场经济发展和完善过程中平衡劳动者和企业双方力量，维护双方合法权益，形成社会主义和谐劳动关系的重要保证。集体协商是建立完善职工利益诉求表达机制，加强基层协商民主、构建和谐劳动关系的重要内容，也是加强新时代社会治理的重要举措。搭建劳动者与企业集体协商的平台和机制，能够有效化解双方矛盾、促进双方共克时艰，实现保企业、稳就业、促和谐的目的。

尽管当前集体合同签订率有较大提升，但对集体协商，存在职工和工会不敢谈、不会谈，企业不愿谈的现象，集体协商制度仍存在走形式的问题。因此，工会干部、企业管理方以及广大职工都应该加大学习力度，从不敢谈、不会谈、不愿谈转变为深刻认识到集体协商的价值和作用，积极主动发出要约，切实发挥集体协商制度在民主管理职工、合理表达职工诉求、增进企业与职工互信方面的作用，从而实现共商、共创、共享的和谐劳动关系新局面。

中国特色的社会主义集体协商制度，既需要在理论层面不断拓展和丰富，又需要在实践层面继续探索和解决冲突。本书围绕集体协商制度本身，首先回顾了该制度的历史演变过程，在此基础上构建了新时代中国特色集体协商制度的理论框架，并介绍和探讨了集体协商的典型议题、程序、策略和技巧以及参与人员的基本礼仪等内容，旨在为读者勾勒一个关于集体协商的理论与实务的基本面貌。本书共分为九章：第一章主要介绍了集体协商的概念、类型、主体以及范围和内容；第二章介绍了国外集体协商制度的起源和当前制度的基本特征，并分析了这些制度对我国的启示；第三章回顾了我国集体协商制度的发展历程、时代特征以及当前集体协商制度的实施效果；第四章分别从国家、区域和行业层面分析了集体协商和劳动关系三方治理的关系，阐明了集体协商对劳动关系的影响；第五章关注了我国集体协商的主要议题，分析了这些议题可能涉及的相关内容；第六章从实践层面介绍了集体协商的基本程序；第七章和第八章总结了集体协商过程中的协商谈判策略技巧和沟通技巧；第九章简单介绍了集体协商过程中的礼仪及相关注意事项。

本书在撰写过程中得到了西南政法大学商学院师生的帮助。感谢喻洁、肖瑞琦、李华乔、袁谱庆、吴雪霁、张万梅、莫轶凡、周婷、贾逸祺、付成参与全书相关章节的资料收集、整理和校对工作。感谢重庆市社会科学规划青年项目"转型趋势下重庆企业劳企互信关系形成及修复机制研究"（2013QNGL47）、国家自然科学基金项目"地区腐败、政治迎合与企业资本投资取向：理论逻辑与实证检验"（71802169）为本书的写作和出版提供资助。

李苑凌

2020 年 8 月于重庆

目 录 / CONTENTS

第一章

集体协商概述

　　集体协商是在集体谈判制度自西方国家引入我国之后产生的一个特有的概念。集体谈判制度起源于西方的市场经济国家，是这些国家中的工人阶级为了拥有与资产阶级进行平等谈判的力量通过艰苦奋斗而创立的一种制度。集体谈判制度是不断调整劳企关系，实现劳企力量对等的一种必然结果。20 世纪90 年代我国引入集体谈判制度后，这一制度在我国得到了广泛的应用，基于我国社会的性质和具体国情，将其称为集体协商制度。随着我国社会主义市场经济的不断发展，劳企关系日益复杂多元，集体协商制度在调整劳企关系、维护劳动者合法权益、促进我国经济发展等方面发挥着非常重要的作用。

第一节　集体协商的概念

一、集体谈判与集体协商

　　集体谈判的概念最早由西方提出，于 20 世纪 90 年代引入中国，而在中国的法律法规当中使用的都是"集体协商"。这必然会引出两个问题：集体协商与集体谈判究竟是什么？两者有什么区别？下面对这两个问题分别进行阐释。

　　（一）集体谈判与集体协商的概念

　　1. 集体谈判

　　"集体谈判"是由韦布夫妇首先提出并开始使用的，英国学者西德尼·韦布（Sidney Webb）和碧翠丝·韦布（Beatrice Webb）夫妇在其著作《工业民主》中阐述了"集体谈判"的概念。韦布夫妇认为集体谈判是雇佣关系双方在"个人谈判"（individual bargaining）和"自我规范"（autonomous regulation）之外的第三种选择，是工会在"互助保险"和"立法规范"之外保障和改善工会会员雇佣条件的第三种手段。①

集体谈判在国际劳工组织发布的《促进集体谈判公约》（第154号公约，1981年）②中的界定是："以一个雇主、一个雇主团体、一个或一个以上的雇主组织为一方，以一个或一个以上的工人组织为另一方，为确定工作条件和雇佣条件，和/或调整雇主和工人之间的关系，和/或调整雇主或其组织同一个或一个以上的工人组织之间的关系，所进行的所有谈判。"程延园则认为："在大多数西方国家，劳动者更倾向于联合起来共同确立就业条件和待遇，以防止雇主提供不利于自己的劳动条件。于是，一些工人团体或工会便开始与雇主或雇主群体就工会会员的就业条件和待遇进行谈判和协商，这种行动被称为集体谈判。"③

2. 集体协商

集体协商是指用人单位或者企业组织与相应的工会组织，或者职工推选出来的员工代表，按照法律规定的程序和原则就劳动报酬、工作时间、休息休假、劳动安全与卫生等问题进行商谈的行为，其目的是签订集体劳动合同。

20世纪90年代初，随着社会主义市场经济的发展，我国开始引进集体协商制度。1994年颁布的《劳动法》对集体协商和集体合同制度作了原则性规定。同年全国总工会在《关于贯彻实施〈劳动法〉的决定》中提出了"协商谈判"的概念。此后，在我国相关的法律法规中使用的都是"协商"这一概念。

（二）集体谈判与集体协商的区别

从本质上讲，集体谈判和集体协商的基本含义是相同的。使用"集体谈

---

① 左春玲：《集体谈判与集体合同制度》，中国劳动社会保障出版社，2019，第2页。
② International Labour Organization, C154 – Collective Bargaining Convention, 1981 (No. 154), https://www.ilo.org/dyn/normlex/en/f?p=NORMLEXPUB:12100:::NO:12100:P12100_ILO_CODE:C154:NO，访问日期：2020年1月3日。
③ 程延园：《集体谈判在我国的发展与完善》，《工会博览》2006年第3期，第14–16页。

判"更多的是因为其是国际上的通用术语，也是习惯使然。我国政府和相关的法律法规当中使用的都是"集体协商"，主要是基于我国社会的性质和具体国情。此外，"集体谈判"一词易使人觉得劳企双方是一种对抗、对立的关系，这与构建中国特色社会主义和谐劳动关系的目标不符。基于此，本书在更多的时候会使用"集体协商"这一词汇。

二、集体协商的特点

（一）集体协商的根源：利益冲突

集体协商的根本来源就是劳企双方天然的利益冲突。一般来说，企业方的利润与职工方的薪酬是一种此消彼长的对立关系，双方皆向往更高的利益，而自身利益的增加则可能意味着另一方利益的减少。在企业的日常生产经营活动中，企业方往往掌握着管理大权，在企业方为获取更多利益而使职工方利益被压缩时，往往会发生劳企冲突。此时，集体协商制度就显得尤为重要了。

（二）集体协商主体的地位：平等

虽然劳动者与企业在平等自愿的基础上建立劳动关系，但劳动者对企业确实存在一定的从属性。这导致在谈判当中单个劳动者与企业的地位并不平等，两者议价能力差异巨大。而在集体协商中，单个劳动者聚集成一个集体，大大提升了职工方的议价能力，使得劳企双方在协商中处于相对平等的地位。

（三）集体协商的目的：利益兼顾

集体协商是一种调解劳企双方利益的制度，其最终目的是使协商双方"合作共赢"。集体协商并非"你死我亡""你输我赢"的制度，劳企任何一方的"输"都不利于整个企业的发展，最终导致的是双方的利益受损。因此，集体协商最终需要劳企双方达成合作，这样才能使双方获得更大的利益。

三、集体合同

集体合同又称团体协约、集体协约、劳企合约。在国际劳工组织第91号建议书《1951年集体协议建议书》中将集体合同定义为："以一个雇主或几个雇主或其组织为一方与一个或几个工人作为代表组成的组织（不存在这种组织的，应按照国家法律或法规由工人正常选举产生并认可的工人作为代表）所达成的，涉及工作条件和就业条件的任何书面协议。"① 集体合同实际上是劳动者团体与企业或企业团体之间所达成的一种合约。

集体协商和集体合同是两种不同的制度，他们相互联系又有所区别。集体合同是集体协商的结果，集体协商是订立集体合同的关键环节和法定程序；另外，集体协商脱离集体合同也是一种有效的调解劳动关系的制度。② 在我国，集体协商和集体合同制度起到了调整劳动关系、保护劳动者合法权益以及促进劳企和谐相处的重要作用。

第二节　集体协商和集体合同的类型

一、集体协商的类型

按照集体协商的适用范围，可以将集体协商分为企业集体协商、行业性集体协商、区域性集体协商。

（一）企业集体协商

企业集体协商是指在单个企业内，用人单位与该企业内部的工会所代表的全体员工，按照法律规定的程序和原则就该企业员工的劳动报酬、工作时间、休息休假、劳动安全与卫生等问题进行集体协商并签订书面协议的行为。企业集体协商是最为分散化的一种集体协商类型，其立足的是单个企业，各个企业之间的集体合同均不会互相影响，这有助于实现劳动者和企业双方的意思自治。

企业集体协商的分散性，使得其具有以下特点：第一，职工方的协商力量较弱。相对于区域性集体协商和行业性集体协商，企业集体协商的劳动者

---

① International Labour Organization, R091 – Collective Agreements Recommendation, 1951（No. 91）, https://www.ilo.org/dyn/normlex/en/f? p = NORMLEXPUB:12100:0:;NO:12100:P12100_ILO_CODE: R091，访问日期：2020 年 1 月 28 日。

② 全国总工会基层工作部、全国总工会保障工作部：《集体协商与集体合同实用教材》，科学普及出版社，1997，第 16 页。

的范围仅在一个企业内，其受制于该企业，无法联合其他劳动者形成强大的议价能力。第二，协商内容与员工利益贴合得更加紧密。在一个企业内由于范围的限制，员工的工作环境与福利待遇等基本相同，其需求也大多相同。因此，劳动方提出的诉求也将更为集中，更加贴合员工的切身利益。第三，集体协商的内容更具有针对性。由于参与协商的主体都是在一个企业之内，使得企业的集体协商方式更为灵活，协商的内容也更具有针对性，可结合本企业特点进行商议。

（二）行业性集体协商

行业性集体协商又称产业性集体协商，是指主体为同一行业范围内的所有用人单位和以该行业的工会联合会为代表的全体员工，按照法律规定的程序和原则就该行业员工的劳动报酬、工作时间、休息休假、劳动安全与卫生等问题进行集体协商并签订书面协议的行为。

行业性集体协商具有以下特点：第一，集体协商主体较为广泛。行业性集体协商通常包括整个行业内的所有用人单位和全体员工，其数量较为庞大，所涉及的企业也十分广泛。因此，当行业中存在企业不建立工会、工会力量十分薄弱等情况时，此种协商制度会起到更为积极的作用。第二，集体协商主体较为相似。在同一个行业内，参与协商的用人单位在生产、经营等方面十分相似，员工掌握的技术和专业知识、工作内容、工资水平也有很多的相似性，这有利于使协商内容达成一致。第三，集体协商内容具有行业特性。由于在同一个行业中，因而协商的内容更具行业特色，例如，体现该行业需求的劳动保护，同时协商达成的结果也具有较强的行业特性，但协商结果与其他行业可能会有较大差异。

基于以上特点，行业性集体协商在世界许多国家得到应用，尤其在德国，行业层面的劳企谈判模式是德国解决劳企问题的普遍做法。德国工会联合会（DGB）下的产业工会和德国雇主联邦联合会（BDA）下的产业雇主联合会属于德国行业层级的两大组织。通过集体谈判，德国建立了统一的行业性劳企集体谈判制度。[①] 目前，我国的行业性集体协商的大部分工作是以工资专项集体合同的签订为主要内容。

（三）区域性集体协商

区域性集体协商是指在某一区域内的工会组织与企业代表或企业组织，按照法律规定的程序和原则就该区域内员工的劳动报酬、工作时间、休息休假、劳动安全与卫生等问题进行集体协商并签订书面协议的行为。

区域性集体协商有如下的特点：第一，集体协商的主体为劳动者团体和企业团体。劳动者团体是指此区域内的企业工会或工会联合会。企业团体则是指该区域内的企业组成的组织或者以某一企业为首的企业联合。第二，集体协商的内容不易统一。在同一区域内的企业，可能分布在各个行业，各行业之间的运营方式、技术知识与工资水平等有较大差距。因此，对协商内容较难达成统一意见。第三，集体协商的结果具有区域性。集体协商达成的结果对该区域内的所有企业和劳动者均有效力，所有企业皆须遵守区域性集体合同所规定的条件。但是该集体合同仅针对该区域内的企业和劳动者，对于该区域外的企业或个人皆无约束力。

二、集体合同的类型

集体合同在我国应用广泛，按照内容可将其分为用人单位集体合同、用人单位专项集体合同两种类型。用人单位集体合同的内容可以涵盖劳动关系的各个方面，包括工资制度、劳动安全与卫生、工作时间与休息休假、福利待遇等。用人单位专项集体合同是指用人单位与本单位职工根据法律、法规、规章的规定，就集体协商的某项内容签订的专项书面协议。专项集体合同主要是针对劳动关系中的某一项内容，在我国的实际运用中，工资专项集体合同的签订最为广泛。

按照适用范围，可以将集体合同分为行业性集体合同、区域性集体合同。这两种类型的集体合同实际上源于不同类型的集体协商。行业性集体合同源

---

① 李岩、张桂梅：《德国集体谈判对完善我国行业性工资集体协商制度的启示》，《山东社会科学》2014 年第 9 期，第 189－192 页。

于《劳动合同法》的规定，该法规定在县级以下区域内，建筑业、采矿业、餐饮服务业等行业可以由工会与企业方面代表订立行业性集体合同。一般来说，行业性集体合同对这个行业中的所有参与集体协商的用人单位和企业职工均有约束效力。区域性集体合同也源于《劳动合同法》的规定，该法规定在县级以下区域内，建筑业、采矿业、餐饮服务业等行业可以由工会与企业方面代表订立区域性集体合同。① 按照法律程序签订的区域性集体合同对所在区域内的用人单位和企业职工均具有约束力，其影响范围也较为广泛。

第三节　集体协商的主体

一、集体协商主体的法律规定

1981 年国际劳工组织发布的《促进集体谈判公约》第 2 条规定："集体谈判的一方是一个雇主、一个雇主团体、一个或一个以上的雇主组织，另一方为一个或一个以上的工人组织。"② 从上述规定可以看出，集体协商的主体是两方面的，既包括雇主或其组织，也包括职工或其组织，两者处于平等地位，没有主次之分。

《劳动法》第 33 条规定："企业职工一方与企业可以就劳动报酬、工作时间、休息休假、劳动安全卫生、保险福利等事项，签订集体合同。集体合同草案应当提交职工代表大会或者全体职工讨论通过。集体合同由工会代表职工与企业签订；没有建立工会的企业，由职工推举的代表与企业签订。"《劳动合同法》第 51 条第 2 款规定："集体合同由工会代表企业职工一方与用人单位订立；尚未建立工会的用人单位，由上级工会指导劳动者推举的代

---

① 任江：《农村土地承包经营权入股疑难问题刍议》，《重庆工商大学学报（西部论坛）》2008 年第 1 期，第 23 - 27 页。

② International Labour Organization，C154 – Collective Bargaining Convention，1981（No. 154），https：//www. ilo. org/dyn/normlex/en/f？p = NORMLEXPUB：12100：：：NO：12100：P12100_ILO_CODE：C154：NO，访问日期：2020 年 2 月 7 日。

表与用人单位订立。"在我国法律中集体协商依然有两个主体，其中一个主体是用人单位，另一个主体则是企业职工或者工会代表的企业职工。

综合上述规定可见，在国际公约中，集体协商的主体是"雇主"与"工人组织"；在我国法律中，集体协商的主体则是"企业职工"与"用人单位"。虽然国际上与我国对集体协商主体的表述不一致，但究其本质，主体是相同的，都是劳动关系当中的双方。但是与单个劳动者和单个企业不同的是，处于企业方的主体可以是单个企业也可以是多个企业，甚至是一个及以上的企业联合组织；对于劳动者来说，则必须是一个劳动者团体或组织。

二、集体协商的代表及其产生

（一）集体协商的代表

《集体合同规定》第 19 条规定，集体协商代表是指按照法定程序产生并有权代表本方利益进行集体协商的人员。集体协商双方的代表人数应当对等，每方至少 3 人，并各确定 1 名首席代表。这就表明，在进行集体协商之前，双方应该各自确定一名首席代表。首席代表是以所在方的法定代表人的身份主持协商谈判，并且需代表所在方在集体协商达成的集体合同上签字。

集体协商主体产生集体协商代表，集体协商代表是代表集体协商主体参与集体协商的当事人。集体协商代表的言行受集体协商主体委托，并对集体协商主体负责。集体协商代表的诉求即代表己方主体所有成员的诉求。

（二）集体协商代表的产生

1. 首席代表的产生

（1）职工方首席代表的产生。通常情况下，企业的工会主席按照规定是本企业职工方的首席代表，但如果工会主席无法担任的，也可以指定和委托其他代表担任首席代表。在一些企业当中，工会主席还有一定的行政副职，为了避嫌，也可以由工会副主席来担任首席代表。企业如果没有工会主席一职，可以由工会负责人来任首席代表，也可以进行推选，但必须经过民主管理程序。

（2）企业方首席代表的产生。用人单位方面的首席代表应该由该用人单位的法定代表人担任。法定代表人可以委托其他管理人员担任首席代表。

2. 其他代表的产生

（1）职工方其他代表的产生。一般而言，有工会的企业，集体协商代表由工会进行指派；在没有工会的企业，则由职工代表大会进行推选，但必须经过半数以上的职工签字同意方可当选。在现实中，由于部分企业的职工在知识和能力水平上可能无法达到担任协商代表的要求，职工方可以外聘专业人员来担任集体协商代表，特别是一些法律专家、财务专家等，但外聘专家的数量不能超过本方代表的1/3。

（2）企业方其他代表的产生。用人单位一方的协商代表，可以由用人单位法定代表人直接指定本单位的有关人员担任协商代表。现实中，一般是企业的高级管理人员。同样，在缺乏专业人士的情况下，企业方也可以聘请外部人员来担任本方的协商代表，人数同样不能超过本方代表的1/3。

第四节　集体协商的范围和内容

一、集体协商的范围

集体协商的范围指的是参与协商的劳企双方在商讨过程中所涉及的双方的权利与义务以及其他方面的问题。集体协商的范围可以十分广泛，有关劳动关系的条件等各个方面均可涉及。

从广义上讲，国际劳工组织在《促进集体谈判公约》中提出的集体谈判所涉及的谈判内容包括三个方面：（1）确定工作条件和雇佣条件；（2）调整雇主和工人之间的关系；（3）调整雇主组织和一个或一个以上的工人组织之间的关系。[1] 从狭义上讲，我国对集体协商的内容则有更为具体的规定，《集体合同规定》第 8 条规定，集体协商双方可以就下列多项或某项内容进行集

---

[1]　International Labour Organization, C154 – Collective Bargaining Convention, 1981（No. 154）, https：//www. ilo. org/dyn/normlex/en/f？p = NORMLEXPUB：12100：：：NO：12100：P12100_ILO_CODE：C154：NO,访问日期：2020 年 2 月 7 日。

体协商，签订集体合同或专项集体合同：（1）劳动报酬；（2）工作时间；（3）休息休假；（4）劳动安全与卫生；（5）补充保险和福利；（6）女职工和未成年工特殊保护；（7）职业技能培训；（8）劳动合同管理；（9）奖惩；（10）裁员；（11）集体合同期限；（12）变更、解除集体合同的程序；（13）履行集体合同发生争议时的协商处理办法；（14）违反集体合同的责任；（15）双方认为应当协商的其他内容。

二、集体协商的具体内容

（一）劳动报酬方面

工资报酬对劳动者而言就是收入，对于企业来说就是成本，因此关乎双方的共同利益，无疑成为集体协商的重点。《集体合同规定》第9条规定劳动报酬主要包括：（1）用人单位工资水平、工资分配制度、工资标准和工资分配形式；（2）工资支付办法；（3）加班、加点工资及津贴、补贴标准和奖金分配办法；（4）工资调整办法；（5）试用期及病、事假等期间的工资待遇；（6）特殊情况下职工工资（生活费）支付办法；（7）其他劳动报酬分配办法。

（二）工作时间方面

劳动者对企业的贡献，形式上首先以时间的方式体现，也成为劳企双方争论的焦点。《集体合同规定》第10条规定，工作时间主要包括：（1）工时制度；（2）加班加点办法；（3）特殊工种的工作时间；（4）劳动定额标准。工作时间还包括对员工每日每周工作时间以及加班时间的限制等内容。

（三）休息休假方面

除了工作时间的协商之外，必要的休息是劳动者的合法权利，因此对休息时间的安排也是劳企双方必须要协商的事项。《集体合同规定》第11条规定，休息休假主要包括：（1）日休息时间、周休息日安排、年休假办法；（2）不能实行标准工时职工的休息休假；（3）其他假期。员工可以与用人单位就每天每周可以休息的时间、休息时间如何安排的办法，以及年休假、产假、病假等进行协商。

（四）劳动安全与卫生方面

随着社会经济的不断发展，劳动者对劳动环境的要求不断提高，特别是对劳动安全与卫生方面提出了较高的要求并有着较高的期待，因此《集体合同规定》也作出了这方面的规定，《集体合同规定》第12条规定，劳动安全卫生主要包括：（1）劳动安全卫生责任制；（2）劳动条件和安全技术措施；（3）安全操作规程；（4）劳保用品发放标准；（5）定期健康检查和职业健康体检。对劳动安全卫生的规定主要是为了保障员工各个方面的健康，以及改善劳动安全与卫生条件等。

（五）补充保险和福利方面

除了工资报酬之外，保险、医疗等福利性收入也是劳动者收入的重要补充，是劳动者当前非常看重的地方。《集体合同规定》对可以协商的补充保险和福利作了明确规定，《集体合同规定》第13条规定，补充保险和福利主要包括：（1）补充保险的种类和范围；（2）基本福利制度和福利设施；（3）医疗期延长及其待遇；（4）职工亲属福利制度。需要说明的是，"五险一金"并不在补充保险和福利的范围内，其属于法定社会保险和福利。

（六）女职工和未成年工特殊保护方面

由于女性、未成年人相较于成年男性在体力方面处于弱势地位，需要在劳动过程中得到更好的保护，因而《集体合同规定》对女职工和未成年工的保护作了另行规定，《集体合同规定》第14条规定，女职工和未成年工的特殊保护主要包括：（1）女职工和未成年工禁忌从事的劳动；（2）女职工的经期、孕期、产期和哺乳期的劳动保护；（3）女职工、未成年工定期健康检查；（4）未成年工的使用和登记制度。

（七）职业技能培训方面

为了帮助劳动者不断更新自身技能，适应社会经济和行业发展的需要，避免随着年龄的增长而被淘汰，《集体合同规定》也在这方面对劳动者进行了保护，对职业技能培训作了具体的规定，《集体合同规定》第15条规定，职业技能培训主要包括：（1）职业技能培训项目规划及年度计划；（2）职业技能培训费用的提取和使用；（3）保障和改善职业技能培训的措施。

（八）劳动合同管理方面

《劳动法》要求企业和劳动者之间必须签订正式的劳动合同，而对劳动合同的管理，《集体合同规定》作了具体的规定，《集体合同规定》第16条规定，劳动合同管理主要包括：（1）劳动合同签订时间；（2）确定劳动合同期限的条件；（3）劳动合同变更、解除、续订的一般原则及无固定期限劳动合同的终止条件；（4）试用期的条件和期限。

（九）奖惩制度方面

《集体合同规定》第17条规定，奖惩主要包括劳动纪律、考核奖惩制度、奖惩程序这三个方面的内容，其主要围绕企业的规章制度的制定程序，对于奖励和惩罚的标准以及具体的实施管理办法等来进行，从而形成对劳企双方的共同约束。

（十）裁员方面

由于裁员很大程度上意味着劳企关系的破裂，因而必须非常慎重，避免劳企关系的激化。《集体合同规定》第18条规定，裁员主要包括：（1）裁员的方案；（2）裁员的程序；（3）裁员的实施办法和补偿标准。

第二章

世界各国集体谈判制度

在国外，劳动者和企业集体协商是以集体谈判的形式出现，因此集体谈判是世界各国普遍采用的进行劳企谈判、协调劳企关系、缓解劳企冲突的主要手段和重要机制，谈判内容包括工作时间、劳动报酬标准、工作场所条件、劳动安全保护、休息与休假制度等关系职工切身利益的各个方面。由于世界各国政治环境、经济环境、文化模式以及历史进程千差万别，[①] 因而集体谈判并没有统一的模式，其中典型的模式有市场调节下的自由主义谈判模式（美国和英国）、劳企共决制模式（德国）、企业层面谈判模式（日本）、政府推动的谈判模式（加拿大、瑞典、澳大利亚、法国、泰国等）、基于产权或所有制形式的集体协商模式（中国）。通过分析和借鉴国外集体谈判制度和模式，在新时代中国特色市场经济背景下对我国集体协商制度进行重构、创新和优化，可以有效提高我国集体协商的成效，维护企业方和职工方的合法利益，实现双赢。

第一节　国外集体谈判制度的产生与发展

一、国外集体谈判制度的产生

在 18 世纪末期，欧洲工业革命推动了经济社会的飞速发展，形成了人数

---

① 刘仁宝：《集体协商谈判模式的国际比较》，《山东工会论坛》2019 年第 4 期，第 24 - 28 页。

众多的工人阶层，但资本原始积累的疯狂与野蛮使这一崭新的阶级陷入非常恶劣的劳动环境。劳动时间长、劳动报酬低、生产事故多、劳动条件差等现实状况使得工人阶级命运悲惨、前途无望。这一切迫使工人为了改善自己的劳动环境而自发地同贪婪的资本家们进行斗争。由于话语权和社会地位的绝对劣势，这种自发的斗争往往是勇敢但无效的。在无数次失败斗争的经验中，工人群体意识到了单靠个人的力量是不可能与具有强大经济实力和政治资源的资本家们抗衡的，[①] 工人阶级只有团结一致，对资本家形成威慑，迫使其接受工人们的合理诉求，才能实现斗争的胜利。因此，一些掌握了熟练工作技能的劳动者们自发地组织起来，利用罢工或者消极怠工的方式，使资本家不得不与工人进行谈判，这促进了工人阶级的群体维权组织——工会——的诞生。工会的出现，使得工人有了一个强有力的组织来对抗企业主并通过谈判来争取自身的权利，这一形态就是集体谈判的雏形。

在历史上，劳企集体谈判最早出现在美国、英国这两个国家。早在1799年的美国费城，当时的制鞋产业的工人就联合起来，与他们的雇主进行了集体谈判，这非常类似于今天的行业集体谈判。英国的纺织业非常发达，因此集体谈判也在此诞生，通过艰苦的斗争，纺织工人和企业主在工资、劳动条件、休息时间方面达成了一系列的协议。[②]

集体谈判制度在美英的兴起并不是偶然的，而是政治、社会、经济和文化等诸多方面因素共同作用的结果。特别是，在这些国家和地区由于工业革命的影响，[③] 产业的发展使得大量的无产阶级变为产业工人，出卖劳动力成为不可避免的选择，这种情况使劳企双方的关系呈现出一些新的特点：第一，劳动者具有高度同质性，特殊技能的缺乏使得广大劳动者不得不接受企业主的条件，几乎没有任何的选择权和谈判权。第二，劳动力市场竞争非常激烈，庞大的劳动力蓄水池给就业的劳动力带来了无形的压力，使得他们难以有效

---

① 张在范：《集体谈判的生成与劳动法制的转型》，《河南社会科学》2007 年第 6 期，第 71 - 73 页。

② 欧阳帆：《法国公共部门集体谈判制度探讨》，《滨州学院学报》2010 年第 1 期，第 107 - 112 页。

③ 刘诚：《劳动关系的调整机制》，《上海师范大学学报（哲学社会科学版）》2012 年第 5 期，第 47 - 57 页。

对抗企业主的压迫和剥削。第三，工作岗位不稳定，就业状况受企业经营状况的影响非常大，一旦失去工作岗位，则会面临贫穷和困苦。第四，生产中的劳动保护几乎是空白，一旦出现意外事故和人身伤害，则劳动者完全得不到任何补偿，并即刻会陷入危机之中。第五，企业民主管理基本上不存在，企业管理的权力高度集中于企业经理人员手中，而当时的管理方式通常是非常简单和粗暴的，个人意志凌驾于工人的自主权利之上。这一状况造成工人极度容易丧失工作热情，工人的劳动开始异化，劳动者的自主意识逐步消退。上述这五大问题正是劳动问题的核心，[①] 直到现代也是各国社会关注的劳动关系的焦点。

二、国外集体谈判制度的发展

从国际上看，集体谈判制度的发展并不是一帆风顺的，经历了从被禁止到承认与支持的历程。在集体谈判发展之初，西方各国政府在发展经济时信奉自由竞争的理念，对于集体谈判制度不是支持与保护，而是深恶痛绝。各国主要通过制定禁止结社方面的法律法规来达到妨碍工会代表工人与企业雇主进行集体谈判的目的，例如，英国在 1800 年就通过了《禁止结社法》，该法认为劳动关系是自由市场经济的根本，是自由缔结契约的结果，而工会对这种自由的干预属于非法的行为。[②] 例如，规定凡两人或两人以上联合要挟雇主改良劳动条件，一律给予徒刑或罚金处罚。[③] 政府还宣布取缔工会组织，禁止工人罢工。与此同时，工会方面则带领工人与企业进行激烈抗争，劳企矛盾越发尖锐。

通过立法禁止工会参加谈判后，工人的罢工运动开始逐步由公开走向隐蔽、由"地上"转入"地下"，但规模却越来越大，手段也越来越激烈。劳企冲突激烈到使得雇主在反思中意识到，与工人集体谈判似乎可以有效避免

---

① 哈罗德·伯曼编《美国法律讲话》，陈若恒译，生活·读书·新知三联书店，1988，第119 页。

② 冯庆禄、卢国栋、吴兴波等：《关于工资集体协商工作提质增效的研究》，《山东工会论坛》2016 年第 2 期，第 16 - 23 页。

③ 张在范：《集体谈判的生成与劳动法制的转型》，《河南社会科学》2007 年第 6 期，第 71 - 73 页。

他们的消极怠工和示威游行现象，甚至对于同行业的恶性竞争也有着抑制作用。因此，资本家们开始慢慢地转变立场，各国政府随即通过立法对集体谈判加以肯定，承认工人享有结社权，工会享有谈判权逐渐成为各国的立法取向。

世界上第一部现代工会法于 1871 年在英国诞生了，1875 年《企业主和工人法》也随之诞生，第一次承认了工人与雇主之间地位平等，赋予了工人组织——工会或其他组织与企业主进行谈判并签订集体合约的权利。继英国之后，法国于 1884 年颁布《职业团体法》，新西兰在 1904 年制定了有关集体合同的各种法律，奥地利和荷兰也在 1907 年分别颁布了相关法律，集体谈判制度逐步开始得到各国法律的认可。

第一次世界大战之后，全球劳企关系进一步走向法制化和规范化，集体谈判和集体合同制度在世界主要资本主义国家立法中被进一步明确，影响力逐步扩大。1921 年，德国颁布了《劳动协约法（草案）》，对集体合同和集体谈判制度做了较为详细的规定。1924 年和 1928 年，芬兰和瑞士两个欧洲国家先后出台了《集体合同法》。而最具划时代意义的则是美国在 1935 年出台的《国家劳动关系法》，授予工人组织、参加、帮助工会的权利；工人可以与雇主进行集体谈判；工人可以采取一致行动去改善、促进自己的权利。这部法律要求雇主必须以积极、诚实的态度与工会谈判。

第二次世界大战之后，集体谈判制度在对劳动者进行契约保障之外，更增添了一层为雇主寻求利润最大化的色彩。世界各国的经济结构和社会体制在"二战"后发生了巨大变化，20 世纪科技发展给工业生产带来的积极作用使得雇主们认识到劳动者在运用技术提高生产力中的重要作用，从而注意到需要提高工人的工作积极性，改善其生产、生活条件。谋求劳企合作、摒弃劳企对立思想成为工业化国家劳企关系的主要潮流，各个国家纷纷出台了相关法律，例如，日本 1946 年的《工会法》、1947 年的《劳动关系调整法》，德国 1949 年的《集体合同法》，加拿大 1965 年的《劳动（标准）法》，美国 1978 年的《劳企合作法》等。这些法律使得劳工结社、集体谈判和集体合同制度在主要资本主义国家中得到广泛确认，进而使得集体谈判成为处理日常劳企问题的主要手段，也成为雇佣关系中决定规则的主要依据。[①]

20 世纪 80 年代以来，在经济全球化的影响下，各国开始逐渐放松劳动法的实施和执行，究其原因是经济发展低迷和工人运动衰退之时，企业为节约人力成本，增加在全球范围内的国际竞争力，开始使用各种方法规避法律以牺牲劳动者利益。随着第三产业的迅速发展和各国右翼政党占据主导地位，集体谈判的重要主体——工会——开始走向衰弱，工会会员数量持续下降，入会率持续走低，工人运动陷入了低潮，以工会为主导的集体谈判制度体系开始分崩离析。21 世纪初，在新自由主义的影响下，各国控股集团合法化被提上议程，许多企业集团中劳动者的劳动条件差异极大，工会相对多元化、扁平化，劳动关系更加复杂，很多工会在企业中无法拥有话语权，甚至连经营者是谁都无法明确，这都使得集体谈判在实践中陷入泥沼，举步维艰。

第二节　世界主要国家的集体谈判制度

一、美国的集体谈判制度

和欧洲不同，美国的劳动力市场有其自身的特点，这些特点也使得它的劳企关系模式和欧洲国家有所不同，主要表现在以下几个方面：（1）中央级别的集体协议较为罕见。美国最主要的中央级别的工会组织是美国全国总工会（AFL – CIO），由美国劳工联合会和产业工会联合会在 1955 年合并而成，其主要的功能和作用是协调地方协会、发布信息资讯以及进行政治宣传，并不会直接介入和参与劳企谈判。同时，美国没有中央级别的雇主组织，[②] 劳动关系问题向来由企业自行处理。（2）企业级别的谈判模式较为普遍。由于没有中央级别的组织，因而美国的集体谈判主要以企业级别的形式展开和进

---

① 鲁赛佛尔达特、菲瑟：《欧洲劳资关系——传统与转变》，佘云霞等译，世界知识出版社，2000，第 17 页。

② 石旭雯：《集体谈判——劳动者外部参与机制比较研究》，《甘肃金融》2009 年第 9 期，第 26 – 29 页。

行，企业主和工人自行商定双方共同关心的话题，这也是美国的劳动力市场较之欧洲国家更倾向于市场化的原因。劳企双方达成一致之后，工会会员以投票的形式通过集体谈判的结果——集体合同，并立即生效。生效的合同可以为同行业的其他企业提供范例，成为全行业甚至是其他行业集体谈判的重要参考和借鉴。（3）集体合同覆盖面小。美国绝大多数受雇者并不在集体合同的覆盖范围内，2018 年工会的入会率仅为 10.5%，许多企业也从未出现工会。工资和劳动条件更多地由个别雇主与受雇者在企业内部以合意的方式决定，这与欧洲的做法相去甚远。（4）产业级别的团体交涉有限。产业级别的集体合同仅存在于某些重工业行业如汽车、钢铁行业之中，协议的期限通常为三年。（5）规定了工作权条款。1935 年出台的《国家劳动关系法》是美国最重要的联邦法律之一，详细规定了工会组织和企业组织在劳企关系中的权利和义务，为劳企谈判奠定了基础。1938 年出台的《公平劳动基准法》则更为详尽，对最低工资标准、工时的计算以及加班的计算都作出了详细的规定。1947 年出台的《塔夫特·哈特莱法案》规定了有关工作权的特别条款，允许各州对"工会制企业"制度作出比联邦更加严格的限制，[①] 以保障未加入工会的劳动者享有同样的工作权。目前，大约有 20 个州的法律对"工作权"条款作出了规定。同时在这一法案中，还对罢工进行了规定，创新性地提出了延迟罢工程序，有效减少了罢工的次数，缓和了劳企矛盾。

二、英国的集体谈判制度

作为世界工业革命的发源地，英国劳动关系制度源于其非常独特的劳动关系传统和规范。20 世纪 80 年代以来，英国对劳动力市场进行了一系列改革，在欧洲引起了普遍的关注和争议。在规范劳动关系上，市场主导是其基本原则，集体谈判制度和协约通常以自治的方式达成，国家很少干预，即"所有以法定方法决定工资及其他雇佣条件，在法律上亦被认为非属上策，就某种意义而言，所有英国立法系对集体谈判制度之诠释"[②]。

---

① "工会制企业"条款是集体合同中保护工会垄断地位的条款，它要求受雇者有加入特定工会的义务。

② 王泽鉴：《民法学说与判例研究》，中国政法大学出版社，1997，第 343 页。

这种市场主导的模式，使得英国的集体谈判制度不同于其他国家，主要表现为：一是集体合同不具有法定拘束力。集体谈判虽然在规范劳动关系中居于重要地位，但是谈判达成的协议的效力却不同于其他国家。在英国，集体合同不具有法律上的拘束力，不能请求法院强制执行，是否履约完全依赖于当事人之间的意愿。究其原因，是英国集体协议不构成"法律上的合同"，因为当事人之间缺乏建立法律关系的意思表示。虽然集体合同当事人之间也会产生一定的权利义务关系，但是这种权利义务关系不具有法律意义，仅属于"君子约定"性质，协约的履行不是依赖法律制裁而是依赖社会制裁。① 二是地方性的团体交涉增多。过去英国的集体谈判通常是行业级别的，全国统一进行谈判并约束全国的所有企业和工人。但从 20 世纪 70 年代以后，由于各个地方的情况不同，统一的全国谈判已经不能适应各个地方的要求，企业主不再维持全国性的谈判协议，各企业开始分别进行谈判，一些重要的劳动关系问题由各个企业自行决定，特别是工资报酬等内容在各个地区呈现明显的差异，以体现地区自身的特点。从趋势上看，英国在这一时期分散化的集体谈判逐步代替集中化的集体谈判。三是工会具有免责权。由于罢工通常会造成社会秩序的混乱和企业的损失，工会会因此承担赔偿责任。和其他国家的通行做法不同，英国规定禁止罢工，但同时可以以例外方式进行罢工，并在其间豁免工会的责任。通过这一方式就免除了工会在罢工方面的责任和相应的赔偿，反而扫除了工会活动的限制，扩大了工会的权利。

三、德国的集体谈判制度

第二次世界大战后，德国发展出一个强大的集体协议体系，其集体谈判制度的特点是：（1）集体协议分两种。与其他国家不同，德国的集体协议被分成了"工资协议"和"劳动条件协议"，其中工资协议在产业层面达成并实施，时间通常是一年，而劳动条件协议则在全国层面达成，时间比较久，最长可以达到五年。另外，这两种协议不仅对工会会员有约束力，对非工会会员同样也有约束力。（2）和美国一样，无论是工会还是企业方，都不存在

---

① 王益英主编《外国劳动法和社会保障法》，中国人民大学出版社，2001，第 45 页。

全国性的产业组织联盟，基本都是以产业为单位的地区性集体协议，各个地区根据自身的实际情况进行谈判，没有示范效应。（3）罢工难以实施。根据德国的法律，如果要进行罢工，需要 75% 的会员匿名投票同意才可以进行，而在此之前，还有法定的仲裁程序对劳动关系进行协调。因此，罢工在德国并不常见。（4）由于正式罢工难以进行，因而在德国经常进行的是警告性罢工，即工人可以进行持续数小时的抗议行为，这种警告性罢工不需要经过上述程序即可进行。

与美国不同，德国的市场经济除了强调自由之外，还特别重视秩序，即"自由和秩序"并重。这一历史传统使德国首创了工资自治政策和劳企共决政策以确立雇主和雇员之间的"社会伙伴关系"，即在德国，工人和企业主之间并不是单一维度的利益冲突，两者之间不存在根本矛盾，而是多重维度下相互交织融合的关系，能够对社会发展和经济稳定发挥重要作用。

由于实行市场经济，因而德国社会的工资水平依然由供求双方的力量共同决定，国家和政府一般不进行直接干预，企业工资水平由企业主和工人在行业层面的集体协商中达成，并在行业中实施。当然，德国也有不同于美英两国的特点，即工资协商的基础是劳动生产率的变化。劳企双方进行工资协商的时候，都以同时期劳动生产率的变化为基础，将工资变化和劳动生产率的变化挂钩。同时，针对 20 世纪 60 年代以后资本主义国家普遍出现的"滞涨"问题，德国又在劳动生产率变化的基础之上，加上了通货膨胀预期的因素，以使工资的变化能够适应较高的通货膨胀速度。①

德国集体谈判制度的另一个极具特色的地方就是公决权制度，② 即企业的成员和企业主可以就企业的重大事务进行商量。为了贯彻这一制度，德国企业内有一整套与之相关的制度安排：第一，任何企业都必须成立企业委员会。企业委员会由职工构成，并选出职工代表参与企业内部职工权利的获得和执行，涉及职工的工作时间、休息时间和方式、劳动条件和场所、企业监管制度、企业技术革新等方面。企业委员会对于职工的个人事务如岗位变更、

---

① 孙宪忠：《德国社会市场经济法律制度初探》，《外国法译评》1995 年第 4 期，第 39 - 49 页。
② 欧阳帆：《国外集体谈判制度的比较分析》，《中国集体经济》2007 年第 23 期，第 197 - 198 页。

技能培训、被裁撤等,虽然没有决定权,但可以提出建议。需要注意的是,企业委员会并不是工会组织,它自身只是一个职工自愿成立的社团组织,其范围可以扩大到整个行业,并突破地区限制从而成为一个全国性组织。第二,企业的监事会中,必须保留职工的位置,这个比例通常情况是1/3,且和其他监事会成员具有相同的权利。

工资自治政策和劳企对决政策构成了第二次世界大战后德国特有的劳企自律调节体系,工人的主要斗争手段从罢工或游行逐渐转变为劳企直接对话和协商。尽管这一体系不可能改变资本与雇佣劳动者之间的支配和从属关系,但它确实缓和了德国的劳企冲突和社会矛盾,促进了劳动力市场的平稳运行、经济增长和社会安定。

四、瑞典的集体谈判制度

瑞典具有较为悠久的集体谈判历史。早在20世纪初期,集体谈判和集体协议就已经成为瑞典解决劳企矛盾和工资问题的主要方式。瑞典集体谈判制度具有以下特点:第一,工资决定权由政府交还给企业和工人。瑞典在工资决定的形式上,原来倾向于中央集权,但受西方新自由主义经济思想的影响,工资和劳动条件等方面的决定权逐步分化,开始由企业和工人自主决定,并以契约形式固定下来,政府只是通过经济手段进行间接干预,只在必要时才借助仲裁或者法律手段。第二,三阶段的团体交涉。[①] 从1956年至1982年,瑞典的集体谈判主要分为三个层级:中央层级、行业层级和企业层级。中央层级的谈判主要在工会联盟和雇主联盟之间展开,全国各行业有关雇佣工资的集体协议通常在中央级达成,由双方中央级组织对其会员组织提出交涉建议书。由于集体谈判的巨大影响力和执行效力,因而多年以来瑞典没有最低工资立法,瑞典努力回避由国家制定收入政策,企业和工会都认为他们可以对工资和工作条件达成共识。行业层级的集体谈判主要在行业工会和企业行业协会之间展开,劳企双方之间缔结正式的行业协议,就中央层级的框架性协议作出具体的规定,如确定具体的工资、工时、休假制度等。企业层级的

---

① 闻效仪:《瑞典劳动关系中的合作主义》,《中国人力资源开发》2010年第4期,第75-78页。

集体谈判在地方工会和单个企业间展开，确立更加具体细化的劳动条件，如单个员工的薪资水平等。第三，团体交涉的分化权。自 1983 年机械业雇主组织与金属工人联盟自行缔结团体协议之后，劳企双方的下级组织均开始尝试发展新的交涉模式。1990 年，瑞典雇主联盟决定不再参与工资交涉。自此，虽然仍有上级集体协议的存在，但各企业都已逐渐将工资的决定视为其经理人的基本职责。第四，集体协议存续期间各不相同。虽然工会联盟努力建立固定的协议存续期间，但集体协议的期限较之过去却更为多样。例如，1995 年集体协议期限有两年的、两年半的或三年的，而且不同协议生效和终止的条件设置也各不相同。

五、日本的集体谈判制度*

东亚文化中的和谐传统，无疑对日本的劳动关系有较大影响。在日本企业中，企业主和员工之间的关系并不是简单的经济利益关系，还存在情感关系，甚至存在家庭般的和谐关系。正是这个原因，日本劳动者对企业通常具有较高的忠诚度，而作为回报，日本的企业主也以奖金等方式来奖励员工，体现两者的关爱关系。在这种情况下，日本集体谈判呈现出鲜明的特点：第一，由于日本大多数企业实行终身雇佣制，不会轻易解雇员工，因而日本的劳企关系主要体现在企业内部的工会组织上。比较独特的是，日本企业内部可以有多个工会组织，这些工会可以分别进行集体谈判。[1] 虽然在各个企业工会之间也存在日本全国产业工会联合会、日本劳动组合总联合会等全国性的组织，但这些组织主要起着协调和指导作用，并不能对企业工会起决定性作用。因此，日本的劳企关系更多地体现为一种内部劳动力市场的关系，各个企业内部的集体谈判主要是解决本企业的问题，通常不会对其他企业产生影响。第二，日本的工会虽然只是企业级别的，但它具有高度的独立性，特别是在经济方面其独立于企业。这种高度的独立性可以保证工会能够独立自主地参与企业的经营活动，并提出合理的建议，从而最大限度地保证工人

---

* 阳代杰：《劳动关系管理的域外经验借鉴——来自日本的启示》，《工会理论研究》2016 年第 10 期，第 22 – 26 页。

① 刘仁宝：《集体协商谈判模式的国际比较》，《山东工会论坛》2019 年第 4 期，第 24 – 28 页。

的合法权利。第三，"春斗"即集体春季工资谈判，是日本集体谈判的主要形式。[①] 每年的三月是"春斗"时期，是日本集体谈判最集中的日子。"春斗"源自 1956 年，并在之后形成了一套长久持续的制度。春季谈判的主要内容是工资的涨幅，也包括劳企双方共同关心的其他问题。在"春斗"所达成的平均工资涨幅协约中，70% 的协议存续期间为一年，也有的期限为两年或三年。每一年的工资谈判能够确保工资恰当、准确地反映当前经济形势，有利于劳企双方据此确定各企业的实际工资涨幅，调整工资水平。第四，日本企业很少出现罢工。虽然日本企业工会与企业方的立场不一致，但由于受日本传统家国意识的影响，日本工会会员的对抗意识和斗争意识并不强烈，劳动市场上的争议行为很少出现，即使发生罢工，持续时间也很短。他们往往会为了企业的长远发展而妥协让步，这使得劳企双方的矛盾得以缓和，争议的处理程序与其他国家非常类似，斡旋失败之后随即进入调解和仲裁程序，工会组织和雇主方之间得以呈现出相互理解与合作的状态。

第三节　国外集体谈判实践对我国的启示

与世界其他国家相比，我国的集体协商制度实行较晚，而我国目前正处于社会经济发展动能转换的关键时期，劳动纠纷问题日益显现，劳动关系日益复杂化。因此，了解和熟悉上述国家集体谈判制度的产生、发展过程，吸取其制度建设和机制设计上的优点，对于新时代我国集体协商制度的完善，有着极大的促进作用，也是实现和谐劳动关系的必经之路。

一、应完善有关集体协商的法律法规

劳企关系的调整必须在法律框架下进行。世界各国集体谈判有序、有效进行与其相对完善的法律制度密不可分。美国《国家劳动关系法》对雇员的

---

① 阳代杰：《劳动关系管理的域外经验借鉴——来自日本的启示》，《工会理论研究》2016 年第 5 期，第 22–26 页。

权利、雇主和劳工组织的不公平的劳工行为、雇主应约谈判的义务、谈判代表的选举、防止不公平劳工行为等各个方面都有明确规定，基本对集体谈判的各个环节都作出了规范。我国《工会法》《劳动法》《公司法》《劳动合同法》虽然对集体协商有原则性规定，但这些法律还不完善，有关规定还有不一致之处，缺乏可操作性。我国关于集体协商和集体合同较为具体的规定只有一个规章，即2004年1月20日劳动和社会保障部令第22号公布、自2004年5月1日起施行的《集体合同规定》。这使得集体协商的立法层次较低，缺乏法律权威性，显然不能适应市场经济条件下劳动关系主要通过集体协商来调解的迫切需要。因此，我国应尽快制定并颁布有关集体协商的专项法律，同时还要加快完善与之相配套的法规与措施，促进劳动合同制度、工资制度、社会保障制度、劳动监察制度、劳动争议处理制度等法律的完善，建立起全面保障集体合同有效运行的法律体系。

二、国家应设置单独的集体协商主管机构

美国的《国家劳动关系法》授权成立国家劳企委员会，直接介入谈判单位的确定、谈判内容的规定以及防止并纠正劳企双方的不合理行为等。专门机构的成立，有力地保障了集体谈判机制的有序运行。参照美国的做法，我国也可以考虑成立专门的集体协商主管机构，具体指导、参与集体协商机制的运行，并对此过程中的不合法行为进行惩处。

三、应强化工会的主体作用

综观西方市场经济国家的集体谈判机制，独立自主和充分代表雇员利益的高素质工会是集体谈判制度发生作用的主体因素。从我国实际情况来看，"资强劳弱"的局面依然存在，这体现在集体协商谈判过程中就是企业方通常组织严密，有专业的人才队伍和丰富的经验，而职工方的代表通常是临时拼凑而成，无法独立于企业方且"搭便车"的情况严重，这致使集体协商沦为一种形式化机制而难以产生实际效果。因此，在完善我国的集体协商制度的实践中，一定要在中国共产党的领导下强化工会的作用，充分发挥工会作为职工联合组织的功能，使之真正为职工的根本利益服务和工作。除了完善

企业工会之外，在条件成熟的地区和行业，也可以尝试建立行业工会和区域工会，通过这种方式壮大工会的力量，促使集体协商在更广泛的框架内统一行动，从而达到更好的效果。

四、应加强集体劳动关系及争议的初期管理与协调

及时解决争议问题是处理集体劳动关系的恰当做法，在基层或前期处理解决劳动争议既经济又有效，对社会的负面影响小。在集体劳动争议发生的早期，在企业内部处理可以避免矛盾的拖延和扩大化，能把争议给就业者和企业造成的损失降到最低。因此，要为集体劳动关系建立顺畅的协商协调处理机制，使得发生问题时有渠道、按规则及时解决。尤其要有效维护劳动者一方的平等权益，改善其弱势地位。只有集体劳动关系双方主体有了相对平等的地位，才有利于为双方的利益诉求和协商搭建相对顺畅的渠道，争议才有可能及时有效地沟通解决。

总之，我国在完善集体协商谈判过程中，应正确看待他国与我国国情的差异，借鉴世界各国集体谈判制度的优点并为我所用，明晰政府职能，发挥工会的代表作用，促使劳企平等协商，强化广大劳动者的协商谈判能力，促进我国集体协商制度的不断完善和长久发展。

第三章

新时代中国特色的集体协商制度

第一节　中国集体协商制度的发展历程

中华人民共和国成立以前，苏维埃地区工厂中就已经普遍实行了集体协商政策。1931 年的《中华苏维埃共和国劳动法》、1940 年的《陕甘宁边区战时公营工厂集体合同准则》、1948 年的《关于中国职工运动当前任务的决议》、1949 年的《关于颁布旅大地区工会与企业工厂签订集体劳动合同基本要点的命令》等一系列法律法规的出台都标志着我国集体协商制度的萌芽。

中华人民共和国成立之后，集体协商制度的建立和完善得到了党和国家的高度重视，对推动社会主义的建设起到了重要的作用。中国的集体协商制度从设计之初与西方集体谈判制度就有着众多差别，并随着中国的市场经济的进程不断发展。回顾中国集体协商制度的发展历程，可以清晰地划分出五个阶段。

一、探索阶段

中华人民共和国成立后，为建立新型的劳企关系，体现社会主义制度的优越性，国家开始积极探索推行集体协商制度。1949 年 9 月，中国人民政治协商会议第一届全体会议通过的具有临时宪法作用的《中国人民政治协商会议共同纲领》就规定，私人经营的企业，为实现劳企两利的原则，应由工会代表工人职员与企业方订立集体合同。1950 年颁布的《工会法》第 5 条明确提出"在国营及合作社经营的企业中，工会有代表受雇工人、职员群众参加生产管理及与行政方面缔结集体合同之权"。1950 年的《工会法》第 6 条规定，"在私营企业中，工会有代表受雇工人、职员群众与资方进行交涉、谈判、参加劳资协商会议并与资方缔结集体合同之权"。以上两条规定扩展了集体合同的约束范围，将国营企业和合作社企业也纳入其中。随着这一法律的颁布实施，纺织、铁路、电力等行业先后进行了集体协商，并取得了很好的效果。但自 1956 年开始，随着社会主义改造运动的兴起以及私营企业生产资料所有制的公有化，[①] 集体协商逐步退出历史舞台，只在一些国有大型企业中存在。

二、逐步恢复阶段

在改革开放以后，随着市场经济在我国的确立，我国企业在市场化过程中劳企纠纷问题开始出现并日益突出，成为政府关注并需要解决的重要问题，而集体协商无疑是解决这一问题的关键。在国有企业改革的过程中，一部分中小型国有企业破产关闭，往日的"铁饭碗"被打破，许多工人离开工作已久的国有企业，走向市场化的劳动力市场，企业工会的力量开始削弱。1984 年的中国共产党第十二届中央委员会第三次全体会议通过的《中共中央关于经济体制改革的决定》改变了企业过去"党委领导下的厂长负责制"，转变成为"厂长负责制"，接着 1988 年第七届全国人民代表大会颁布的《全民所有制工业企业法》以法律的形式明确了这一制度，其中第 45 条规定，厂长是企业的法定代表人。厂长在企业中处于中心地位，对企业的物质文明建设和精神文明建设负有全面责任。由此可见，党委权力和地位处于从属地位。从决定走向法律，意味着市场化初期的"厂长负责制"将会冲击企业权力的传统架构，带来全面变化。政企分开也带了另一个问题，企业中的管理者权威主义慢慢盛行，开始成为企业中工作场所的新主宰，工会的力量被进一步削弱。为了强化工会的力量，使其重新成为广大工人的代表，中华全国总工会开始大力推动集体协商制度，一方面是为了解决劳企纠纷问题，另一方面是

---

① 闻效仪：《改革开放四十年之集体协商与集体合同研究：历史演进、制度执行与类型化趋势》，《中国人力资源开发》2018 年第 10 期，第 97－109 页。

为了重建工人对工会的信心。通过工会推动下的集体协商制度，工会可以重新成为工人的保护组织，并取得和企业管理层平等的地位，重构自身的社会影响力。

三、正式建立阶段

中国集体协商制度真正得到全面推行是在 20 世纪 90 年代。在 1992 年通过的《工会法》和 1994 年通过的《劳动法》中，集体协商和集体合同制度得以确认，工会成为集体协商中职工方的代表，取得了和企业方平等协商的权利。1994 年，原劳动部下发了《劳动部关于进行集体协商签订集体合同试点工作的意见》（劳部发〔1994〕486 号），意味着集体协商制度开始在全国部分地区的国有企业进行试点。随后，1995 年中华全国总工会下发了作为集体协商指导性意见的《工会参加平等协商和签订集体合同试行办法》（总工会发〔1995〕12 号）。1996 年的《劳动部、全国总工会、国家经贸委、中国企业家协会关于逐步实行集体协商和集体合同制度的通知》（劳部发〔1996〕174 号）则把集体协商的范围从国有企业扩大到非国有企业，这意味着集体协商的范围进一步扩大，有席卷所有企业之势。到了 2001 年，《劳动和社会保障部、国家经济贸易委员会、中华全国总工会、中国企业联合会、中国企业家协会关于进一步推行平等协商和集体合同制度的通知》的出台意味着这种"势"已经变成了现实，各类企业全面开展了集体协商的工作，并在此基础上开始摸索行业内的集体协商，将集体协商的范围往纵深方向发展。

四、快速推进阶段

由于集体协商的内容非常广泛，因而要推动集体协商在所有企业实行，就必须选择重点内容，而工资无疑是最佳选择。2000 年出台的《工资集体协商试行办法》就体现了这一思想。2001 年修正的《工会法》从法律上明确了工会具有开展集体协商的职能职责，其目的就是要"维护职工合法权益"。[①]

---

① 赵长茂：《加快建立工资集体协商机制》，《瞭望》2007 年第 23 期，第 3 页。

随后，2006 年中国共产党第十六届中央委员会第六次全体会议更是明确指出要"完善劳动关系协调机制，全面实行劳动合同制度和集体协商制度"，这为集体协商制度的发展奠定了理论基础。2007 年通过的《劳动合同法》无疑在这一过程中具有划时代的意义，其将"集体合同"单独设立为一节，对专项集体合同进行了明确规定，特别是对工资调整方式等劳企关系的核心内容进行了详细规定，且将其上升为法律。

　　除了在政策法规方面不断推进之外，全国总工会在实践层面也不断推动集体协商制度在地方的实行，并将其作为构建和谐劳动关系的重要手段，并力图说服相关部门将集体协商工作作为考核地方政府政绩的一项指标，从而在更广泛层面来推动集体协商工作的进行。为了更好地推进这一工作，集体协商的专业化人才是必不可少的，因此 2008 年发布了《中华全国总工会关于建立集体协商指导员队伍的意见》，从人才保障上来推动企业集体协商工作的进行，让集体协商更加专业化和规范化。始于 2008 年的国际金融危机也给当时的国内经济造成了严重的影响，一些地区的企业停工停产，为了应对这一突发状况，国家开始执行推进实施集体合同制度的"彩虹计划"，集体合同的签订成为这一时期工作的重点。截至 2019 年，我国集体合同数达到 175 万份，涉及人数达到 1.49 亿。[1]

五、深化发展阶段

　　全面深化改革是党的十八大作出的重大决定。在集体协商制度方面，深化改革的重点就是从数量向质量的转变，即从"推行企业工资集体协商制度"到"完善企业工资集体协商制度"的转变，一词之差体现了这一趋势的变化。针对我国集体合同制度存在质量不高、效度不够的现实问题，政府、企业和工会三方开始着手联合巩固集体合同建设的成果，目的依然在于提高集体合同的质量。同时，为了更好地实现前述目标，全国总工会也开始进行机构改革，权益保障部代替原来的集体合同部和保障工作部，其主要职能就

---

① 人力资源和社会保障部：2019 年度人力资源和社会保障事业发展统计公报，https：//baijiahao. baidu. com/s？ id＝1668672296727475345&wfr＝spider&for＝pc，访问日期：2020 年 9 月 20 日。

是提高集体协商的质量，保障集体协商的成果不断提升并有效实施。

习近平总书记在党的十九大报告中强调要"完善政府、工会、企业共同参与的协商协调机制，构建和谐劳动关系"[①]，为推进集体协商工作的科学发展指明了努力方向，提供了重要遵循。进入新时代，我国企业职工队伍发展也呈现新的特点：职工队伍规模不断增大，截至 2017 年总数已达 3.91 亿左右[②]；结构更加复杂，非公有制企业就业职工不断增加，农民工成为产业工人的主体；利益诉求趋于多元，不同职工群体在劳动岗位、劳动报酬、教育、医疗、居住等方面的诉求差异明显；权利意识逐步提高，从被动维权向主动维权转变、从追求生存权益向追求发展权益转变、从追求物质权益向追求精神权益和民主权利转变。职工队伍的变化为构建和谐劳动关系带来了新的考验。"善于运用法治思维和法治方式维权，注重通过集体协商、对话协商等方式协调各方利益"[③] 成为新时代集体协商的目标要求。

第二节　新时代中国集体协商制度的特征

我国的政治体制和文化环境决定了我国的集体协商制度从建立之初就与西方的集体谈判制度有很大区别。西方国家的集体谈判遵循的是市场化和契约化的基本理念，我国的集体协商则存在较为明显的行政干预色彩，现有的集体协商制度是基于国情并借鉴西方先进做法所形成的极具中国特色的制度。我国企业在了解国外集体谈判制度的基础上，深入理解中国特色集体协商的具体特征，有助于企业更好地构建集体协商制度，发挥集体协商的作用。新时代中国集体协商制度主要具有以下特征：

---

① 习近平：《决胜全面建成小康社会夺取新时代中国特色社会主义伟大胜利——在中国共产党第十九次全国代表大会上的报告》，人民出版社，2017，第 46 页。
② 中华全国总工会：大兴调查研究之风推进新时代职工群众工作——第八次全国职工队伍状况调查领导小组负责人答记者问，http://www.acftu.org/template/10041/file.jsp? cid = 222&aid = 95621，访问日期：2020 年 9 月 23 日。
③ 人民网，中共中央关于加强和改进党的群团工作的意见，http://military.people.com.cn/n/2015/0710/c172467 - 27281883 - 2.html，访问日期：2020 年 9 月 23 日。

一、社会主义性质劳动关系的调整机制

劳动关系是生产关系的重要组成部分，具有较强的政治属性。我国现阶段实行的是以公有制为主体、多种所有制并存条件下的社会主义性质的劳动关系。劳动关系的社会主义性质，决定了我国集体协商制度从建立之初就与西方集体谈判制度存在不同的逻辑。劳动关系的运行在遵循市场化和契约化的基本理念的同时，也蕴含着"协商共事、机制共建、效益共创、有益共享"的追求。集体协商中双方的根本利益是一致的，只是在具体利益诉求上有所差别。

社会主义性质的劳动关系也决定了我国劳动关系的政治特点就是在中国共产党的领导下，坚持发挥总揽全局、协调各方、层层部署的领导核心作用，将构建和谐劳动关系摆在全局工作的突出位置，与经济社会发展同部署、同推进，加大对劳动关系工作的支持力度，推动协商民主广泛、多层、制度化发展，将协商民主的理念贯彻在每一个基层用人单位。

在当前劳动关系治理格局下，面对纷繁复杂的劳动关系，法律体系在实践中也很难进行"一刀切"式的规制与救济，主管部门的劳动关系治理思路已经逐渐转变为中国共产党领导下的"源头治理"。其中，共产党的领导主要是政治、思想和组织领导，并非直接参与集体协商，因而并没有改变集体协商由企业方和职工方协商的基本面。因此，当前我国形成了党委领导、政府负责、社会协同、企业和职工参与、法治保障的劳动关系治理模式。

二、在政府主导下，以合作利益为导向的集体协商制度

我国集体协商中的一个鲜明特点就是政府主导，通过政府的行为将劳企关系的冲突限定在一定范围内，总体趋势是不断改善和日益融洽的，从而使得劳企双方在合作共赢中实现更大利益。这一机制体现为：

首先，政府是集体协商制度的强制推动力，可以通过行政命令或者法律规定的形式来规范集体协商的方式、内容和程序，在一定程度上改变"资强劳弱"的痼疾。

其次，对于劳企双方协商的结果，政府依然有着最终的监督权，这种监督权能够对集体协商的主体、内容、程序以及实施进行审核，防止一方对另一方合法权利的侵犯。

最后，政府可以对双方的权利范围和界限进行有效规制，劳企双方都不可以采取非法行为，包括欺骗、威胁等行为。例如，法律规定我国的工会没有罢工权，同时企业也没有闭厂权，因为这些行动意味着双方关系的破裂。这就对双方的行为进行了一定程度的规制，并在此基础上提倡合作共赢，从而缓解劳企冲突，同时维护企业和工人双方的利益。

当然，这种政府主导型的集体协商制度，虽然能够在短时间内有效推动我国集体协商制度发展并取得较大的成果，但由于这种制度具有行政强制性，劳企双方可能并未完全理解集体协商的本质及其规律，在未能真正达成一致的情况下签订的集体合同不可避免地存在这样或者那样的问题。例如，集体合同内容雷同、无法因地制宜、无法有效实施、形式化严重等，这也为我国集体协商制度的进一步完善提供了方向和空间。

三、中国特色的工会在集体协商制度中发挥独特作用

我国的工会是中国特色的社会主义工会，是发展社会主义新型劳动关系的重要社会力量。工会组织具有双重责任，各级工会不仅是市场经济中代表职工方参与协调劳动关系的重要一方，还是党和国家在企业和职工之间的桥梁和纽带。全国建立统一的中华全国总工会，基层工会、地方各级总工会、全国或者地方产业工会组织的建立，必须报上一级工会批准。这种独特的职责和组织体制要求工会组织按照促进企事业单位发展、维护职工权益的原则，支持企业方依法行使管理权力，组织职工参加民主管理和民主监督，与企业方建立协商制度，保障职工的合法权益，调动职工的积极性。因此，各级工会组织在集体协商和集体合同制度构建中，既有责任着力解决职工最关心、最直接、最现实的利益问题，满足职工对美好生活的需要，也有责任维护发展和稳定的大局，引领职工积极践行社会主义核心价值观，团结和动员广大职工以主人翁姿态建功立业。

【案例1】

工会在湖北省武汉市硚口区建筑行业集体协商中的作用

1. 工会在推进集体协商中的作用

2010年全国总工会提出"两个普遍"的重点工作要求，促进了工资集体协商的深入开展。2014年，硚口区总工会对辖区二级资质以上的建筑企业进行了重点调研，了解到企业用工存在四个方面的问题。为此，需要建立行业集体协商机制，维护职工特别是农民工的合法权益，平衡劳动关系双方的利益，构建和谐劳动关系，稳定职工队伍，促进建筑行业良性发展。

2014年12月发布的《人力资源和社会保障部、住房和城乡建设部、国家安全生产监督管理总局、全国总工会关于进一步做好建筑业工伤保险工作的意见》（人社部发〔2014〕103号），为硚口区开展建筑行业集体协商提供了依据，为保障建筑工人特别是农民工的合法权益提供了保障。这也是中国工会特有的一种作用，对完善劳动关系领域立法起着重要作用。

2. 工会在集体协商准备中的作用

首先，积极争取党政领导支持。硚口区总工会把工资集体协商定为2014年度硚口区人民政府与工会联席会议的主要内容。为加强领导，成立了由硚口区委副书记、硚口区总工会主席任组长的建筑行业工资集体协商领导小组，劳动关系三方成员单位的主要领导都是领导小组的成员，制定了《全区建筑行业建立集体协商机制的方案》，为开展建筑行业工资集体协商打下了组织基础。

其次，主动协调行业主管部门配合。2014年，硚口区总工会最初与硚口区建设局、建管站沟通开展建筑行业工资协商时，建设局等部门对参与开展行业工资集体协商仍存在顾虑。硚口区总工会领导到硚口区建设局与他们一起学习了湖北省委、武汉市委工会工作会议精神，进一步提高了建筑行政管理部门对工会地位和作用的认识。

最后，广泛发动企业和职工参与。硚口区总工会采取召开企业会议和深入工地、到企业办公地的方式，向企业经营者和广大职工宣传党的十八大精神和中华全国总工会深化集体协商工作五年规划要求，硚口区总工会还帮助企业分析经济形势和发挥工人阶级创造力的优势，使建筑行业企业经营者看到集体协商所带来的好处，增强了他们参与行业工资集体协商的主动性。协商前的宣传发动充分得到企业的认可和广大职工的赞赏，对硚口区总工会深入了解企业的经营现状和工资分配情况起到了很大的帮助作用。

3. 工会在集体协商过程中的作用

硚口区建筑行业工会在集体协商过程中所发挥的作用主要包括：完善行业工会组织，推选谈判代表，搭建协商平台；调研工资现状，准备谈判资料，起草合同草案；依照程序协商，达成一致意见，签订集体合同；建立监督机制，及时进行沟通，保证履约执行。

四、中国特色的企业代表组织在集体协商制度中发挥积极作用

中国的企业代表组织与西方存在较大区别。《中共中央 国务院关于构建和谐劳动关系的意见》明确提出，要完善协调劳动关系三方机制组织体系，建立健全由人力资源社会保障部门会同工会和企业联合会、工商业联合会等企业代表组织组成的三方机制，共同研究解决有关劳动关系重大问题，参与群体性事件应急联动处置，参与协调劳动关系，加强对企业经营者的团结、服务、引导、教育，重视企业的合法权益，通过政府的政策引导，企业主动承担企业责任，承担对职工的责任，例如，加强职工的技能培训、改善职工的劳动条件、有针对性地做好职工的心理疏导工作等，从而实现劳企关系的主动性变化。

中国企业联合会以为企业、企业家服务为宗旨，维护企业、企业家的合法权益，促进企业、企业家守法自律，发挥企业与政府之间的桥梁纽带作用，协调企业与企业、企业与社会、经营者与劳动者的关系。中国企业联合会作为企业代表组织，代表企业、企业家参加由人力资源和社会保障部、中华全国总工会及中华全国工商业联合会组成的国家协调劳动关系三方会议，积极参加国际劳工组织和国际雇主组织有关活动，发展与其他国家雇主组织及国际机构的交流与合作；向政府有关部门反映本会会员、企业、企业家的意见和要求，为国家制定与企业相关的法律、法规和政策提供建议；引导企业、企业家遵纪守法，规范自身行为，维护市场经济秩序；提倡诚信经营，推动节能

环保，积极承担社会责任，自觉维护企业职工合法权益。中国企业联合会和地方各级企业联合会致力于积极推动集体协商制度，并在参与有关法律法规政策的制定修改，贯彻协调劳动关系三方机制关于推进集体协商制度的各项工作部署，开展丰富多样的宣传、培训和调研活动等方面取得了积极的成效。

中华全国工商业联合会是中国共产党领导的面向工商界、以非公有制企业和非公有制经济人士为主体的人民团体和商会组织，是党和政府联系非公有制经济人士的桥梁纽带，是政府管理和服务非公有制经济的助手，其主要职能之一是参与协调劳动关系，协同社会管理，促进社会和谐稳定，包括参与协调劳动关系三方会议，引导非公有制企业构建和谐劳动关系，依法与工会就职工工资、生活福利、社会保险等涉及职工切身利益的问题进行平等协商，签订集体合同，尊重和保障职工合法权益等。近年来，各级工商业联合会充分发挥组织健全、会员广泛、贴近企业的优势，积极参与三方协调机制建设，通过与其他成员单位开展对话沟通、反映企业合理诉求、推动劳动立法协商、推进集体协商制度建设、开展劳动关系监测、参与纠纷调解仲裁，推动了中国特色和谐劳动关系的实践。

五、中国特色的文化传统为健全集体协商制度奠定基础

社会主义民主，是一种协商民主，是社会主义民主政治的本质反映，[①]也是中国共产党一以贯之的群众路线的体现。中国共产党领导下的协商民主，能够紧密围绕广大人民的根本利益，紧扣时代发展的重大问题，能够在各方中达成最为广泛的一致。中国的集体协商制度充分体现了中国协商民主的政治思想，这一思想的形成离不开中国特色的文化传统。文化是一个国家历史和传统的沉淀。中国文化自然也就是中国历史和传统的集中体现。

中国历史与传统中强调集体主义、强调中庸之道的思想对整个社会发展和社会主体的行为有深远的影响，[②]更对整体社会价值的选择起到了指向性的作用。一方面，集体主义精神认为个体之间并不是孤立而是相互紧密联系

---

① 熊必军：《关于加强政党协商能力建设的思考》，《上海市社会主义学院学报》2017 年第 3 期，第 18 - 22 页。

② 高建：《两种不同的协商民主》，《山东社会科学》2014 年第 2 期，第 22 - 26 页。

的，这种彼此之间的相互联系形成了具有共同价值观的命运共同体，个体在这一共同体中和谐共处，任何个体都无法脱离集体而单独存在；另一方面，中庸思想实则体现了尊重差异、开放包容、和而不同的思想内涵，这一思想内涵构成了我国集体协商制度的文化基石，能够使得冲突的各方求同存异，在利益纷争中达成最为广泛的一致。因此，在此基础之上形成的中国民主协商具有深厚的历史底蕴和牢固的社会基础，从而形成了推动劳企集体协商持续发展的恒久动力。

在中国，完全对抗式的集体协商既与传统美德相背离，也与现实相左。从传统美德看，中国自古既有"和为贵"的古训，也有"合则两利，斗则俱伤"的名言；从现实情况看，完全对抗式的协商只会造成大面积的罢工，甚至造成严重的暴力事件，给企业带来巨大的损失，会大大增加职工方的失业率。集体协商的重点在于不断完善集体协商的准备工作，在充分调查分析的基础之上，协商代表充分考虑双方的诉求，对诉求的合理性加以判断，在经过多轮磋商后，以书面的形式确定协商成果，自然可以在一定程度上避免严重的对抗，甚至冲突。换言之，要完善集体协商制度，事前的准备工作是重中之重，这包括在企业中要不断强化民主管理的体制机制建设，要不断开辟广大职工参与企业管理的渠道，特别是涉及职工重大利益的事项要通过集体表决的形式进行，以上举措为集体协商制度的健全打下良好的基础，同时也为劳动行政部门、工会组织、企业组织为代表[1]的劳动关系三方协商机制奠定基础。

综上所述，中国共产党的领导、政府的主导作用、中国特色的工会、中国特色的企业代表组织、中国特色的文化传统及其不断发展形成的和谐劳动关系理念对于中国特色的集体协商制度的长久发展具有重要作用。

首先，劳动关系双方认识协商的重要性是开展集体协商的基础。企业是靠职工的劳动发展的，职工是依赖企业的效益生存的，这是开展集体协商的基本共识。只有双方坐下来平等协商，才能找到双方利益的"最大公约数"。如在前面的案例中，湖北省武汉市硚口区建筑行业的集体协商就将企业与职

---

[1] 刘凡：《积极推进基层协商民主创新发展》，《江苏政协》2015年第4期，第23-24页。

工是命运共同体的和谐劳动关系理念贯穿于集体协商全过程，使大家认识到双方是利益相关、命运相连、相互依存、合作发展的关系。

其次，劳动关系双方站上协商平台是开展集体协商的关键。劳动关系双方是天生的对立关系，但不是绝对完全对立。能站在工会的立场，从维护职工利益的角度出发，让企业经营者愿意就这些事项开展协商，并不是件容易的事情。工会能否想办法让企业方接受商谈的形式，同意和职工方搭建共同商议的平台，成为能否开展有效集体协商的关键。例如，在湖北省武汉市硚口区建筑行业集体协商中，硚口区工会向企业和职工广泛宣传集体协商的意义，并分别组织双方协商代表学习了《劳动法》《湖北省集体合同条例》等相关法律法规，观看了集体协商的教学片，提高双方的法律意识和政治觉悟。学习讨论中，企业经营者的企业发展意识和社会责任感增强了，职工代表的维权意识和代表责任感增强了，协商平台也就水到渠成搭建好了。

最后，劳动关系双方体验到协商的好处是开展集体协商的动力。实现双赢，是做好集体协商工作的根本目的。要实现双赢，必须建立相互依靠的利益共享机制、相互信任的交流平台，选择相互理解的沟通方式，有效调动双方积极性。企业要树立以人为本的理念，将企业效益和职工利益予以共同考虑，满足职工的合理要求，激发职工的创造活力，让广大职工实现体面劳动，享受到企业发展的成果。职工要增强主人翁意识，树立企业兴旺我光荣的观念，爱岗敬业，勤奋工作，不断提高综合素质，从而积极支持企业实现更好的发展。双方都应认识到，只有企业和职工实现了互利双赢，才能推动企业发展，才能助推社会进步。

第三节 当前中国集体协商的现状与问题

一、围绕工会开展的集体协商实践

实践中，中国各地推进集体协商的路径不尽相同。目前比较成熟的主要有广东模式和浙江模式，这两种模式虽然有很多的不同，但逻辑起点都是强调工会的作用，把工会作为动力源，通过工会改革来推动集体协商的进行。

【案例2】

广东省和浙江省集体协商的模式*

1. 广东模式的路径

广东模式下集体争议的特点是：①职工方从罢工走向企业集体谈判；②企业方从开除罢工工人走向企业集体谈判；③职工方主动，企业方被动；④政府和地方总工会介入集体谈判。

广东模式下集体劳动关系的形成原因是：①市场化程度高，劳动者自主意识强；国有企业比重低，劳动者待遇低。②企业性质方面，广东有大量外资企业和港澳台资企业，政府出于政治和招商引资考虑，可能会偏向企业方，导致矛盾积累，爆发时相对激烈。③企业规模方面，广东的企业主要是大中型企业，劳企关系不平衡程度高，因而冲突较为激烈。④外省劳动者比重方面，广东外省劳动者比重高，同乡、同学等自然关系联系密切，团体力量比较强。⑤企业主联系及其与中层管理人员的关系方面，广东企业主多是外地人或境外人士，联系不密切，中层管理人员也多是外地打工族，与企业主关系不密切。⑥外来影响方面，广东对外开放程度高，劳动者对罢工的组织和威力比较了解。

广东集体争议的特点和广东模式下集体劳动关系的形成原因，决定了广东推进集体谈判的路径是：基层工会直接选举（尽可能辅之以立法确认工会代表诉讼权）—企业集体谈判—立法确认职工方集体行动权。

2. 浙江模式的路径

浙江模式下集体争议的特点是：①职工方从集体跳槽或集体怠工，走向行业集体谈判；②企业方从工资竞争、联合定价，走向行业集体谈判；③企业方主动，职工方被动；④地方总工会、政府一般不介入集体谈判。

浙江模式下集体劳动关系的形成原因是：①市场化程度高，劳动者自主

---

* 刘诚：《基层工会改革与集体谈判的推进》，《中国人力资源开发》2015年第21期，第86 – 91页。

意识强；国有企业比重低，劳动者待遇低。②企业性质方面，浙江的企业主要是民营企业，政府相对中立，矛盾容易及时解决（劳企双方自己解决），因而冲突不激烈。③企业规模方面，浙江的企业主要是小微企业，劳企关系不平衡程度低，因而冲突不激烈。④外省劳动者比重方面，浙江外省劳动者比重低，关系相对松散，团体力量相对弱小。⑤企业主联系及其与中层管理人员的关系方面，浙江企业主多是本地人，彼此联系密切，中层管理人员也多是亲戚朋友，与企业主关系密切。⑥外来影响方面，浙江对外开放程度低，受外来影响小，劳动者习惯于传统的跳槽和怠工方式。

浙江集体争议的特点和浙江模式下集体劳动关系的形成原因，决定了浙江推进集体谈判的路径是：基层工会直接选举（尽可能辅之以立法确认工会代表诉讼权）—发展行业工会—行业集体谈判。

综合以上两种模式可见，在中国，要全面推进集体协商，应该发挥现有工会的作用，首先是通过基层工会改革激活基层工会，进而切实推进企业集体协商，避免集体合同流于形式。在此基础上，再逐步推进上层级工会改革，进而开展更有效率的高级别集体协商。中国基层工会改革是实质性推进集体协商的前提。虽然我国已经搭建起比较完善的集体协商制度，但在实践中集体协商制度运行的效果却不尽如人意，还存在许多亟待解决的问题。

二、中国集体协商制度的现状

中国的集体协商制度主要在工资集体协商领域寻求突破。2010 年以来，中国政府和工会组织在全国范围内大力推行工资集体协商制度，把它作为保护劳动者合法权益、改善劳企关系的一项重要举措。①

如前所述，我国集体协商制度的推行是在《劳动法》颁布之后，但是以工资等专项集体协商为主，涉及的内容不够广泛。在 2010 年之后，为了适应社会主义市场经济发展的要求和解决日益突出的劳企纠纷，政府开始积极推动集体合同对各类企业的大规模覆盖。特别是党的十八大以来，全国工会积

---

① 胡乐明、王杰：《工资集体协商制度实施状况调查》，《管理学刊》2013 年第 5 期，第 23 - 27 页。

极贯彻落实中央就加强企业协商民主、构建和谐劳动关系的要求，大力推进集体协商工作深入开展。2014 年，中华全国总工会聚焦"提质增效"主线，[1] 先后制定《中华全国总工会深化集体协商工作规划（2014—2018 年）》和《关于提升集体协商质量增强集体合同实效的意见》，进一步细化了集体协商工作的目标任务、具体举措和工作要求。与此同时，全国总工会还联合各方共同下发《人力资源和社会保障部、中华全国总工会、中国企业联合会、中华全国工商业联合会关于推进实施集体合同制度攻坚计划的通知》（人社部发〔2014〕30 号），该通知助推集体协商工作向纵深发展。[2] 在各级党政机关的支持下和工会组织的大力推进下，集体协商建制率目标圆满完成。截至 2017 年，全国签订综合集体合同 140.25 万份，覆盖 369.97 万家企业、1.75 亿职工；签订工资专项集体合同 129.85 万份，覆盖 357.73 万家企业、1.62 亿职工。[3] 除了强化集体合同的覆盖率之外，这一时期集体协商制度的另一个特点就是集体协商的范围从企业层面向行业层面扩展，一些地区在劳动关系问题比较突出的行业如建筑业、餐饮业、快递业等进行了试点，由行业工会出面与企业进行集体协商并签订集体合同。

目前，我国工资集体协商制度仍存在两大突出问题：一是工资专项集体合同的覆盖情况仍不理想；二是工资集体协商本身机制的运行流于形式，还没有完全真正有效地运作起来。关于工资集体协商制度的落实情况，胡乐明等人的调查显示：第一，工资集体协商的落实在部分企业仍然非常有限，很多情况下工资依然由企业管理方来决定，工会只有知晓权但无决定权。第二，工资调整机制的科学化还需要进一步加强。工资定期按照何种方式增长才能维护双方的利益，还是一个值得进一步讨论的课题，目前还没有一个统一的方式，很多企业是按照经验在执行，经常引发劳企双方的争议。第三，工资和福利等数额的确定通常要根据企业的经营状况来决定，但企业的收入状

① 杨成湘：《改革开放以来中国工会推进集体协商制度建设的回顾与前瞻》，《湖南行政学院学报》2018 年第 3 期，第 43 - 49 页。
② 杨成湘：《改革开放 40 年中国集体协商制度变迁及其前景分析》，《现代经济探讨》2018 年第 8 期，第 25 - 29 页。
③ 彭文卓：《全国工会权益保障会议在京召开：聚焦主责主业 着力深化改革创新》，http：//gonghui.51grb.com/gonghui/2018/11/15/1713035.shtml，访问时间：2020 年 9 月 30 日。

况、利润状况等信息在绝大多数的企业是不透明的，职工很难和企业共享上述信息，这就导致集体协商谈判工作缺乏共同信任的基础。第四，一些法定的薪酬福利待遇，如住房公积金、加班工资等在部分企业依然没有完全落实，这对集体协商工作造成了较大的阻碍。①

【案例3】

我国行业集体协商的示范模式*

1. 温岭模式：浙江省温岭市羊毛衫行业工资集体协商制度

（1）协商主体明确，代表产生民主。行业协商主体明确是其负责任履行协商义务的前提。在温岭市的行业集体协商中，行业协会和行业工会分别是行业中企业方和职工方的代言人。具体而言，企业方协商主体是新河镇羊毛衫行业协会，该协会于2002年成立；职工方协商主体是新河镇羊毛衫行业工会，该工会于2003年成立。明确的劳企协商主体为开展新河镇羊毛衫行业工资集体协商制度奠定了组织基础。

此外，行业工会代表产生的"民主性"决定了"代表性"。新河镇羊毛衫行业工会协商代表是经职工选举，从1万多人中产生9名代表，其中行业工会主席由镇工会主席兼任，使其更加具有独立性，不会受制于参与的企业，代表们为集体协商进行的细致入微的准备和在谈判时的据理力争也是达成协议的有力人员基础。

（2）协商准备充分，为达成谈判奠定基础。新河镇羊毛衫行业集体协商的有效做法是：先对羊毛衫行业的工种、工序进行详细划分。在协商前，工会组织工人收集各企业的工价，归类核算出企业给出的各工序工价，将信息反馈给职工，再由职工匿名填写工人方报价，工会整理好再交给企业方商讨，行业工会在职工和企业主之间穿针引线，使双方在彼此不见面的"背对背"情况下进行信息沟通，如此反复多次，劳企双方逐渐达成共识，为"面对

---

① 胡乐明、王杰：《工资集体协商制度实施状况调查》，《管理学刊》2013年第5期，第23 - 27页。

* 魏巍：《基于行业集体谈判的合作型劳动关系构建研究》，《四川理工学院学报（社会科学版）》2012年第1期，第23 - 27页。陈晓燕、邹明强：《只要坐下来谈，就没有解决不了的问题》，《工人日报》2011年5月19日。

面"集体谈判达成一致奠定了基础。

（3）政府推动开展行业集体协商。在"资强劳弱"的背景下，职工方施压手段有限，要有效促使企业方坐到谈判桌旁需要通过政府推动。新河镇党委、政府主持召开民主恳谈会，组织羊毛衫行业协会、行业工会以及企业主、职工代表就开展羊毛衫行业工资集体协商工作进行民主恳谈，向企业宣传工资集体协商的必要性和重要性，推动集体谈判的开展。除了进行动员，温岭市政府还出台了一系列指导性文件对行业集体协商进行制度规范，为建立完善的行业集体协商长效机制奠定了制度基础。

2. 武汉模式：湖北省武汉市餐饮行业工资集体协商制度

（1）职工方协商主体采取"以上代下"的方式确定。由于武汉市餐饮行业没有行业工会，缺乏正式、明确的职工方谈判代表，根据武汉市餐饮行业的实际情况，武汉市餐饮业的工资集体协商采取"以上代下"的方式，即由上级工会——武汉商贸金融烟草工会联合会作为此次协商的职工方代表。武汉商贸金融烟草工会联合会于2006年成立，是由不同行业工会组成的"工会联合会"。

（2）"打开门"协商。具体的做法是：从代表来源上，尽量把所有不同类型的企业特点都考虑到，如地域——中心城区和新城区，所有制形式——公有制企业和非公有制企业，规模——大型企业和中小型企业等。由各个企业职工推荐职工代表，经过企业工会、区县级工会推选出39名职工方代表，再由行业工资集体协商指导小组和产业工会联合会考察，从这些代表中选出协商能力较强的9人作为候选代表。此外，为了让代表更具有合法性，要对这9名职工方候选代表连同9名企业方的候选代表，在武汉市有关报纸和网站上公示5天，直到没有任何社会异议，这些代表的资格才被正式确定下来。

三、我国现行集体协商制度存在的问题

（一）思想认识不统一

集体协商制度的推进，需要地方政府、工会和企业三方思想统一，共同参与。但现实中，个别地方政府会认为这是上级摊派的任务，而在地方政府

的各个目标当中，经济发展是首要任务。① 部分地方政府会误认为集体协商的推进会引发企业方的不满意，导致地区经济发展受影响，在推进集体协商的时候就有所顾虑。在工会方面，一方面，其独立性不够，很多方面特别是资金方面还受制于企业本身，独立自主开展工作的意愿不强，也很难完全代表工人的利益；另一方面，集体协商的建立需要大量的专业知识和专业人才，集体协商制度的构建非一朝一夕的事情，也就容易使其产生畏难情绪。至于企业方面，部分企业认为集体协商会对企业的经营行为造成较大的影响和限制，会增加企业的经营成本，因此推动集体协商的动力严重不足。

（二）工会体制不完善

目前，作为集体协商的三方主体之一的工会，在体制机制上还存在诸多的问题和障碍，集中体现在三个方面：第一，工会很多时候是企业内的组织，工会的部门领导要么由上级部门指派要么是企业的雇员，和企业方都有千丝万缕的联系，这种状况使得工会在集体协商中很难赢得职工的完全信任，使得三方关系一直处于比较紧张的状态。第二，工会在集体协商过程中，难免受到企业方的影响，更多地考虑企业的经营状况，但却容易忽视职工的利益，特别是个别职工的利益容易被忽视和"被代表"，最后的结果就是职工的利益受到损害。第三，我国工会人才的培养还在起步阶段，很多工会人员没有接受过集体协商方面的专业训练，难以胜任专业的集体协商工作，在面对企业方专业性的协商人员时，客观上也难以为职工争取到更多的利益。

（三）职工参与动力不足

当前集体协商的一个突出问题就是没有解决好工会代表权的形成和授权问题，进而导致职工方不能有效地参与到集体协商的进程之中。根据任小平的研究，职工主要是基于两方面的动机来确定是否参与集体协商。② 动机一是看是否能够通过集体协商来获得劳动效用的改善。劳动效用的形成主要源于劳动报酬的提升、工作条件的改善以及劳动关系的协调。在市场机制下，

① 周黎安：《中国地方官员的晋升锦标赛模式研究》，《经济研究》2007 年第 7 期，第 36 - 50 页。
② 任小平：《集体谈判中的工人参与性研究》，《当代世界与社会主义》2012 年第 3 期，第 180 - 183 页。

职工个体主要是以自身效用最大化为目标来决定是否参与集体谈判。只要能够形成劳动效用优化的预期，职工就会内生出参与集体协商的动机。动机二是看参与集体协商的制度成本是否能够承受。职工参与集体协商是要付出成本的。这些成本涉及丧失岗位的成本、心理和生理的应激成本①以及相关人员的道德风险成本②。如果职工经过权衡，预估自己不能承受这些成本，那么他们参与集体谈判的动力也会减弱。此外，劳动者工作群体的稳定性也间接地影响到其是否参与集体谈判的抉择。一般来讲，工作稳定性越高，越有利于集体劳动权意识的形成和固化。

（四）相关法律规定不健全

我国有关集体协商的规范可以分为两类：一类是法律，如《劳动法》和《劳动合同法》，但这类规范对集体协商问题的阐述通常都是原则性和框架性的，并没有具体可操作性的内容；另一类是部门规章，如《集体合同规定》，虽然规章对集体协商作出了比较详细的说明，但由于层级比较低，无法形成强有力的约束效果，导致这些规定在实践中难以得到执行。另外，当前的规范多关注如何执行集体协商制度，缺乏对事后的监督和惩罚机制的关注，对集体协商的效果也没有明确的检测标准和机制，这就造成集体协商制度难以在实践中有效推行，对各方权利的保护力度较小。

（五）受社会经济环境影响

其一，从我国开始实行市场经济以来，特别是在非公有制经济中，"强资本，弱劳工"的格局一直存在且没有大的改变，资本的稀缺和劳动力的同质使得企业民主管理难以真正有效实施，企业的管理方式处于管理层权威主义的模式下，无论是企业方还是职工方，都还没有对平等的民主协商从思想上予以真正重视，劳企不平等的客观现实使得集体协商制度难以发挥实际功

---

① 主要是指劳动者在完成本职工作之外，还要应对心理和生理方面的改变以参与集体谈判，例如，要额外查找集体谈判资料，要额外花费时间来倾听集体谈判代表的宣讲，要承受来自资方的压力等，这些改变都会内化成心理或生理方面的成本，尽管不一定能以货币的形式来计量，但有的成本是某些参与集体谈判的劳动者所不能承受的。

② 如果积极参与集体谈判准备工作的劳动者发现他的工友很多持有"搭便车"的思想，他可能会作出预判，无论集体谈判成功与否，可能只有自己会受到来自雇主方的惩罚，也就是说他将为其他人的道德风险而独自承担成本，那么这个劳动者参与集体谈判的动机也会减弱甚至消失。

能。其二，由于我国社会经济正处于转型阶段，大部分的企业是低附加值的微利企业，在劳动力比较廉价的时候还能生存，一旦进行集体协商后，随着工人工资和福利待遇的提升，会导致人工成本的增加，短期内必然会造成企业利润减少甚至亏损，"生存和发展"之间的两难选择也使得企业往往只考虑眼前利益，导致集体协商制度难以在中小民营企业中推行。[①] 其三，集体协商在我国真正发展的历史并不长，整体上看还属于一个新生事物，政府、工会和企业三方对集体协商的方式、程序和内容都还在不断探索之中，这种"摸着石头过河"的方式必然会造成集体协商制度不完善，需要在实践中经历"实施—反思—修改—再实施"的过程，在当前阶段遇到一些问题和困难也是不可避免的。

---

① 金星彤、张陶钧：《集体协商制度的特点及存在的问题》，《合作经济与科技》2013 年第 21 期，第 59 – 60 页。

第四章

集体协商与劳动关系治理

第一节　国家劳动关系治理层面的集体协商

一、集体协商制度建设中政府的角色

一项制度的建设通常是动态的，需要紧密结合时代背景和社会特性，而政府要在其间发挥适当的功能性作用，则需要让相应的角色定位、组织架构、运行方式、保障措施等与中国特色社会主义集体协商制度相适应。

（一）掌握规律和共性

恩格斯曾说，资本和劳动的关系，是我们现代全部社会体系所赖以旋转的轴心。[①] 同时，集体协商制度是市场经济中的一项基本制度，虽然在不同的国家和地区会有所区别，但其有一些共同的原则和内容是这些不同的制度均具备的。换言之，只要是实行市场经济的国家，只要劳动力资源还受到市场的调节，那么劳动关系本身就必须遵循一定的共同规律。

这也就是说，国家应当将集体协商视作一种纯粹或者相对纯粹的经济行为，而不应该掺杂过多的政治性成分，"一般性的、共性的"集体协商制度是市场经济发展的必然产物，也是我国建立符合我国国情的集体协商制度的必然方式。

（二）建立强大独立的劳企组织

强大独立的劳企组织是实施集体谈判制度的前提。在当今的中国，改革

---

① 马克思、恩格斯:《马克思恩格斯文集》（第三卷），人民出版社，2009，第79页。

开放已经走过四十多年的历程，市场化改革也正在继续向纵深方向推进。党的十九大报告中提出"加快完善社会主义市场经济体制"的要求也意味着我国社会主义市场经济将进一步得到发展。只要发展市场经济，劳动关系的矛盾就绕不开、避不了。而且随着经济进一步发展，大量涌现的新经济、新产业、新业态使得劳动关系进入更具复杂性、多变性的时代。想要平衡劳动关系双方的利益，用系统化的制度将传统的以及新型的劳动关系矛盾化解在萌芽阶段必须依靠健全的集体协商制度。

伴随中国社会主义市场经济制度的完善与发展，我国的集体协商制度的发展将是一个漫长而曲折的过程，需要破解的难题有很多。而作为集体协商制度建设的主要推动者，我国工会责任重大，任务艰巨。[①] 工会组织是劳企组织的主要力量和形式之一，有独立性和代表性的工会组织更是集体协商所必需的，更何况在集体协商谈判中职工方虽然享有集体协商的权利，但是它的具体行使是必须依靠工会组织来进行的。

有的学者通过调查发现，职工对《工会法》的基本知识知晓度低、工会组建率低、职工入会率低等情况是普遍存在的，这在客观上使工会居于"架空"的状态。组织架构和职能健全的工会是集体协商制度的基本立足点，工会的职能缺失必定会衍生出不健全的集体协商制度。

目前，我国的工会体制在一定时间内不可能发生根本性的变革，但我国集体协商制度要想真正地发挥劳企组织的作用，发挥制度优化的功能，就必须逐步增强基层工会组织的独立性和代表性，进一步完善企业组织的建设，从而实现对现有工会体制的渐进式改革。工会改革还应对相关法律法规进行适当的调整，尤其需要减少企业性工会的行政化和区域性工会的层级化，让工会更加趋于自治，以便为集体协商的主体提供有效的保障。此外，还应当结合不同所有制形式来设定相应的工会职能，还需解决不同所有制工会的合作问题等。[②]

---

① 杨成湘：《改革开放以来中国工会推进集体协商制度建设的回顾与前瞻》，《湖南行政学院学报》2018 年第 3 期，第 43 - 49 页。
② 胡翔：《扬弃与超越：集体协商到集体谈判的制度进阶》，《财经法学》2018 年第 2 期，第 31 - 49 页。

（三）健全集体协商制度的法律体系

集体协商制度的有效运行须以健全的法律体系为基础。法律不完善，集体协商制度就缺乏根基；法律不简练明确，集体协商制度得不到有效运行。从各国协调劳企关系的重要经验中可以看出，将集体劳动关系纳入规范的法制化轨道是合理高效的捷径。目前，我国实施集体协商制度的主要依据是《集体合同规定》《工会法》《劳动法》《公司法》《劳动合同法》等，但这些法律法规要么可操作性不强，要么彼此之间还存在互相矛盾的内容，这让集体协商制度的运行效果大打折扣。具体表现在以下几个方面：

首先，我国集体协商制度的主要政策性依据是由劳动和社会保障部颁布的《集体合同规定》。虽然集体协商的开展和集体合同的签订等都可以在《集体合同规定》中找到非常细化的依据，但《集体合同规定》从法律位阶层面来看只是一个部门的规章，法律效力较低。更高位阶的法律的缺失，使集体协商制度的实际实施缺乏相适应的法律支撑。此外，《集体合同规定》中对违反该规定的处罚还不够明确，而处罚性规定的缺失使其约束效力大大削弱。虽然集体协商制度在国有企业中依靠上级政府的支持得以推行，但是在私营企业和外资企业中较难推行，最终使得《集体合同规定》实施效果不尽如人意。

其次，我国有关集体协商的法律规范不够完善。虽然集体合同在《劳动合同法》中有所涉及，但其中的规定缺乏可操作性。例如，《劳动合同法》规定，"企业职工一方与用人单位通过平等协商，可以就劳动报酬、工作时间、休息休假、劳动安全卫生、保险福利等事项订立集体合同""企业职工一方与用人单位可以订立劳动安全卫生、女职工权益保护、工资调整机制等专项集体合同"。以上条文中都使用了"可以"这个表程度的词汇，按照学理的解释，法律规定中使用"可以"表明该规定是选择性规定，而非强制性规定，也就是说，当事人可以为一定行为，也可以不为一定的行为。

最后，完善集体协商制度的法律应当要考虑各个法律之间的分工与合作、配套和衔接等问题。① 因此，健全我国集体协商制度应当将集体协商立法明确化和体系化作为一项重要举措。

（四）正确认识和发挥政府自身的作用

完善集体协商制度要以正确认识和发挥政府作用为重要条件。劳企自治原则是西方市场经济国家所奉行的根本理念，政府更多扮演的是观察者和调和者的角色，一般并不会直接对具体的集体谈判过程进行干预。但是剧烈变化的劳企关系形势往往使得这种仅依靠劳企双方的自治行为的模式难以发挥作用。劳企双方力量的对比在市场经济条件下的任何一个国家，都体现为"强资本、弱劳动"。但是如果双方的力量悬殊，又没有有效的平衡机制去控制，那么可能会给社会经济带来不可避免且无法估测的损害。这就使得用以平衡劳企双方的利益关系的集体协商制度的健全程度和有效程度得到政府高度重视。

政府的认识会对劳企双方的力量对比状况产生直接的影响，如发布政策，这种政策影响的结果又将反作用于政府的进一步认识以及政策发布。从改革开放后集体协商制度逐步恢复以来，到现在集体协商制度不断发展，经历了40余年，但目前所处的发展阶段仍是较为初级的，还没有真正建立起适应中国特色社会主义国情的劳企组织和劳动关系调整机制。我国政府对其自身在集体协商制度建设中的作用的认识，除了要吸收借鉴西方市场经济国家的经验以外，更要深深扎根本土，紧密结合国情。在宏观和微观的集体协商过程中，政府是否需要进行干预，如果需要，又要在什么时机、以什么样的形式进行干预，这些问题都值得进一步研究讨论，最终还需要以法律的形式予以固化和明确。

（五）完善集体劳动争议处理制度

正确处理集体劳动争议是完善集体协商制度的重要保证。集体协商制度在力量相互牵制、保持基本平衡的基础上，通过自由谈判，使得双方能够高效、公平地解决分歧，这称得上是化解劳企矛盾的最行之有效的方式。

---

① 胡翔：《扬弃与超越：集体协商到集体谈判的制度进阶》，《财经法学》2018 年第 2 期，第 31 - 49 页。

而事实也正如此，在西方市场经济国家中，集体协商是解决大部分劳企纠纷的首选甚至唯一方案。

单纯从劳企争议解决技术的角度来分析，集体劳动争议处理机制的功能是否足够健全，是否能达到实际的运行效果，与是否会发生罢工和发生罢工的频率紧密相关。集体劳动争议处理制度不完善、沟通渠道不通畅，是罢工多发的重要原因之一，这也会使罢工处理阶段更加困难。因此，西方市场经济国家都非常重视集体协商制度的技术性功能，并把技术性建设作为集体协商制度的重要组成部分，对于这一点，很值得我国学习和借鉴。

另外，在西方国家的集体谈判中，工会举行罢工或者威胁说要举行罢工的目的只有一个，那便是施压于雇主，进而促使最后的谈判成功。但是，在我国，罢工这一概念有其特殊意义，并不是仅仅依靠恢复罢工权就可以完成。自《宪法》取消罢工自由至今，我国《宪法》中就再没有罢工权的规定。罢工权设置方式的选择是一个价值评价问题，在不同的经济发展水平、不同的法治环境、不同的工会职能和不同的罢工意识的情况下，对罢工的价值评价标准是不同的。当前，我国将罢工权上升为法定权利的条件尚未成熟，因而罢工权的立法应该缓行。罢工虽然可以在集体谈判中为职工方增加力量，但是它同时具有产生巨大的破坏性影响的能力。而在集体协商陷入僵局时候，罢工绝对并非打破僵局的唯一解决途径。一些国家的公共部门集体谈判为打破谈判僵局作出了建设性的制度设计，如果双方就谈判事项无法达成一致，就把集体劳动争议提交给仲裁机构进行强制仲裁。这一制度设计巧妙地避免了罢工的风险，大大减少罢工的频率。中国也完全可以从这些国家公共部门集体谈判的制度设计中得到启发，结合我国实际情况进行改进和创新，扩大现有的强制仲裁的范围，吸收陷入僵局的集体劳动争议，用以缓解罢工成为打破僵局的唯一方法的制度压力，对劳动争议事件进行分流和引流。

二、推行集体协商制度在国家层面的意义

集体协商制度已成为市场经济国家劳动关系制度的核心。集体协商制度被誉为保障劳动关系和谐发展的"安全阀"，缓解劳企冲突和社会冲突的

"减压器"，避免社会动荡的"消火栓"，工会履行职责的"生命线"，已成为市场经济条件下协调劳动关系的重要制度。

（一）集体协商制度是新时代社会主义协商民主在社会基层的创新实践

习近平总书记在党的十九大报告中提出"发挥社会主义协商民主重要作用。有事好商量，众人的事情由众人商量，是人民民主的真谛。协商民主是实现党的领导的重要方式，是我国社会主义民主政治的特有形式和独特优势。要推动协商民主广泛、多层、制度化发展，统筹推进政党协商、人大协商、政府协商、政协协商、人民团体协商、基层协商以及社会组织协商。加强协商民主制度建设，形成完整的制度程序和参与实践，保证人民在日常政治生活中有广泛持续深入参与的权利"。集体协商制度在基层协商和社会组织协商中一直发挥着积极作用。

在当前中国积极构建和谐社会、全面建成小康社会的背景下，部分社会成员之间收入差距过大是完善社会主义市场经济体制所要面对的一个重要问题，而集体协商制度为这一问题提供了一种解决思路。集体协商制度对于凝聚企业向心力、提高生产效率和企业的民主化建设起着重要作用。集体协商制度作为协商民主在企业内部的应用，协商议题关乎职工切身利益，协商过程公开透明，协商参与者平等、自由，最终在保障了职工的利益的基础上，优化了企业的管理形式，促进了企业内部决策的运作施行，同样体现出了协商民主的本质要求，成为协商民主在基层社会层面的一种重要实践形式。

（二）集体协商制度是构建社会主义和谐社会的重要组成部分

作为社会主义市场经济下最根本和至关重要的社会关系之一，劳动关系的和谐与稳定对构建社会主义现代化社会有着不可忽视的影响力。社会经济利益关系的多元化和不同利益群体之间矛盾的复杂化是市场化改革的必经之路和必然结果，故而在社会主义和谐社会建设中，劳动关系的和谐与稳定缓解了不同经济利益关系群体间的矛盾和冲突。伴随改革开放的不断深化和社会主义市场经济的发展，尽管总体来看，劳动关系仍然保持着相对稳定的主流趋势，但是近些年来不断涌现的劳动争议，不仅在总量上急剧增长，而且其复杂性也在不断加深，这无疑会冲击我国社会协调发展和稳定的趋势。劳动争议呈逐年增长和日益复杂的态势的根本原因有二：一是在市场化改革不断深化的过程中，社会经济利益关系的结构不断调整，结构的复杂性不断加剧，进而造成不同利益主体之间利益需求的差异加大和矛盾多样性的局面。二是在社会经济利益关系的不断调整和演变的过程中，因为法律保障制度不够健全和改革政策措施的不到位，职工的合法权益受到了重大损害，不断会有各类劳动争议和矛盾涌现。而在社会经济利益关系中，尤其是劳动关系的变革和调整的过程中，集体协商制度的推行加速了对职工群众的合法权益进行政策关注和法律保障，从而及时有效地缓解和消除伴随和谐社会建设而不断涌现的劳动争议或突发事件的不良影响。

（三）集体协商制度是社会主义市场经济法制化建设的必然选择

法制经济是社会主义市场经济的本质属性。法制经济主要有两方面的特征：一是在市场竞争机制作用下，复杂的经济运行、繁杂的商业活动及各类市场资源的配置，必须严格按照相关的法律以及政策的规定来运行。二是随着市场经济的不断发展而衍生出的不同经济利益主体之间的权利和义务关系，也必须严格遵循相关法律及制度要求来调整。社会主义市场经济的有序运行需要切实认识和牢牢把握社会主义市场经济的上述两个特征。作为市场经济的重要组成部分，劳动力市场以规范的劳动法律制度为运作基础。而劳动法律制度体系是由一系列包括集体协商制度在内的具体的或专项的法律规范通过紧密的衔接配套而成的。因此，健全完善劳动法律制度体系，推进市场经济法制化整体建设是规范劳动力市场，使其有序运行的必然选择。社会主义市场经济建设正在迫切要求建立包括集体协商制度在内的一系列制度，落实民生优先政策，从权益保障的立场出发完善社会主义市场经济体制，使经济发展成果全面、充分惠及全体劳动者，促进社会公平正义。①

（四）集体协商制度是工会维护职工合法权益的有效途径

工会应当依照法律法规积极维护职工的合法权益，这不仅由其本身组织属性所决定，而且是法律赋予工会的最基本的权利和义务。《工会法》第6条规定，维护职工合法权益是工会的基本职责。工会在维护全国人民总体利

---

① 张建国：《集体协商制度对完善市场经济体制意义重大》，《第一财经日报》2012年10月23日第3版。

益的同时，代表和维护职工的合法权益。工会通过平等协商和集体合同制度，协调劳动关系，维护企业职工劳动权益。《劳动法》第3条规定，劳动者享有平等就业和选择职业的权利、取得劳动报酬的权利、休息休假的权利、获得劳动安全卫生保护的权利、接受职业技能培训的权利、享受社会保险和福利的权利、提请劳动争议处理的权利等。不难看出，按照《工会法》和《劳动法》的相关规定，在职工的合法权益中，劳动权益是最基本、最重要的，是工会必须着力维护的重要权益。现实中，工会推行集体协商制度不仅可以从根本制度上避免在企业尤其是在企业改革中职工的合法权益受到忽视和侵害，还可以在建立社会主义市场经济条件下，探索协调发展劳动关系的有效途径。此外，集体协商制度的推行，其意义还在于使工会找到了符合市场经济条件下劳动关系变化和发展要求的活动方式，使工会通过此项工作的开展焕发新的生机和活力。

（五）集体协商制度是协调发展社会主义劳动关系的迫切需要

作为市场竞争的主体，企业是劳动关系中不可或缺的一方，企业自身的生存、发展、盈利和资源的高效配置必须要以市场为导向，这表明了有着企业高度参与和深刻影响的劳动关系也必须具备以市场为导向的特征，即市场化。劳动关系的市场化特征在企业中主要体现为两个方面：一方面，劳动者的岗位安置、劳动报酬、用工时间、安全卫生、保险福利等有关事项，应当由劳企双方根据企业当前的市场竞争状态，在法律规定的范围内，公平、自主、自愿地进行商定。另一方面，在市场竞争愈加充分的趋势下，企业在所有制类型、产权制度、治理结构、管理理念等方面的观念变化，以劳动关系的多样化为演变结果，引发了大量且复杂的职工权益保护不足问题。在市场化改革不断深化的过程中，劳动关系的多元化、多样化和复杂化，正在恳切地呼唤着有效的法律规范、制度措施和政策关注。只有双方的权利义务关系都建立在有法律保障的共同基础上，劳动争议的双方才能进行平等的交涉，最终运用协商的方式解决彼此之间矛盾。从客观层面上说，推行集体协商制度是协调发展社会主义市场经济劳动关系的迫切需要。

第二节　区域和行业劳动关系治理层面的集体协商

东北地区农业、重工业发达，江浙地区的民营企业、家族企业兴盛，大到省市，小到乡镇，由于行政区划和自然资源的限制，我国的企业呈现明显的产业集群特点，区域集中和行业集中往往密不可分，这为开展区域和行业的集体协商工作提供了极大的便利。

区域和行业的集体协商，是指在同行业企业相对集中的区域，由行业工会组织代表职工与同级企业代表或企业代表组织，就行业内企业职工工资水平、劳动定额标准、最低工资标准、劳动保护措施等事项，开展集体协商，签订行业集体合同的行为。[①]

一、开展区域和行业层面集体协商的重要意义

目前，我国中小企业有 4000 万家，占企业总数的 99%，贡献了中国 60% 的 GDP、50% 的税收和 80% 的城镇就业。中小企业正在成为我国经济新动能培育的重要源泉之一，是经济结构优化升级的重要支撑，也是保障和改善民生的重要依托。我国现存非公有制企业 1750 余万家，职工人数达到 22833 万人。中小企业及非公有制企业在我国企业总数中占有相当大的比重，是职工就业的重要领域。遗憾的是，这些企业往往规模小、职工少、工会组织化程度低，企业工会干部以兼任为主，在为职工争取权益时受其在企业中的身份地位和自身素质的限制，使得企业级的集体协商流于形式，难以取得实质性的效果。

相比于企业级的集体协商，区域和行业的集体协商在协商层次、覆盖范围、专业程度、社会成本等方面都有着无可比拟的优势。中华全国总工会曾经提出，开展行业性集体协商工作，有利于推动建立企业和职工共决机制，有利于构建职工民主参与和监督机制，同时敦促各级工会积极开展行业性集

---

① 唐鑛、嵇月婷：《集体协商与集体谈判》，中国人民大学出版社，2019，第 53－54 页。

体协商工作，扩大集体协商覆盖面，增强实效性，使行业性集体协商在维护职工权益、促进劳动关系和谐方面发挥更大作用。

二、工会开展区域和行业集体协商的实践探索

如前所述，浙江省温岭市是全国第一家股份合作制企业诞生地，民营经济十分活跃。随着改革的深入和利益格局的调整，企业与劳动者之间的"强资本、弱劳动"的矛盾日益突出，劳企纠纷引发的集体停工和上访事件不断，严重影响了企业和社会的稳定。早在 2002 年，新河镇羊毛衫行业职工上访量占全镇接访数量的 45%。面对这样的局面，2003 年温岭市选择了在新河镇羊毛衫行业开展工资集体协商试点工作。①

（一）组建羊毛衫行业工会，确定协商主体

新河镇羊毛衫行业覆盖全镇九个行政村。之前以企业为单位组织的工会和以村为单位组织的联合工会都难以担负起开展行业工资集体协商的任务。在温岭市有关部门的支持下，新河镇组建了羊毛衫行业工会委员会，由职工推选九名代表担任委员，承担着代表职工与原已成立的行业协会开展行业工资集体协商、维护职工合法权益、共谋企业发展等职能。

（二）召开民主恳谈会，确定开展行业工资集体协商

在开展行业工资集体协商前，首先召开民主恳谈会，组织羊毛衫行业协会、行业工会以及企业主、职工代表就开展羊毛衫行业工资集体协商工作进行民主恳谈，最终就实行行业工资集体协商工作达成一致意见。

（三）划分工种工序，确定行业计件工资单价

制定科学合理的计件工资单价，是开展行业工资集体协商的先决条件。首先，划分工种工序。对羊毛衫全行业各个工种进行分类，科学、合理划分各道工序，具体归类为五大工种，再根据产品的要求不同，把各大工种分解成 59 道工序。其次，制定工时定额。根据羊毛衫行业的特点和实际情况，选择有代表性的职工，由劳动部门组织测试，确定各道工序的劳动定额。最后，

---

① 鲁银梭、范丹：《浙江省劳资关系协调机制的探索研究》，《中国劳动关系学院学报》2010 年第 5 期，第 35 – 40 页。

确定计件工资单价。以当时农村入户劳作的日实际工资为参照对象进行计算，再考虑本地的最低工资标准、物价水平和社会平均工资情况，计算出所有工种、工序的计件工资单价。

（四）组织开展集体协商，签订行业工资协议

集体协商具体分四个阶段进行，以使各方充分讨论协商，形成高度共识。第一阶段，行业工会代表 1 万多名职工，与行业协会代表 113 家企业进行民主谈判，平等协商。通过谈判协商，计件工资单价在前期测算确定的基础上提高了一定幅度。第二阶段，由行业协会和行业工会分别组织会员企业和各企业职工对第一轮协商结果进行讨论，充分征求意见，并在此基础上开展第二轮协商。第三阶段，由行业工会组织召开行业职工代表大会，讨论并通过经协商的计件工资标准和支付等事项。第四阶段，正式签订协议。在新河镇劳动关系三方协调委员会主持下，由行业工会代表职工与行业协会签订羊毛衫行业工资协议书，对工资协议的期限、工资标准、工资支付办法等作出明确规定，并报劳动保障部门备案。同时，协商双方将生效的协议向各企业和全体职工公布，成为企业与职工签订劳动合同、确定职工工资标准的依据。

鉴于羊毛衫行业易受市场、价格、成本等方面影响，行业工会和行业协会还约定，每年就调整行业职工工资（工价）进行一次集体协商，保证职工工资（工价）与企业效益的增长相适应。新河镇羊毛衫行业的行业工资集体协商每年进行一次，职工工资（工价）年均增幅 5% ~ 12% 。新河镇羊毛衫行业工资集体协商试点工作开展后，在当年就取得了明显成效，2003 年新河镇羊毛衫行业因劳企纠纷上访，比 2002 年同期减少了 70% 。[①]

我国区域性、行业性集体协商起步于 20 世纪 90 年代中期，协商内容以工资为主，当时江苏省常州市、广东省深圳市龙岗区等地工会针对非公有制中小企业数量多、比重高的现实状况，在一些乡镇企业、私营企业和外资企业相对集中的行业和地区开展了行业性工资集体协商试点工作。早在 2001 年6 月，深圳市装饰行业就签订了首份副省级城市行业集体协议，覆盖全市 100

---

① 刘静：《温岭行业工资集体协商制度——一个劳务关系新局面的开创》，《观察与思考》2008 年第 9 期，第 28 - 29 页。

多家企业,随后范围逐渐扩大。在 2005 年前后,江浙地区地方集群经济特征逐渐显现,"一村一品""一镇一品"的地区特色经济发展势头较好,行业性、区域性集体协商在局部地区进入了快速发展期。与国有企业对待工会的漠视和外资企业对待工会的敌视不同,长三角民营企业对行业工会呈现热情的态度。由于地方法团主义的影响,政府并不担心工会跨区域的横向联合,反而支持行业工会在这些地区的发展,以制度的形式巩固了实践成果。2007年《劳动合同法》的颁布,标志着行业性工资集体协商工作进入一个全新的发展阶段。其后,黑龙江、浙江、安徽、福建、湖南、海南、甘肃七个省份均以专门规章的形式对行业集体协商作出规定。这一阶段,各地陆续出现一批如北京市保安行业、上海市出租车行业、武汉市餐饮行业、大连市机械行业等行业集体协商的先进典范。[①]

集体协商日渐制度化、规范化,协商内容也渐次拓展。集体协商发展之初,各地、各行业普遍把劳动定额、工时工价作为协商重点,如上述案例中温岭市的羊毛衫行业,行业协会和行业工会共同开展工资集体协商,消除了企业在用工上的无序竞争状态,优化了企业发展空间。通过执行民主协商确定的工资标准,充分反映了双方的要求,得到了企业和职工的广泛认可。职工在同行业内任何一家企业都能享受同等的工资待遇,企业内部的劳动关系稳定了,从而解决了"工人不满、企业主担忧、政府头疼"的低薪之弊,一定程度上形成了用工的"洼地效应",使产业集群整体用工状况趋于正常、平稳。随着社会发展和人民生活水平的提高,其他涉及劳动者权益的事项也逐渐成为集体协商的主题。岗位薪酬福利、职工休息休假、推行工龄津贴、绩效奖励制度等主题逐渐成为集体协商关注的重点,部分行业工会不仅关注企业的初次分配,而且将企业的二次奖金分配也纳入了集体协商的范畴。

三、行业集体协商的方案和步骤

(一)确定协商主体,选好协商代表

根据 2009 年发布的《中华全国总工会关于积极开展行业性工资集体协商

[①] 张建国、徐微:《中国工会推动工资集体协商的实践探索》,中国工人出版社,2014,第 45 – 60 页。

工作的指导意见》，行业集体协商的主体可以根据实际确定：由行业工会（或工会联合会）与行业内企业代表组织进行协商；由行业工会与行业内企业方推荐产生的代表进行协商；由行业工会与行业所属各企业行政进行协商；未组建行业工会的，可由行业所在区域的工会代行行业工会的职能，与企业代表组织进行协商。

从经验来看，企业方代表一般在行业中具有风向标作用，首席代表必须在行业企业主之间具有一定的威信和发言权，应从协商代表中民主选举产生；职工方代表一般由区域内或行业内工会组织选派，首席代表由区域或行业工会主席担任，职工代表一般从本行业、区域企业内主要工种的职工中选任；双方代表人数相近，一般各为 3 ~ 10 人。双方均可以委托专家、学者、律师等专业人员作为本方协商代表，但人数不得超过本方代表的1/3。

（二）议题准备和资料收集

近年来，福利、绩效奖励制度的重要性日渐突出，但对于集体协商来说，工时工资仍然是重中之重，不可忽视。准备议题必须综合本行业企业的特点，总结共性，归纳整理各企业意见，注重内容的科学性和来源的可靠性，提出协商议题。

行业性、区域性集体协商需要准备的资料主要是有关法律法规以及当地的相关政策，行业外部资料如国家和地方物价指数、最低工资标准、劳动力市场情况，行业和地区的职工平均工资、工资增长水平和劳动标准；行业内部资料包括行业内企业的具体数量和规模，本地区其他行业的薪酬水平和劳动标准，行业平均的劳动标准、劳动生产率和工资水平。当然，即便是同一地区同一行业，不同企业的情况也不尽相同，双方代表在谈判前最好能够关注各企业的财务会计报告、企业章程、企业劳动定额标准和工资支付情况、企业的劳动生产率和人工成本情况、企业的纳税和社会保险费缴纳情况等。

（三）会议要约和会议管理注意事项

职工和企业一方均可提出进行集体协商的要求，提出方应向另一方提出书面的协商意向书，明确协商的时间、地点、议题，另一方接到意向书后应于 20 日内予以书面答复，无正当理由不得拒绝进行集体协商。

集体协商会议中可能涉及不同企业的商业秘密，会议工作人员应严格执行保密制度，不得泄露保密信息。各企业有自己的利益要求，集体协商应本着求同存异的思想，尽可能维护大家的共同利益。

第三节　企业劳动关系管理与工会职能

目前，国家对于集体协商的基调是工资每年按比例增长，但企业的经营情况是随市场变化的，特别是一些竞争激烈、有较大市场风险的企业，它们不愿轻易制定一个稳定的协商机制，以免劳动力成本的逐年增加影响企业的生存发展。在一些大中型企业中，管理者对企业的自主经营权非常重视，担心地方劳动部门或行业工会组织介入企业的日常经营活动，故而它们往往在能力范围内设立企业工会，来避免区域或行业工会的介入。[1] 因此，在区域或行业工会效果有限的情况下，企业工会的作用就十分重要了。

一、企业工会的各项职能

代表和维护职工合法权益是工会的基本职责。工会通过平等协商和集体合同制度，协调劳动关系，维护企业职工劳动权益。除此之外，工会还必须履行以下职能：第一，工会依据法律规定通过职工代表大会或者其他形式，组织职工参与本单位的民主决策、民主管理和民主监督。第二，工会必须密切联系职工，听取和反映职工的意见和要求，关心职工的生活，帮助职工解决困难，全心全意为职工服务。第三，工会还必须动员和组织职工积极参加经济建设，努力完成生产任务和工作任务。教育职工不断提高思想道德、技术业务和科学文化素质，建设有理想、有道德、有文化、有纪律的职工队伍。

二、目前企业工会存在的问题

企业工会代表大多由企业中职能部门或业务部门的员工担任，他们除了

---

① 唐鑛、嵇月婷：《集体协商与集体谈判》，中国人民大学出版社，2019，第55页。

要完成工会的特殊工作任务，还有自己的岗位任务需要完成，同时工会往往没有独立的收入来源，受限于企业的财务拨款，在以上原因的限制下，工会的维权作用被大大削弱。我们今天看到的工会，组织行政化、内容娱乐化、立场中间化，代表的权利来源和责任机制虚无，群体性事件屡现报端，工会难以发挥稳定劳动关系的作用。

职工组建工会的自由又被称为劳动者的团结权，是宪法赋予公民的结社权在劳动领域的具体体现。由于多数岗位可替代性较高，在就业不充分的情况下，职工独立维权困难重重，保障劳动者的"结社力量"对劳动者团体的共同利益进行保护就显得十分重要。工会应运而生。社会对工会的期望不仅在于通过其实现"劳企对抗"到"劳企合作"的转变，更重要的是平衡劳企力量、改善劳动条件。

三、企业工会的赋能途径

2019 年，我国劳动人事争议立案数量首次超过 100 万件，同比增长 19%，涉案劳动者人数达到 127 万人。随着劳动者法律意识的提高，越来越多的职工在与用人单位发生劳动争议时寻求法律手段维护自身权益。这也从一个侧面反映了工会组织的维护职能还有很大的进步空间。工会组织要主动作为，敢于担当，坚持超前介入，准确把握和反映职工呼声；要去除"机关化、行政化、贵族化、娱乐化"的倾向，做强基层、着力创新；要深入群众调查研究，健全完善职工思想动态和利益诉求分析研判制度，及时准确把握职工队伍思想变化，反映职工意愿，畅通诉求表达的渠道。

（一）打造一支高素质干部队伍

强化工会维权职能，离不开一支高素质的工会领导队伍，要实现工会干部由职工选举产生，关心职工利益，有较强的维权意识，熟悉维权的方式和手段，这样才能获得职工的认可和信任。企业工会要想得到职工群众的支持与认可，必须认真履行职责，切实维护职工群众的合法权益。主要工会干部不得兼任企业内重要管理岗位，以免出现相互勾结侵害劳动者权益的事件。

（二）关注职工内在需求

现阶段工会落实维权职能，往往局限于工作条件、薪酬福利等传统范畴，但这已经不能满足现代企业的需求了，现代企业要求工会要以职工需求为导向，强化职工帮助计划的推广和应用，还要及时发现并解决职工存在的心理问题，关注职工的思想动态和家庭情况，引导职工舒缓心理压力、快乐工作，提升职工群众的幸福指数。

（三）建立和完善集体协商制度

提高薪酬公平程度，改善职工群众的就业质量，有利于增强工会的号召力和凝聚力，促进劳动关系和谐稳定。集体协商是协调劳企双方利益的重要途径，完善的集体协商制度应当使所有会员都享受集体协商的成果，甚至非会员也可以享用，能最大化地发挥集体协商的积极作用。

（四）创新工作方式方法

市场经济条件下，工会传统的"问题出现再解决"的被动的工作思路已经难以解决高发的劳企冲突了。要想适应企业发展的需要，必须摒弃传统的工作方式，重新审视工会工作，用新的发展理念谋划工会工作，用与时俱进、开拓创新的精神开展工作。积极深入广大职工中，发现职工的问题和需求，防患于未然，才应该是现代企业工会的工作理念。突出企业生产经营，围绕重大项目、重点工程建设任务，搭平台、建机制，深入推进职工技术创新和岗位建功劳动竞赛，汇聚全员创新动能和创效活力，群策群力破解生产难题，实现职工职业全面发展与企业持续发展的协调统一。

（五）充分使用信息化技术

"互联网＋"热潮已兴起，传统的工会工作也应当充分利用互联网技术带来的优势，拓宽联系服务职工群众的渠道和手段，发挥大数据、新媒体作用，逐步建立起支持职工在线学习、政策咨询、权益维护、互动交流、业务办理的网上服务平台。持续加强工会微信、微博、移动客户端建设和运营，形成网上网下深度融合、互联互动新格局，实现舆论引导、信息推送、维权服务更便捷、更广泛、更精准。[①]

---

① 尚长泉：《新常态下增强企业工会活力的若干思考》，《山东社会科学》2017 年第 2 期，第 160 – 163 页。

第五章

集体协商的典型议题

第一节　劳动报酬

劳动报酬是劳动者付出体力或脑力劳动所得的对价，体现的是劳动者所创造的社会价值，包括经济性报酬和非经济性报酬。经济性报酬通常也称为"薪酬"，是能够用货币形式表现出来的由企业支付的东西，包括工资、奖金、福利保险等；非经济性报酬包括头衔、办公室等，是能够满足社交、尊严和自我实现的需求的事物。在日常使用中，劳动报酬与工资通常是一致的，但从严格意义上来说，劳动报酬包括但不限于工资，本节主要对经济性报酬进行说明。

一、工资

（一）工资的概念

依据《劳动法》，工资是指用人单位根据国家有关规定或劳动合同约定，以货币形式直接支付给本单位劳动者的劳动报酬，一般包括计时工资、计件工资、奖金、津贴和补贴、延长工作时间的工资报酬以及特殊情况下支付的工资等。

工资是劳动报酬的重要组成部分。除工资外，劳动报酬还包括劳务费、佣金、稿酬等。但工资与劳务费、佣金、稿酬等相比有许多不同之处。工资属于劳动法范畴，由劳动法调整，遵循按劳分配、同工同酬原则；劳务费、佣金、稿酬则属于民法范畴，由民法调整，遵循自愿、平等、等价有偿原则。

（二）工资的形式

工资形式是指计量劳动者工作量和支付劳动报酬的方式。当前我国有以下几种工资形式。

（1）计时工资。计时工资是根据劳动者的实际工作时间和工资等级以及工资标准检验和支付劳动报酬的工资形式。计时工资的优点是操作简单易行，适用于任何企业和工种；缺点是以劳动时间作为计算工资报酬的依据，不能完全将工资报酬与劳动的数量和质量挂钩。

（2）计件工资。计件工资是按照劳动者生产合格产品的数量和预先规定的计件单价计量和支付劳动报酬的一种形式。计件工资有直接无限计件工资、间接计件工资、累进计件工资等形式。计件工资的优点是能够使劳动成果与劳动报酬直接联系起来，更好地体现了按劳分配原则；缺点是容易因追求数量而忽视了质量，甚至影响安全生产。

（3）奖金。奖金是对超额劳动的补贴，以现金方式给予的物质鼓励。奖金对于调动劳动者的生产积极性，更好地体现按劳分配原则具有重要意义。

（4）津贴和补贴。津贴是对劳动者在特殊条件下的额外劳动消耗或额外费用支出给予补偿的一种工资形式。主要有岗位津贴、地区津贴、生活津贴。补贴是指为了保证劳动者工资水平不受物价影响而支付给劳动者的物价补助，目的是保证劳动者的生活水平不会受到较大的冲击。

（5）加班加点工资。加班加点工资是指按规定支付的加班工资和加点工资。在我国，由于受计划经济体制的影响，目前加班加点工资在制度设计上还存在非常突出的问题。加班工资制度的完善还需要从综合工时计算以及社会平均工资和行业平均工资的体系建设考虑。

（6）特殊情况下支付的工资。特殊情况下支付的工资包括根据国家法律法规和政策规定，因病、工伤、产假、计划生育假、婚丧假、事假、探亲假、定期休假、停工学习、执行国家或社会义务等按计时工资标准的一定比例支付的工资，以及附加工资和保留工资。

需要注意的是，工资的范围仅包括上述六种形式，其他形式的收入虽然以货币形式支付，但不得列入工资的范围。例如，企业支付的社会福利费用、劳动保护费用、劳动者获得各种奖励奖金等都不属于工资。

（三）工资的支付原则

工资作为劳动者生活的物质保障基础，不得出现纰漏。为了确保劳动者更好地获得工资，用人单位在支付工资时，应当遵循以下原则。

（1）及时支付原则。《劳动合同法》第30条第1款规定："用人单位应当按照劳动合同约定和国家规定，向劳动者及时足额支付劳动报酬。"

（2）法定货币支付原则。《工资支付暂行规定》第5条规定："工资应当以法定货币支付。不得以实物及有价证券替代货币支付。"

（3）足额支付原则。用人单位不得克扣职工工资，根据职工提供的劳动支付足够的工资。

（4）直接支付原则。用人单位应当将工资发放给职工本人，需要得到本人的确认。

如果用人单位克扣、拖欠工资，需要承担一定的法律后果，主要包括以下法律后果：

（1）支付令。支付令是《民事诉讼法》中的概念，人民法院根据债权人的申请，向债务人发出限期履行给付金钱或者有价证券的法律文书。《劳动合同法》将支付令作为一种法律手段引入解决欠薪的过程。《劳动合同法》第30条第2款规定，用人单位拖欠或未足额支付劳动报酬的，劳动者可以依法向当地人民法院申请支付令，人民法院应当依法发出支付令。

劳动者在提出申请后，人民法院应当在5日之内通知其是否受理，一旦受理，应当在15日之内向用人单位发出支付令。用人单位在收到支付令之日起15日内还清债务。用人单位对欠薪事实没有异议，但是对支付期限、支付能力、支付方式有异议的，不影响支付令的效力。

（2）劳动者可以单方解除劳动合同。《劳动合同法》第38条规定，用人单位未及时足额支付劳动报酬的，劳动者可以解除劳动合同。在这种情况下，劳动者解除劳动合同不需提前通知用人单位。

（3）补偿金。《劳动合同法》第46条规定，劳动者依照本法第38条规定解除劳动合同的，用人单位应当向劳动者支付经济补偿。《劳动合同法》第47条规定，用人单位支付的经济补偿按劳动者在本单位工作的年限，每满一年支付一个月工资的标准向劳动者支付。六个月以上不满一年的，按一年计算；不满六个月的，向劳动者支付半个月工资的经济补偿。

（4）赔偿金。《劳动合同法》第85条规定，用人单位未按照劳动合同的约定或者国家规定及时足额支付劳动者劳动报酬的，由劳动行政部门责令限期支付劳动报酬。劳动报酬低于当地最低工资标准的，应当支付其差额部分；逾期不支付的，责令用人单位按应付金额百分之五十以上百分之一百以下的标准向劳动者加付赔偿金。

（四）最低工资标准

最低工资标准是指劳动者在法定工作时间或依法签订的劳动合同约定的工作时间内提供了正常劳动的前提下，用人单位依法应支付的最低劳动报酬。《劳动法》第48条第2款规定，用人单位支付劳动者的工资不得低于当地最低工资标准。由此可见，为了规避工资低于最低工资标准而导致的违法风险，用人单位的基本工资应当等同或高于最低工资标准。

需要注意的是，下列项目不作为最低工资的组成部分，单位应按规定另行支付：（1）延长法定工作时间的工资；（2）中班、夜班、高温、低温、井下、有毒有害等特殊工作环境、条件下的津贴；（3）伙食补贴（饭贴）、上下班交通费补贴、住房补贴；（4）用人单位依法缴纳的社会保险费。另外，劳动者个人应当缴纳的社会保险费和住房公积金包含在最低工资标准之内。

各地每年会更新当年最低工资标准，不同地区最低工资有所不同。最低工资标准的出台是为了从法律层面给予劳动者个人基本的生活保障。因此，各地在确定最低工资标准时，会考虑如下因素：劳动者生活费用水平；劳动者平均工资水平；劳动者个人缴纳社会保险费、住房公积金费用；当地企业经济收益状况；地区间经济水平差异；社会经济发展水平等。

（五）工资议题协商的着手点

在集体协商过程中，"薪酬"是协商的重头戏。对职工方而言，"薪酬"是职工生活之本，劳动争议案件中，绝大多数与劳动报酬有关。因此，在有限的集体协商时间内，职工方往往会把薪酬的相关议题放在首位。对企业方而言，薪酬满意度与职工离职率直接挂钩。若职工对薪酬的满意度非常低，会严重挫伤职工的工作积极性，增大职工离职的可能性，最终势必会对公司的经济效益和市场运营造成不利影响。因此，没有一个企业可以忽视薪酬设计对于职工的影响。

在薪酬协商过程中，协商议题主要分为工资和福利。因此，在实际谈判过程中，切忌将工资和福利混为一谈，这是两个截然不同的议题。

工资作为集体协商的常见议题，职工常常期望能够在这方面争取到最大的利益，因为能够使双方最终选择集体协商解决问题的，一定是职工方要争取可见利益。当然，并非企业方一旦改变现有工资状况就存在损失，一定幅度的工资变动能够使企业获利。在协商过程中，双方都会竭尽全力去寻找平衡点，以争取共赢。

1. 常见议题

（1）基本工资，也称"底薪"。近年来，薪酬设计更为弹性化，目的是触发更多薪酬带来的激励效果，加上最低工资标准的设定，在薪酬设计时最保险的方式就是基本工资等同或略高于最低工资标准。在基本薪酬谈判过程中需要注意的是，很多薪酬体系的奖金绩效工资与基本工资相挂钩，在确定薪酬的增长额度时，需要计算出整体薪酬的增长情况，不可简单关注基本工资的变化。

（2）起薪。起薪具有两个意思：①最低工资；②职工到这个行业刚工作时的工资。在分析集体协商主要议题时，需要对起薪的具体含义达成共识，以避免协商双方做不必要的阐释。

（3）工龄工资，也称年功工资。它是企业对职工的工作经验和工作年限的补偿。企业可以根据自身实际情况灵活设置工龄工资，有的企业甚至设置了起拿年限，这种做法能够减少职工离职率。常见工龄工资制定有两种形式：社会工龄，呈"直线"，即工资随总工龄增加而不断增加；企业工龄，呈"抛物线"，具有工作经验的职工来到新的工作单位工作时，和没有工作经验的职工享受一样的待遇，如此更加公平。

（4）小时工资。这种工资计算方式在餐饮行业常见。小时工资的设定要注意符合最低小时工资标准，同时同行业小时工资标准也是具有参考价值的，如果是行业中的龙头企业，小时工资至少不能出现垫底的情况。

（5）计件工资。这种工资计算方式要考虑实际职工工作件数，也要参考行业标准。

2. 相关依据

在工资集体协商过程中，职工方所有诉求的落脚点一般都是增加工资总额。因此，针对以上所有关于工资的议题，都可以用如下内容作为协商双方提出诉求的相关依据。

（1）最低工资标准。企业所有行为必须以法律规定为最低标准，劳企双方都必须明确工资的法律边界在哪里，这样不仅能保护职工的合法权益，也能防止职工漫天要价。

（2）行业工资水平。整个行业的平均工资水平在很大限度上指导了企业薪酬的设计。企业工资高于平均水平，可以吸纳更加优秀的人才，提升企业整体人力资本；企业工资若低于平均水平，则会面临优秀人才流失，甚至与曾经最器重的职工成为对手的情形。

（3）工资指导线。它是政府对企业的工资分配进行规范与调控，使企业工资增长符合经济和社会发展要求，促进生产力发展的企业年度货币工资水平增长幅度的标准线。工资指导线包括工资增长基准线、上线和下线。因此，在经济收益提升的情况下，职工的实际工资也要有一定的增长。这一条依据能够很好地回击企业在实际经济增长的情况下仍然保持工资不变的情形。

（4）劳动生产率。根据边际生产力工资理论可知，劳动边际生产力决定自身产品价值，同时也就决定了其所取得的收入。此时，企业必须清楚地知道谁对于企业更有价值，即谁的劳动生产率更高。企业是以营利为目的的，不是慈善机构。因此，在工资增长的议题上，不是全覆盖的，而是有选择性的。

（5）企业地位。企业常见的薪酬策略有跟随型、领先型、滞后型和混合型，薪酬策略的选择由企业在行业中所处的地位决定。薪酬与企业战略必须是相匹配的，无论是职工方还是企业方，都应该从企业发展的角度来考虑企业的可持续发展问题。

二、福利

福利是劳动报酬的一部分。用人单位除了需要向劳动者支付工资，还需要向劳动者提供一定的福利待遇，福利待遇的费用由用人单位全部或部分承担。

（一）法定福利

法定福利是由国家法律法规强制规定的。为劳动者提供法定福利是用人单位的法定义务，用人单位不得与劳动者进行协商，以达到规避义务的目的。用人单位逃避提供法定福利的义务，应承担相应的法律责任。

1. 法定福利的类型

当前用人单位推出的福利保险主要指社会保险（包括养老保险、医疗保险、失业保险、工伤保险及生育保险）和住房公积金，即常说的"五险一金"。

养老保险是国家和社会根据法律法规，为解决劳动者在达到国家规定的解除劳动义务的劳动年龄界限，或因年老丧失劳动能力退出劳动岗位后的基本生活而建立的一种社会保险制度。基本养老保险费由企业和被保险人按不同缴费比例共同缴纳。以北京市养老保险缴费比例为例：企业每月按照缴费总基数的 16% 缴纳，职工按照本人工资的 8% 缴纳。

在基本养老保险的基础上，还存在企业补充养老保险。它是由国家宏观调控、企业内部决策执行的企业补充养老保险，又称企业年金，是指由企业根据自身经济承受能力，在参加基本养老保险的基础上，企业为提高职工的养老保险待遇水平而自愿为本企业职工所建立的一种辅助性的养老保险。企业补充养老保险是一种企业行为，效益好的企业可以多投保，效益差的、亏损的企业可以不投保。实行企业年金，可以使年老退出劳动岗位的职工在领取基本养老金水平上再提高一步，有利于稳定职工队伍，发展企业生产。

医疗保险是国家为了补偿劳动者因疾病风险造成的经济损失而建立的一项社会保险制度。通过用人单位与个人缴费，建立医疗保险基金，参保人员患病就诊发生医疗费用后，由医疗保险机构对其给予一定的经济补偿。基本医疗保险费由单位和职工个人共同缴纳，按保险缴费基数进行缴纳。职工自批准法定退休的次月起，个人不再缴纳基本医疗保险费。

商业保险可以分为报销型医疗保险和赔偿型医疗保险。报销型医疗保险是指患者在医院里所花费的医疗费由保险公司来报销，一般分门诊医疗保险与住院医疗保险。赔偿型医疗保险是指患者明确被医院诊断为患了某种在合同上列明的疾病，由保险公司根据合同约定的金额来给付给患者治疗及护理。一般分单项疾病保险与重大疾病保险。

上述两类医疗险有相同点但又有不同点。相同点是患病才能获得保险给付，不同点主要是普通医疗险属全类型即各类疾病都能获得保险给付。专项医疗保险属专项类即某项在保险合同中列明的疾病或手术才能获得保险给付。保险公司推出的医疗保险常常会综合上述两大类保险。对于一些高危职业或者易患职业病的职业，用人单位购买补充商业保险是合理的，能够有效避免企业重大损失。

失业保险是指国家通过立法强制实行的，由社会集中建立基金，对因失业而暂时中断生活来源的劳动者提供物质帮助的制度。失业保险费由单位和职工个人共同缴纳，按照缴费基数进行缴纳。

工伤保险是指劳动者由于工作并在工作过程中遭受意外伤害，或因接触粉尘、放射线、有毒有害物质等职业危害因素引起职业病后，由国家或社会给负伤、致残者以及死亡者生前供养亲属提供必要的物质帮助的一项社会制度。工伤保险费按照保险基数进行缴纳，由公司全额缴纳。

生育保险是国家通过立法，在怀孕和分娩的妇女劳动者暂时中断劳动时，由国家和社会提供医疗服务、生育津贴和产假的一种社会保险制度。该保险由企业按照保险基数进行缴纳。

住房公积金是职工按规定存储起来的专项用于住房消费支出的个人住房储备金，在职职工由单位开设住房公积金账户。一部分由职工所在单位缴存，另一部分由职工个人缴存。职工个人缴存部分由单位代扣后，连同单位缴存部分一并缴存到住房公积金个人账户内。

2. "五险一金"的法律规定

《劳动法》第72条规定，社会保险基金按照保险类型确定资金来源，逐步实行社会统筹。用人单位和劳动者必须依法参加社会保险，缴纳社会保险费。该法第73条规定，劳动者在下列情形下，依法享受社会保险待遇：退休，患病、负伤、因工伤残或者患职业病，失业，生育。由此可见，办理社会保险是用人单位的法定义务，用人单位如不履行，需要承担如下的法律后果。

（1）补缴社会保险费。由于社会保险的缴纳属于劳企双方的法定义务，具有不可放弃性，即使劳动者自愿放弃也属于无效行为，劳动者可以事后有权要求用人单位补缴社会保险，补缴起始日要从劳动者与用人单位建立劳动关系之日起算。如劳动者有确切证据证明当初是因单位胁迫"被自愿"，依据《劳动合同法》第38条、第46条，劳动者有权随时提出辞职，并要求用人单位支付经济补偿金。

（2）承担工伤费用。社会保险是国家强制保险，企业为职工购买保险是法定义务，即使劳动者确实是自愿放弃社会保险，用人单位仍不能豁免工伤、医疗费等赔偿责任。

（3）劳动保障行政部门处罚。依据《社会保险法》第84条、第86条等法律规定，即使是劳动者自愿放弃社会保险，用人单位依然不能免除这一法定义务，如果没有缴纳，将面临相关部门的行政处罚。处罚的数额根据情节最高可达三倍，还要对企业相关人员进行最高3000元的罚款。

《劳动法》对住房公积金没有明文规定，用人单位未给劳动者办理公积金的，有两种处理办法。第一种是劳动者与用人单位在劳动合同中明文约定用人单位需要为劳动者办理住房公积金，如果用人单位未办理住房公积金，则被认为未履行劳动合同条款。第二种是劳动者与用人单位在劳动合同中没有明文约定用人单位需要为劳动者办理住房公积金，劳动者可以向当地的公积金管理中心进行举报投诉，由住房公积金管理中心进行处理。《住房公积金管理条例》第15条规定，单位录用职工的，应当自录用之日起30日内向住房公积金管理中心办理缴存登记，并办理职工住房公积金账户的设立或者转移手续。由此可见，用人单位负有为职工办理住房公积金的义务。

3. "五险一金"的注意事项

（1）用人单位不能将社保折算成现金和工资一起发放。按法律规定，劳动者也有缴纳社会保险的义务，不得放弃缴纳，如果劳动行政部门一旦查实有这样的行为，作为企业必定会受到行政处罚，因此企业这样做具有一定的法律风险。

（2）职工不能签署自愿放弃社保申请书。这样的声明并不具备法律效力,《劳动法》第72条规定,用人单位和劳动者必须依法参加社会保险,缴纳社会保险费。从法律规定看,为职工缴纳社保是企业的法定义务,权利可以放弃,义务必须履行,这是法律的基本原则。因此,企业要求职工签署保证书放弃单位为自己购买社保是一个无效的法律行为。

(3) 职工不参保属于违法。依据《社会保险法》,我国公民和在华就业的外国人参加社会保险,个人应该履行的义务主要有:①登记义务。②参保义务。③缴费义务。《社会保险法》第10条明确规定"职工应当参加基本养老保险",参保是"应当",用人单位是代扣代缴单位。如果职工不参保,属于违法行为。

(二) 实物福利

实物作为职工收入的另一种形式,有别于工资。根据法律规定可知,用人单位不可用实物代替工资。职工福利礼品的选择是一个复杂的问题,选择时需要注意:(1) 考虑预算,少花钱多办事;(2) 职工满意,发放职工喜欢、需要的礼物;(3) 公平性,职工收到礼品价值相当;(4) 尽可能提升职工企业认同感。

(三) 股权激励

股权激励主要是根据公司章程和规定,对业绩达到标准的员工给予规定的股票、股权或者期权,使员工收入和企业经营状况长期关联,从而对员工形成激励和约束。[1]"股权激励"相对于工资和社会福利而言,是一种更为长期的绩效激励方式。其出发点不仅在于增加职工收入,更在于给予职工正向强化。通过"利益共享,风险共担"的激励方式,让职工从"打工者心态"变成"准老板心态",通过留住有潜力并且对企业有价值的职工,大幅度降低离职率。人力资本的增加,不仅让整个企业职工的工作积极性提高,更促成公司的业绩进一步飞速增长,企业才能获得更大的利益。

1. 股权激励的类型

自2016年《上市公司股权激励管理办法》正式发布以来,各个企业开

---

① 李菁:《我国上市公司股权激励契约要素设计问题分析及其优化研究》,《营销界》2019年第34期,第74–76页。

始了股权激励之路。这些企业主要采取以下三种模式。

（1）股票期权模式。它是企业与职工事先约定好股票的价格和数量，确定交易时间。职工获得股票期权时，有两种选择：当股票市价高于约定价格，职工就可以行权；当股票市价低于约定价格，职工可以选择不行权。在这种模式下，只要企业股票市价高于约定价格，职工就可以获益。同时，激励对象持有的股票会随着股价的不断上涨获得更大的差价收益，从而使得职工努力工作降低成本并提升公司业绩。激励对象会从企业所有者的角度去看待企业长期经营效益，发挥其长期激励的效用。

（2）限制性股票模式。它是企业与职工事先约定业绩目标和禁售期，职工只要在禁售期完成目标业绩就可以获得对股权的处置权。它的优势在于对激励对象业绩考核目标约束力较强，从而激励管理人员更加注重公司长期发展的战略规划和实现。它的缺点在于需要企业事先回购股票，只有企业有库存股时，被激励对象才有股权。

（3）职工持股模式。它是一种被激励对象更为广泛的模式。存在职工个人持股和公司集中管理两种方式，大部分公司会选择集中管理的形式。该模式不仅为职工谋取福利，同时增加了职工的忠诚度，有利于企业引进和保留不同层次的优秀人才。

2. 股票期权和限制性股票的选择

从 2005 年"股权激励"实行以后，各上市公司主要选择股票期权和限制性股票两种形式。2006 年到 2010 年主要以股票期权为主，但是从 2010 年到 2019 年各企业却转向了限制性股票。股权激励模式的选择没有必然规律，是各种指标考虑下的综合抉择。

3. 股权激励的注意事项

股权激励作为长期激励的最新发展趋势，其目的是通过降低雇员流失率来降低企业人力成本，同时通过绩效激励，使得绩效目标完成得更好。但股权激励的设置是非常考究的，并不是每一家采用股权激励的企业都能达到其终极目的。因此，在股权激励过程中，需要注意以下三点：

第一，不同企业的激励对象有所不同，即股权激励的授予对象应根据企业的实际情况有所区别。一般而言，股票期权的激励对象是企业的高层管理人员，因为其对公司的业绩有较大的影响。但这也不是唯一的方式，因为在当前科技型公司中，技术型人才是决定一个企业生死存亡的关键，所以对技术型人才进行股权激励是这类企业的常见做法。另外，全员持股型企业也在逐步出现，将职工的利益和企业利益进行有机统一将是我国集体协商制度的一个发展趋势。

第二，不同的企业应该因地制宜地选择合适自己的股权激励模式。一般而言，如果企业是上市公司，由于受到资本市场的限制，限制性股票模式和股票期权模式就是比较好的，可以通过二级股票市场的作用来自动对股权持有人进行激励。如果是非上市企业，虚拟股票模式可能就会是一个好的选择，一方面可以对职工起到激励效果，共享企业发展的成果，另一方面虚拟股权可以保障企业所有者保持对企业的控制权。

第三，股票期权的行权期设置是一个需要企业仔细考虑的问题。一方面，根据前景理论，如果行权期过长则会使得职工由于期望值变低而产生懈怠现象，无法真正形成激励效果；另一方面，如果行权期过短，就会导致持有人采取短期机会主义行为，只会重视短期利益，违背了为了长期利益而实施股权激励的初衷。从实际情况看，一般股权期限在 5～8 年比较合理，既合理限制了持有人的短期行为，又能激励持有人为了自身利益而提升企业效益，从而让劳企双方利益找到一个较好的结合点。

（四）福利议题协商的着手点

很多企业只做到了一般的福利制度，但是想要福利制度发挥真正的激励效果，让职工感受到企业的关怀，企业必须根据公司自身的特点，有目的、有针对性地设置福利，吸引和保留高素质的职工。

在法定福利如社会保险和公积金的缴纳上，劳企双方是没有协商余地的，企业都会按法律规定来回应职工方诉求，因此对于法定福利，一般不作为具体诉求。但是职工方可以争取更多的企业福利，这取决于企业以及工作岗位的性质。

1. 常见议题

（1）企业年金。企业年金是企业为提高职工在退休后的生活水平，激励职工爱岗敬业，增强企业的凝聚力和创造力，而为企业在岗职工提供的补充性养老保障。一般会根据人员层次设定差异化标准。

（2）工作保障福利。工作保障福利主要包括雇主责任险、人身意外伤害保险和健康体检。①雇主责任险。该险种是工伤保险的补充险，从职工福利的角度实现了双层保险。②人身意外伤害保险。企业可为经常出差人员办理人身意外伤害保险，解决其后顾之忧。③健康体检。为保证职工身体的健康，企业每年统一组织职工到指定医疗机构进行身体检查，费用由企业承担。

（3）精神层次福利。精神层次福利主要包括参与决策和职工援助计划。①参与决策。在公司各项制度制定实施过程中建立职工参与决策的机制，提高职工的主人翁感。②职工援助计划。包括家庭冲突问题的解决、瘾的戒除、职业生涯咨询、法律咨询等。

2. 相关依据

（1）人力资本理论。企业间的竞争实质上是人才的竞争。国内企业逐步开始认识到企业福利在吸引职工、留住职工和激励职工方面的重要作用，很多企业改变了以前认为企业福利是企业的包袱的观念，开始大力发展企业福利。目前，在法定福利被越来越多企业认同，覆盖面迅速扩大的情况下，我国企业自主福利快速发展。要想打赢人才争夺战，企业福利是必不可少的。

（2）企业社会责任感。福利制度的存在主要是体现企业的人文关怀，让职工更有归属感。每个企业在盈利的同时承担社会责任，有助于人们获得情感上的满足。这些都可以让职工感觉到企业和自己不仅仅是一种单纯的经济契约关系，而是具有了某种程度的类似家庭关系的感情成分，这无疑使职工和企业的关系更进一步。

（3）行业状况。同行业、同类型、经营状况相似企业的福利制度是很有说服力的，例如，外卖骑手的人身意外险购买，一旦有相似企业实行了这一福利，就能说明其存在的合理性。企业也可以根据行业状况评估一项福利设计是激励因素还是保健因素。

第二节　工作条件

工作条件是职工在工作中的工作环境和设施条件的总和。

一、工作环境

（一）工作环境的概念和类型

工作环境是指一个职业人所处的自然环境、软硬件设施以及人与人的关系所构建的一个综合环境。工作环境包括自然环境、作业环境和团队环境。

（1）自然环境是工作时所处的地理环境，包括地理位置、空气条件等。

（2）作业环境是工作时所处的人为布置的与工作相关的环境，包括设施、设备、工具、周边工厂企业等。

（3）团队环境是所处的工作团队的自然人组成的工作氛围，包括团队精神、团队沟通、团队技能等。

建设良好的工作环境，用良好的工作环境来激发人的工作积极性和创造力，是我们提高职工作效率，改进工作作风的一项有效措施。

（二）工作环境的构建

当前企业十分注重对工作环境的打造，并不是只有高危企业才应该注重工作环境的建设，除去影响职工身体健康的工作条件，非高危行业中也存在影响职工心理健康的工作环境因素。工作环境中设施条件的变化也能够影响职工的主观幸福感。影响职工主观幸福感的工作环境因素主要有以下几点：（1）住宿状况。由于收入水平偏低，用于住房消费的支出有限，职工特别是青年职工在短时间内很难购买商品房，因此企业能否提供廉价且舒适的职工宿舍，对职工幸福感的影响非常明显。通常，改善住宿条件的愿望和要求会进入集体协商的范围。（2）饮食条件。很多企业具备自己的企业食堂，也有加班免费吃晚餐的相关鼓励制度，新生代职工一方面从节省开支和节约时间的角度非常希望企业能够提供工作餐，以此作为加班的补偿性待遇，另一方面希望通过企业提供的餐饮来保障自身的身体健康，并把食堂用餐作为一种社交方式，调剂简单枯燥的工作。（3）娱乐设施。由于多数企业的工作任务重、时间长，职工的业余文化活动无从谈起，企业如果能够在工作场所中增加一些文化娱乐设施，如健身房、图书馆、棋牌室等会让职工显著增强对企业的归属感，从而改善劳企关系。（4）厂区、车间和办公室等工作场所的环境布置。诸多研究表明，工作场所环境对劳动者的心理有显著的影响，进而影响到劳动者的工作效率和组织氛围。适度改善工作环境（如合理的设施设备布局、符合人体工程学的工作设施、舒适的色彩设计和绿植布置等）都会提升职工的幸福感。

（三）工作环境议题协商的着手点

良好的工作环境建设是用人单位吸引和保留职工的一个重要因素。在集体协商过程中，职工方也频繁针对工作环境改善这一议题进行协商，由此可见用人单位应当针对工作环境作出一定的改善。

1. 照明与色彩

自然光和人工照明都可以在工作场所使用，但就舒适度而言，自然光要好于人工照明，更利于人体技能的适应。从照明强度而言，过亮或者过暗都不利于劳动者工作，通常的原则是工作地或者操作台的亮度应该更高一些，但整体上不能差距过大，要保持整体上的一致性。

根据色彩心理学的研究，色彩可以对人的情绪产生影响，甚至可以影响人的行为。因此色彩是比亮度更为关键的因素。在工作场所的色彩选择中，如果没有特殊需要，尽量不要选择紫蓝色和橙红色，因为这类颜色容易导致劳动者烦躁和疲劳；而黄绿色是比较好的选择，能够让人感到放松和愉悦，从而提高工作效率。

2. 温度与湿度

工作地要保持正常的温度与湿度。要根据不同的作业性质和不同的季节气候，采取必要的措施。当工作地点的温度经常高于35℃时，应采取降温措施，冬季室内温度经常低于5℃时，应采取防寒保温措施。人体的舒适温度夏季为18～24℃，冬季为7～22℃。目前，我国常用的调节环境温度和湿度的设备有蒸汽和热水管空气加热器、电加热器、窗式和柜式空调机、蒸汽喷管、电加湿器、冷冻除湿机等，企业可根据情况采用适当的设备。

3. 基础设施

基础设施的范围比较广泛，其包含工作环境的方方面面。例如，厂区的绿化状况能够起到净化空气、防止风沙、减弱噪声等作用，是必不可少的环境条件。再如休息室，休息室是进行沟通的较好的场所，休息室应该备有饮水机、自动贩卖机等设置，面积要充足，能够让人自由走动。

二、劳动安全与卫生

随着社会经济的不断发展以及时代的进步，人们对所从事职业的劳动安全与卫生问题越发重视，在日常生产过程中，劳动安全保障措施是最为重要的，确保劳动者在实施作业过程中的安全也是社会进步以及国家经济发展的重要标志。劳动安全与卫生问题关系到全部劳动者的基本人权，也反映了各个企业的文化，是企业提升自身核心竞争力的重要保障。

（一）劳动安全卫生的概念

劳动安全卫生，也称职业安全卫生或者劳动保护，是以在安全且卫生的职业活动环境中保护工作人员身心健康为目的，在改善劳动条件、预防工伤事故及职业病，实现劳逸结合和女职工、未成年工的特殊保护等方面所采取的各种组织措施和技术措施的总称。

劳动安全卫生包括劳动安全和劳动卫生两个方面的内容。劳动安全是以防止职工在职业活动过程中发生各种伤亡事故为目的，在法律、技术、设备、组织制度和教育等方面所采取的相应措施，其目的是保障人身安全。劳动卫生是以防止职工的健康在职业活动中免受有害因素侵害为目的，在法律、技术、设备、组织制度和教育等方面所采取的相应措施，其目的是保障人的身心健康。由此可见，劳动安全卫生的宗旨是保障职工在职业活动中的安全与健康。

（二）劳动安全卫生的法律规定

人身健康是劳动者参与社会劳动的重要前提，国家有责任通过立法建立职业安全保障标准，保障劳动者生命安全和人身健康的实现。

1. 职工的权利与义务

《劳动法》第3条规定，劳动者有获得劳动安全卫生保护的权利。劳动者在劳动安全卫生方面的权利包括：（1）有权知道工作可能带来的对健康的危害和可能发生的事故。（2）有权利获得必要的劳保用品，用以保护劳动者的健康。（3）有权拒绝在工作过程中可能造成危险的违规行为和冒险行为。（4）可以检举、揭发和控告任何危害身体健康的行为。（5）在发生严重危及其生命安全的紧急情况时，有权采取必要的措施紧急避险，并应当将有关情况向用人单位的管理人员作出报告。

劳动者在劳动安全卫生方面的义务有：（1）必须严格遵守安全操作规程，遵守用人单位的规章制度。（2）按规定正确使用各种劳动保护用品。（3）必须听从用人单位管理人员的生产指挥，不得随意行动。（4）发现不安全因素或者危及健康安全的险情时，有义务向管理人员报告。

2. 用人单位的义务

《劳动法》第六章专章规定了"劳动安全卫生"，以劳动保障领域基本法的形式对劳动安全卫生进行了原则性规定。原劳动部还颁布了一系列与《劳动法》相配套的规章，如《劳动监察员管理办法》《未成年工特殊保护规定》等。从一系列的规章制度可总结出用人单位具有以下劳动安全生产义务：（1）用人单位应当具备国家和相关部门制定法律法规所明确规定的安全生产条件；不具备安全生产条件的，不得从事生产经营活动。（2）用人单位的安全设施必须符合国家和政府的相关规定，要有专项的投资预算。特殊行业如采矿、冶炼、危险品制造等还要符合行业的专项规定。（3）用人单位应当建立完善的安全事故排查制度，采取专门的技术和措施来保证制度的实施，并由专门的人员负责。（4）用人单位必须进行严格的安全教育和培训，让劳动者掌握必要的安全知识和技能，保证他们按照规程进行生产操作。

（三）劳动安全与卫生议题协商的着手点

集体合同中对劳动安全卫生方面的协商主要集中于以下几个方面：劳动安全卫生责任制；劳动条件和安全技术措施；安全操作规程；劳保用品发放标准；定期健康检查和职业健康检查；集体协商双方可就劳动安全与卫生内容进行集体协商，签订集体合同或专项集体合同。

【案例4】

外卖骑手的劳动安全卫生权益的保障

外卖骑手劳动安全卫生权益保障问题尤其突出，平台企业的"计件"薪酬制度、部分交规执行和处罚力度不够、个人安全意识和遵纪守法意识不强，共同导致外卖骑手交通事故频发。为此，需要从工伤社会保险改进和商业化保险作为补充的综合治理角度，来加强平台企业、社会治理的规范作为和提高外卖骑手个人的安全意识，从而保障外卖骑手劳动安全权益。

1. 将外卖骑手纳入工伤保险体系

《社会保险法》第33条规定，职工应当参加工伤保险。将外卖骑手这个群体纳入工伤保险体系，一方面体现了对处于弱势的劳动者群体的保护，另一方面体现了我国社会保险制度的进一步完善，使得外卖骑手的个人效用水平提升。

2. 划分个人缴费档次，制定平台企业和外卖骑手联合缴费模式

在我国现行的《工伤保险条例》规定了工伤保险费由用人单位缴纳。但是，在平台经济模式下，劳动者与用人单位间呈现弱契约化的劳动形态，骑手作为高风险职业，易面临多种突发事件，建议将缴费模式修改成平台企业和外卖骑手联合缴费模式，划分个人缴费档次，享受个人缴费差别待遇，这是从经济角度提高自我负责的意识，促进外卖骑手劳动安全权益保障的可行做法。

3. 将商业化工伤保险作为补充

以现有社会保险为基础，调整相关政策，引导商业保险市场化。对特殊行业的商业保险可以采用减免税收优惠等政策，促进商业保险和社会保险的接轨，形成双保险。对于非全日制的劳动者，鼓励其主动投保商业保险，并根据相关政策给予投保补贴；对于承保的保险公司，根据相关政策给予承保补贴和税收优惠。

第三节　工作制度

一、工作时间制度

（一）工作时间制度的类型

1. 标准工时制度

标准工时制度是指法律规定的，在正常情况下，一般职工一昼夜中工作时间长度、一周中工作日天数，并要求各用人单位和一般职工普遍实行的基本工时制度。标准工时制度是用人单位确定工时的标准和基础，是其他特殊工时制度的计算依据和参照标准。根据《国务院关于职工工作时间的规定》（国务院令第174号），我国目前实行劳动者每日工作8小时，每周工作40小时，每周至少休息一天这一标准工时制度，且任何单位和个人不得擅自延长职工工作时间。因特殊情况和紧急任务确需延长工作时间的，按照国家有关规定执行。

标准工时制度不是一成不变的，而是随着社会经济的发展而不断变化的。《劳动法》第36条规定，国家实行劳动者每日工作时间不超过8小时，平均每周工作时间不超过44小时的工时制度。1995年5月1日起施行的《国务院关于职工工作时间的规定》（国务院令第174号）将标准工时由每周44小时减少为每周40小时。在《劳动部关于职工工作时间有关问题的复函》（劳部发〔1997〕271号）中明确表明，如果用人单位要求劳动者每周工作超过40小时但不超过44小时，且不作延长工作时间处理，劳动行政机关有权要求其改正。

【案例5】

午休时间是否应该给付加班工资

李某是外来务工人员，2008年2月，李某进入某模具公司工作，并与公司签订了为期1年的劳动合同。6个月后，由于工作需要，除了1小时的就餐时间外，李某常常每天要在公司工作11小时，公司支付了他每天3小时的加班费。此后，公司以李某隐瞒或虚构事实，不服从工作安排为由，作出了与李某提前解约的决定。

李某心中颇为不平，觉得几个月来他每天长时间工作，就连吃饭时也在担心工作，这个就餐时间应该算作工作时间补发加班工资给他，于是他申请了劳动仲裁。劳动争议仲裁委员会作出裁决，驳回了李某的申诉请求，李某不服，一纸诉状把公司告上了法院。

该案是关于午休时间是否为工作时间的争论。午休时间原则上不属于工作时间，但是用人单位有权自主决定是否将午休时间纳入工作时间。

根据《工资支付暂行规定》，劳动者在法定工作时间内依法参加社会活动期间，用人单位应视同其提供了正常劳动而支付工资。社会活动包括：依法行使选举权或被选举权；当选代表出席乡（镇）、区以上政府、党派、工会、青年团、妇女联合会等组织召开的会议；出任人民法庭证明人；出席劳动模范、先进工作者大会；《工会法》规定的不脱产工会基层委员会委员因工作活动占用的生产或工作时间；其他依法参加的社会活动。对于参加上述社会活动的时间，视为正常劳动时间。

2. 非标准工时制度

非标准工时制度是相对于标准工时制度而言的，从整体上来看，非标准工时制度是对于标准工时制度的突破，其主要包括以下制度：

（1）缩短工时制度。缩短工时制度主要是指在特殊情况下劳动者实行的少于标准工作时间的长度的工时形式。《国务院关于职工工作时间的规定》（国务院令第174号）第4条规定："在特殊条件下从事劳动和有特殊情况，需要适当缩短工作时间的，按照国家有关规定执行。"[1]

（2）综合工时制度。综合工时制度主要是指由于特殊原因如季节和自然

---

[1]　这些特殊条件和特殊情况主要包括：①从事矿山、井下、高空高温、低温、有毒有害、特别繁重或过度紧张的劳动等职工，每日工作少于8小时。②夜班工作时间缩短1小时。夜班工作时间一般指当晚10时至次日晨6时从事劳动或工作的时间。夜班工作改变了人正常的生活规律，增加了神经系统的紧张状态，因而夜班工作时间比标准工时减少1小时。③依据《女职工劳动保护特别规定》第9条，用人单位应当在每天的劳动时间内为哺乳期女职工安排1小时哺乳时间；女职工生育多胞胎的，每多哺乳1个婴儿每天增加1小时哺乳时间。

条件限制，企业需要职工连续工作，由于不能按照标准工时制度计算而不得不按照周、月、季、年等方式综合计算工时的制度。综合工时制度与标准工时制度的区别在于是"综合"计算工作时间的，即标准工时是按照每天工作时间和每周的工作时间计算，而综合工时计算周期分别为周、月、季和年，不受标准工作时间制度每天、每周工作时间最高额的限制，而只受该周期工作时间总量的限制。例如，批准的综合工时的计算周期为月，一个月中，总工作时间为 160 小时。因此，只要用人单位在该月当中符合 160 小时的总工作时间限制，则用人单位就不受每天 8 小时和每周 40 小时的限制。

（3）不定时工时制度。不定时工时制是指因工作性质和工作职责的限制劳动者的工作时间不能受固定时数限制的工时制度。与标准工时制、缩短工时制、综合工时制相比，不定时工时制是一种直接确定职工劳动量的工作制度，因此，无法确定工作时间。

（4）综合工时和不定时工时制度申请的注意事项。①工时制度的确定从根本上是为了保护劳动者的身体健康，因此，尽管非标准工时制度的适用较为灵活，但是其前提是要保障职工的休息休假和身体健康，即企业应该通过合理确定劳动定额，采取集中工作、集中休息、轮休调休等适当方式，保障职工的休息休假和身体健康；同时要随时听取并采纳工会组织和职工提出的合理化意见和建议。②我国的工作时间制度是以标准工时为原则，以非标准工时为例外。因此，对于适用非标准工时都明确限定了条件。其中，缩短工时主要是企业自主决定，综合工时和不定时工时制度应该依法履行审批手续，非经审批不得适用。

用人单位申请实行综合工时制和不定时工时制度的，首先应该符合实行综合工时或不定时工时制度的条件，然后填写相应的申请表向营业执照注册地的区县劳动和社会保障部门提出申请，并且应该提交以下申请材料：实行综合工时制和不定时工时制申报表；企业法人营业执照副本及复印件（外地分支机构提交法人授权书、营业执照副本及复印件）；申请说明书，重点说明不能实行标准工时制度需要实行特殊工时制度的具体原因，涉及的岗位、人数以及综合工时制的计算周期、工作方式和休息制度；企业工会对实行特殊工时制度的意见。没有成立工会组织的，应当提交实行特殊工时制度涉及职工的联名意见，以及其他应当提交的证明材料。

另外，根据各地关于企业申请不定时工时制和综合工时制的规定，对申请的不定时工时制度和综合工时制度的有效期原则上都有时间限制。

（二）加班议题协商的着手点

1. 延长工作时间的时限

《劳动法》第 41 条规定："用人单位由于生产经营需要，经与工会和劳动者协商后可以延长工作时间，一般每日不得超过一小时；因特殊原因需要延长工作时间的，在保障劳动者身体健康的条件下延长工作时间每日不得超过三小时，但是每月不得超过三十六小时。"因此，对于加班时长可以在《劳动法》的基础之上进行协商，但要严格控制在法律固定的范围内，不得突破，否则就不属于协商的范畴了。

2. 加班工资的计算

（1）关于加班工资的支付标准。《劳动法》针对不同的加班时间，规定了不同的支付标准：①工作日安排劳动者延长工作时间的，支付不低于工资的 150% 的工资报酬；②休息日安排劳动者工作又不能安排补休的，支付不低于工资的 200% 的工资报酬；③法定休假日安排劳动者工作的，支付不低于工资的 300% 的工资报酬。需要注意的是，休息日安排劳动者加班的，应先按同等时间安排其补休，不能安排补休的，应当支付加班工资；法定节假日安排加班的，不能安排事后补休，只能支付加班工资。

（2）关于加班工资的计算基数。目前，全国层面的法律法规没有明确规定该基数，各地实务操作略有不同。大部分地区按如下标准操作：①如果劳动合同中约定了加班工资的计算基数，则以约定为准；②如果劳动合同中没有约定加班工资的计算基数，但明确约定了工资数额的，应当以劳动合同约定的工资数额作为加班费计算基准；③如果劳动合同约定不明确时，应当以实际工资作为计算基数。凡是用人单位直接支付给职工的工资、奖金、津贴、补贴等待遇都属于实际工资。但是伙食补助和劳动保护补贴等待遇应当扣除，不能列入计算范围。应当注意的是，如果劳动合同的工资项目分为"基本工资""岗位工资""职务工资"等项目，应当以各项工资的总和作为基数计发加班费，不能以"基本工资""岗位工资""职务工资"单独项作为计算基数。

（3）关于日工资、小时工资的规定。《劳动和社会保障部关于职工全年月平均工作时间和工资折算问题的通知》（劳社部发〔2008〕3 号）规定：月计薪天数 =（365 天 – 104 天）÷12 月 =21.75 天；日工资 = 月工资收入 ÷ 月计薪天数；小时工资 = 月工资收入 ÷（月计薪天数 ×8 小时）。

（4）实行计件工资的，应当以法定时间内的计件单价为加班费的计算基数。

【案例6】

加班费计算基数如何确定

吴某与上海某公司签订劳动合同，合同中约定吴某的月工资为 2000 元，其中，基本工资 1500 元，岗位津贴 500 元，奖金根据绩效考核情况确定是否发放。合同中还约定，职工经过审批确需加班的，公司以基本工资作为加班费计算基数。另外，公司还发放交通补贴 100 元/月，通信补贴 60 元/月和午餐补贴 240 元/月。2016 年国庆节假期期间，吴某根据公司的要求在 10 月 1 日、2 日、3 日加班 3 天。后吴某领取 10 月份工资时，发现公司并未支付相应的加班费，于是向劳动争议仲裁委员会提起申诉，要求公司支付加班工资。

庭审中，吴某认为自己在国庆节假期期间加班，公司应当按照工资标准的 300% 支付加班工资。当月吴某的奖金为 1000 元，过节费 500 元，故要求公司支付的加班工资为（1500＋500＋100＋60＋240＋1000＋500）÷21.75×3×300%，共计 1613 元。公司认可吴某加班的事实，但仅同意按照劳动合同中约定的基本工资为基数支付加班费，即 1500÷21.75×3×300%，共计 620 元。劳动争议仲裁委员会经审理，认定吴某加班成立，公司应当按劳动合同约定的工资标准向吴某支付加班费，即 2000÷21.75×3×300%，共计 827 元。

本案的争议焦点在于加班费的计算基数如何确定，实践中各地的规定和做法不太一致。本案发生在上海，依据《上海市企业工资支付办法》（沪人社综发〔2016〕29 号）第 9 条，计算加班费的工资基数，劳动合同对劳动者月工资有明确约定的，按劳动合同约定的劳动者所在岗位相对应的工资标准确定。本案中，合同中约定的月工资为 2000 元，包括基本工资和岗位工资，因此，虽然合同约定仅以基本工资，即 1500 元作为加班费基数，但仲裁委员会认定加班费计算基数应包括岗位工资。至于交通、通信和午餐补贴等企业可自行决定给付的福利，数额及支付与否均不确定的奖金，由于双方对于加班费计算基数有明确约定，因此，仲裁委员会未支持上述收入纳入加班费基数。

关于加班费的计算基数，是进行加班费核算时一个特别重要的问题，也是实践中的一个争议焦点。一方面，国家的相关法律法规和部门规章众多，但又缺乏实际可操作性；另一方面，各地方出台的规定和实际做法与国家的规定不尽相同，也使得实务操作中存在冲突。

3. 特殊工时制计发加班工资

依据《劳动部关于职工工作时间有关问题的复函》（劳部发〔1997〕271号），实行综合计算工时制的，可以周、月、季、年等为周期，综合计算工作时间，但其平均日工作时间和平均周工作时间应与法定标准工作时间基本相同，超过法定标准工作时间（日工作时间 8 小时、周工作时间 40 小时）的应视为加班，按不低于工资的 150% 支付加班工资（包括休息日加班）。如果有法定节假日加班的，应按不低于工资的 300% 支付加班工资。

实行不定时工时制的用人单位应当根据标准工时制合理确定劳动者的劳动定额和工资分配方式，以便安排劳动者休息，其工资由用人单位按照本单位的工资制度和工资分配办法，根据劳动者的实际工作时间和完成劳动定额情况计发，一般不支付加班工资。

4. 用人单位的加班管理流程设计

针对不同的加班需要区分不同情况，应分别设计不同的加班管理流程。

（1）职工申请加班。对因单位生产经营需要，职工确实无法在正常工作时内完成工作量，需要职工延长工作时间来完成的情况，建议按以下流程操作：①职工填写加班申请单，应写明加班的原因和预计需要加班的人数和时间；②职工将加班申请单递交其上级主管审核；③经其主管审核后再报人力资源部门审核备案；④职工如实打卡或记录加班时间，交由其主管确认；⑤将确认过的加班记录提交人力资源部门审核并统计加班工资。

（2）用人单位通知加班。对因生产经营需要，单位主动安排职工加班，建议按以下流程操作：①加班申报时，各部门要安排职工加班的，须至少提前1个工作日填写部门加班申请单，该加班申请单应注明预计需要工作的小时数，经人力资源部门审批通过后（特殊情况须报送总经理审批）方可安排加班；特殊情况需要临时计划加班者，相关部门领导要额外加以说明。②征求工会、职工意见。加班申请经审批同意后，向工会报告，并将职工签字确认的职工自愿加班申请单报送人力资源部门备案。③加班时间统计上，职工加班均应如实打卡，记录加班时间，经部门领导审核后提交人力资源部门。

【案例7】

劳动者未经审批加班主张加班费

2009年6月，王某到A公司工作，双方签订的最后一份劳动合同期限为自2018年3月31日至2021年4月1日。2019年2月27日，A公司与王某协商一致解除了劳动关系。王某工作期间，公司对其采取打卡方式记录考勤。另查，公司向王某发放的职工手册中有关于考勤、请假及加班管理的规定，其中明确规定，加班指因业务需要，经部门经理或部门第一负责人签字批准，由上级安排职工在标准工作时间以外工作的情况；只有经书面审批后的加班，方能依据实际加班时数按国家规定优先补休或支付加班工资。王某主张在职期间存在加班的情况，并提供自己记录的工作日志予以证明。该工作日志显示王某多次于休息日在公司工作。公司对王某的主张不予认可，并提供打卡记录证明王某不存在加班情形。王某不认可打卡记录的真实性，但未能提供证据予以反驳。王某以要求公司支付加班费为由向劳动争议仲裁委员会提出申请，仲裁委员会裁决公司支付王某加班工资2.5万元。公司不服，向法院提起诉讼。

法院经审理后认为：当事人对自己提出的诉讼请求所依据的事实有责任提供证据加以证明，没有证据或者证据不足以证明当事人主张的事实的，由负有举证责任的当事人承担不利后果。王某主张在职期间存在加班情形，但其提供的工作日志无法充分证明自己的主张；同时，王某认可根据公司的规定，职工加班需要事前得到批准。但在该案中，王某未能提供证据证明自己曾经得到公司批准而加班，亦未能提供证据证明公司曾安排其从事加班工作且未支付加班工资。故法院认定，王某在工作期间不存在加班，公司不存在未支付加班工资的情形，确认公司无须支付王某加班工资。

5. 用人单位对加班成本和风险的控制

（1）控制加班时间总量，尽量减少不必要的加班。

（2）合理设计工资表。实践中，许多单位的工资表设计过于简单，没有将工资进行合理分项，将工资基数设置过大，在发生加班费纠纷时，如果以工资基数作为标准，则要支付过高的加班工资，用人单位难以承受。另外，过高的工资基数还导致用人单位与劳动者解除劳动合同时需要支付较高的赔偿金，增加了用人单位的用工风险。

（3）明确加班费计算基数。如前所述，大多地方允许约定加班费计算基数，当然约定的计算基数不得低于当地最低工资标准。

（4）明确加班审批制度，通过制度明确加班审批的具体流程，明确未经审批自行在工作时间外工作的不视为加班。

（5）通过制度明确不视为加班的情况。通常不视为加班的情况包括：①公司在非工作时间组织的郊游及其他娱乐活动；②正常工作日出差；③非工作时间的培训活动；④未按照本制度规定的加班申请流程申报和审批的；⑤公司在非工作时间安排职工从事与本职工作无关的值班；⑥因个人业务技能原因需要延长时间完成本职工作的。

（6）将门禁卡和考勤卡分离，要求无加班安排的职工下班后准时打考勤卡，双休日考勤卡关闭。

（7）非标准工时制优先。对于符合法律规定可以实行综合计时工作制或不定时工作制的工作岗位，用人单位应向劳动行政主管部门申请批准执行综合计时制或不定时工作制，特殊岗位的上班时间按规定执行。

（8）调休优先。非法定节假日职工加班后，应优先安排调休，确因工作需要无法调休的，计算加班补贴。

（9）对管理层人员而言，其工资基数高、工作时间弹性较大，超过标准工时的情况较严重，应尽量申请不定时工作制。

（10）严控考勤信息外泄，普通职工未经审批不得浏览、复制考勤信息。

6. 加班费争议的举证责任分配

劳动争议案件与普通民事案件的举证规则有所不同，普通民事案件实行"谁主张，谁举证"原则，但劳动争议案件实行举证责任倒置原则，用人单位在作为被申请人或被告一方的情况下，承担了较大的举证义务。

《劳动争议调解仲裁法》规定，发生劳动争议，当事人对自己提出的主张，有责任提供证据。与争议事项有关的证据属于用人单位掌握管理的，用人单位应当提供；用人单位不提供的，应当承担不利后果。

在加班事实的举证方面，依据《最高人民法院关于审理劳动争议案件适用法律若干问题的解释（三）》，劳动者主张加班费的，应当就加班事实的存在承担举证责任。但劳动者有证据证明用人单位掌握加班事实存在的证据，用人单位不提供的，由用人单位承担不利后果。根据这一规定，通常案件审理过程中，仲裁委员会或法院会要求用人单位提供相关的考勤记录，如用人单位不能提供的，可能会承担不利的后果，所以建议用人单位一定要建立健全考勤制度，妥善保管考勤记录。因为这一证据将直接关系案件的胜负。

在加班工资支付事实的举证方面，司法实践中往往由用人单位负责举证。因此，用人单位应当妥善保管工资的发放资料，尤其是加班工资的发放资料，有很多单位在发放工资时是直接汇入职工银行卡，事后没有要求职工在工资表上签名，就很难证明已发放的工资里是否包含加班工资，可能要承担举证不能的后果，即以原发放工资为基数另行支付加班工资，这就造成了单位额外的经济损失。

二、休息休假

（一）休息休假的类型

1. 工作日内的休息时间

工作日内的休息时间是指一个工作日内的不包括工作时间在内的间歇时间，主要给予工作过程中的劳动者必要的休息和用餐时间。目前，我国对一个工作日内的间歇时间长短尚无法律规定，用人单位可根据工作岗位与工作性质的不同，通过单位内部规章制度加以规定。

2. 工作日之间的间隔时间

工作日之间的间隔时间是指劳动者在上个工作日结束后至下一个工作日开始前所享有的休息时间。该间隔休息时间是为保证劳动者的体力和工作能力得到恢复，实行轮班制的企业事业单位，其班次必须平均调换，保证劳动者足够的休息时间，不得让劳动者连续工作。

3. 周休息时间

周休息时间又称公休假日，是指劳动者在完成一个工作周以后所享有的连续休息时间。公休假日不是带薪休假，它是每周的休息时间，以保障劳动者体力的恢复和精神的休养。在我国，法律保证劳动者在工作满一周以后享有一定的连续休息时间，公休假日一般安排在星期六和星期天。由于生产和社会生活需要，不能在星期六和星期天安排休息的，可以安排劳动者在一周内轮流休息。

4. 法定节假日

法定节假日是指国家根据本国的民族风俗习惯或重要纪念活动的需要，由法律统一规定的用以进行庆祝及度假的休息时间。法定节假日制度体现了各国政治、经济、文化背景的差异，是国家政治、经济、文化制度的重要反映，涉及经济社会文化的多个方面，也与劳动者切身利益密切相关。用人单位应按照国家法律规定安排劳动者在法定节假日休假。

法定节假日具有强制休假性质，用人单位不得以实行非标准工时制等理由剥夺劳动者休息权。全民享有的节假日如果适逢公休日，应当在工作日顺延补假；在法定节假日确因工作需要而加班，不能采用轮休方式补假，只能依法支付加班工资。部分公民享有的节假日主要是为了举行纪念活动而设立，适逢公休日不再另行补假。

5. 带薪年休假

为了保护劳动者平等享有休息权，充分调动劳动者的工作积极性，我国制定了带薪年休假制度，只要劳动者连续工作 1 年以上，就可以享受最多 15 天的带薪年休假。在带薪年休假期间，劳动者享受与正常工作期间相同的工资收入。用人单位应当保证劳动者享受带薪年休假的权利。

《企业职工带薪年休假实施办法》第 2 条规定，中华人民共和国境内的企业、民办非企业单位、有雇工的个体工商户等单位（以下称用人单位）和与其建立劳动关系的职工，适用本办法。该办法第14条规定，劳务派遣单位的职工符合本办法第3条规定条件的，享受年休假。被派遣职工在劳动合同期限内无工作期间由劳务派遣单位依法支付劳动报酬的天数多于其全年应当享受的年休假天数的，不享受当年的年休假，少于其全年应当享受的年休假天数的，劳务派遣单位、用工单位应当协商安排补足被派遣职工休假天数。

年休假天数根据劳动者累计工作时间确定。《职工带薪年休假条例》第3条规定，职工累计工作已满1年不满10年的，年休假5天；已满10年不满20年的，年休假10天；已满20年的，年休假15天。国家法定休假日、休息日不计入年休假的假期。《企业职工带薪年休假实施办法》第6条规定，职工依法享受的探亲假、婚丧假、产假等国家规定的假期以及因工伤停工留薪期间不计入年休假假期。

6. 其他休假

除上述假期外，我国法律还规定了探亲假、婚丧假、产假等其他休假，用人单位均应依法支付工资。

（1）探亲假。探亲假是法定给予劳动者探望分居两地的配偶或父母的带薪假期，目的是适当地解决劳动者同亲属长期远居两地的探亲问题。我国现行的制度依据是《国务院关于职工探亲待遇的规定》。依据该规定，在国家机关、事业单位、人民团体和全民所有制企业工作满一年的固定职工，与配偶或父母不在一起居住，又不能在公休假日团聚的，可以享受探望配偶或父母的探亲假待遇。但是，职工若与父母一方能在公休假日团聚的，不享有探望父母的探亲假待遇。同时，探亲假期是指职工与配偶、父、母团聚的时间，另外根据实际需要给予路程假。此外，为解决台胞职工出境探亲待遇问题，1983年发布的《劳动人事部、财政部、公安部、中国银行关于台胞职工出境探亲待遇的通知》，规定了台胞职工出境探望配偶与父母的具体条件与期限。

（2）婚丧假。婚丧假是法定的当劳动者本人结婚或其直系亲属死亡时享受的假期，包括结婚假和丧葬假。1980年2月发布的《国家劳动总局、财政部关于国营企业职工请婚丧假和路程假问题的通知》仍是我国目前婚丧假的执行依据。根据规定，职工本人结婚或职工的直系亲属（父母、子女和配偶）死亡时，可以根据具体情况，由本单位行政领导批准，酌情给予 1 天至 3 天的婚丧假；职工结婚时双方不在一地工作的或者职工在外地的直系亲属死亡时，需要职工本人去外地料理丧事的，都可以根据路程远近，另给予路程假；在批准的婚丧假和路程假期间，职工的工资照发。

（3）产假。产假是劳动关系存续期间女职工生产前后依法享受的休假待遇。产假作为一种法定休假制度，属于强制性休假，用人单位必须依法全面履行义务，需要支付休假权利人的工资和其他相关费用，并不得在休假期间与劳动者解除劳动合同。《劳动法》第 62 条规定，女职工生育享受不少于 90 天的产假。国务院 2012 年 4 月颁布的《女职工劳动保护特别规定》，对产假及生育津贴支付等作了具体安排，明确规定女职工生育享受 98 天产假，其中产前可以休假 15 天；难产的，增加产假 15 天；生育多胞胎的，每多生育 1 个婴儿，增加产假 15 天。女职工怀孕未满 4 个月流产的，享受 15 天产假；怀孕满 4 个月流产的，享受 42 天产假。女职工产假期间的生育津贴，对已经参加生育保险的，按照用人单位上年度职工月平均工资的标准由生育保险基金支付；对未参加生育保险的，按照女职工产假前工资的标准由用人单位支付。2015 年修正的《人口与计划生育法》第 25 条规定，符合法律、法规规定生育子女的夫妻，可以获得延长生育假的奖励或者其他福利待遇。在实践中，各个地方政府根据上述规定，结合本地区的实际情况，一般都在国家统一规定的天数之上适当延长生育假。

（二）带薪年休假议题的着手点

1. 职工不能享受年休假的情形

《职工带薪年休假条例》第 4 条规定，职工有下列情形之一的，不享受当年的年休假：（1）职工依法享受寒暑假，其休假天数多于年休假天数的；（2）职工请事假累计 20 天以上且单位按照规定不扣工资的；（3）累计工作满 1 年不满 10 年的职工，请病假累计 2 个月以上的；（4）累计工作满 10 年不满 20 年的职工，请病假累计 3 个月以上的；（5）累计工作满 20 年以上的职工，请病假累计 4 个月以上的。与此同时，《企业职工带薪年休假实施办法》第 7 条规定，职工享受寒暑假天数多于其年休假天数的，不享受当年的年休假。确因工作需要，职工享受的寒暑假天数少于其年休假天数的，用人单位应当安排补足年休假天数。该实施办法第 8 条规定，职工已享受当年的年休假，年度内又出现《职工带薪年休假条例》第 4 条第 2、3、4、5 项规定情形之一的，不享受下一年度的年休假。

2. 未安排年休假的责任

简单来说，如果企业未按照规定安排劳动者年休或者年休的天数不符合要求，则应根据其日工资收入的 3 倍支付未休天数的工资。但如果职工本人自愿放弃年休的，企业可以不予以支付超额工资。这一点是法律的基本要求，集体协商可以在此之上自行安排。但如果企业未能按照上述规定执行，由县级以上地方人民政府劳动行政部门依据职权责令限期改正，并立即支付年休假工资，同时支付一定数额赔偿金。

3. 新入职职工享受当年度年休假的规定

《人力资源和社会保障部办公厅关于〈企业职工带薪年休假实施办法〉有关问题的复函》（人社厅函〔2009〕149 号）第 1 条规定，职工连续工作满 12 个月以上，既包括职工在同一用人单位连续工作满 12 个月以上的情形，也包括职工在不同用人单位连续工作满 12 个月以上的情形。这说明只要劳动者连续工作 12 个月以上，无论在哪个单位工作都不影响职工年休假的权利。在实践中，很多企业以职工未在本单位工作 12 个月为由拒绝职工的年休假，是不符合法律规定的。

4. 职工可享受年休假天数的计算

年休假天数根据职工累计工作时间确定，劳动者累计工作已满 1 年不满 10 年的，年休假 5 天；已满 10 年不满 20 年的，年休假 10 天；已满 20 年的，年休假 15 天。因此，累计工作年限对劳动者享受带薪年休假天数的确定是很重要的。有些用人单位认为，累计工作年限应该是到本单位工作的累计工作年限，这样的理解是错误的。

《人力资源和社会保障部办公厅关于〈企业职工带薪年休假实施办法〉有关问题的复函》（人社厅函〔2009〕149 号）第 2 条明确规定，累计工作时间包括职工在机关、团体、企业、事业单位、民办非企业单位、有雇工的个体工商户等单位从事全日制工作期间，以及依法服兵役和其他按照国家法律、行政法规和国务院规定可以计算为工龄的期间（视同工作期间）。职工的累计工作时间可以根据档案记载、单位缴纳社保费记录、劳动合同或者其他具有法律效力的证明材料确定。因此，累计工作时间应该既包括劳动者在本单位工作的时间，也包括前述规定中所提到的劳动者的其他工作期间。

5. 未休年休假工资报酬的日工资收入计算方法

按照劳动者本人的月工资除以 21.75 天的结果来作为日工资。例如，劳动者的月工资为 2175 元，则日工资为 100 元。需要说明的是，月工资的计算是以劳动者在用人单位支付其未休年休假工资报酬前 12 个的月平均工资为标准，包括绩效工资、奖金等，但不包括加班费。

【案例8】

职工休的是法定年假，还是额外年假[*]

职工林某，新加坡国籍，入职一家全球 500 强公司中国总部，担任该公司某部门总监，月薪为 150000 元。按照公司规定，职工年假由两部分组成，即法定年假和额外年假，根据林某的级别，其每年可以享受的年休假总共为 30 天。林某于 2012 年 1 月主动提出辞职，离职前尚有 2011 年度未享受的年休假 27 天。公司在为其办理离职时，双方因年休假工资的补偿发生了争议。公司认为，林某的 30 天年假中 5 天为法定年假，25 天为额外年假，且已休 3 天法定年假，由于公司职工手册明确规定额外年假按日工资补偿，因此，公司只应再支付 25 天的按日工资计算的额外年假工资和 2 天的按日工资 300% 标准计算的法定年假工资（150000 ÷ 21.75 × 25 + 150000 ÷ 21.75 × 2 × 200% = 200000）即可。但是，林某认为，企业在法律规定之外自行约定年休假待遇的做法侵害了职工的合法权益，同时，即便根据公司职工手册分为法定年假和额外年假，其本人法定年假部分也应是 15 天，而非 5 天，另外，其已休的 3 天也应当属于额外年假而非法定年假，因此，要求公司按日工资 300% 的标准补发 27 天的年假工资（150000 ÷ 21.75 × 27 × 200% = 372413）。双方协商未果，林某将公司告到北京市劳动争议仲裁委员会，要求公司按照日工资 300% 的标准补发其 27 天的年休假工资。

---

[*] 周丽霞：《某外企年休假争议劳动仲裁办案札记》，http: wk. yingjiesheng. com/v－000－002－313. html，访问时间：2020 年 9 月 5 日。

最终，仲裁委裁决公司共应向林某支付年假工资补偿 289656 元，其中，15 天的按日工资 300% 标准计算的法定年假工资 206897 元（150000÷21.75×15×200%）；12 天的按日工资计算的额外年假工资 82759 元（150000÷21.75×12）。

反思本案，针对类似企业的年休假的条款约定及实务操作，在制定年休假的相关制度时，应当注意以下几个问题。

（1）职工的年假天数和核定依据。确定年假天数时，应首先确保全体职工能享受根据其工龄而依法享有的法定年假，在此基础上，可以根据职级划分，为高级别的职工规定额外年假或者叫福利年假。对于额外年假，企业可以自行规定相应的年假工资补偿标准，请休流程和应休未休的处理。

（2）"工龄"证明的提交，以及提交不了如何处理。企业可以要求职工提交其工作年限的证明，包括其在国外工作期间的年限证明，并且单位有核实的权利，经核实一旦发现有任何虚假或不符，单位有权要求其重新提供真实的年限证明。对于职工本人确实无法提交或不愿提交的，企业可以规定直接按照较低工作年限确定其法定年假天数。当然，在这种情况下，从人力资源管理的角度，我们还是建议企业尽量结合职工的实际年龄来确定相对合理的法定年假天数，避免引发职工过多的负面情绪。

（3）年假有几种，何种年假先休。在规定职工的年假申请流程时，应区分法定年假和额外年假的请休顺序，即职工先休法定年假，休完后再休额外年假。

（4）当年年假未休完如何处理，离职时所剩未休年假如何处理。无论对于当年未休完的年假，还是离职时尚未休完的年假，公司职工手册都可以明确规定，企业有权要求职工在一定时间内休完，如果职工主动提出不愿意休的，可以要求其出具书面申请，这种情况下未休年假的，企业无须支付年假工资。这里需要注意的是，不少公司的职工手册中关于年假未休完就按作废处理的规定，存在很大的法律风险，应当及时予以纠正，否则，一旦发生争议，将很难得到法律的支持。

三、专业技术培训

（一）专业技术培训概述

1. 概念与特点

《劳动合同法》第 22 条规定，用人单位为劳动者提供专项培训费用，对其进行专业技术培训的，可以与该劳动者订立协议，约定服务期。劳动者违反服务期约定的，应当按照约定向用人单位支付违约金。违约金的数额不得超过用人单位提供的培训费用。用人单位要求劳动者支付的违约金不得超过服务期尚未履行部分所应分摊的培训费用。用人单位与劳动者约定服务期的，不影响按照正常的工资调整机制提高劳动者在服务期期间的劳动报酬。

上述条款规定了用人单位与劳动者之间关于专业技术培训的事项，但该法条并未对专业技术培训的概念进行明确。依据目前司法实践，专业技术培训一般是指，用人单位开展的为提高劳动者素质、能力、工作绩效等特定技能而实施的有计划、有系统的培养和训练活动，目的在于改善和提高劳动者的知识、技能、工作方法、工作态度以及工作的价值观等。其主要有以下特点：（1）培训内容包括专业知识和职业技能，但一般的上岗职业培训和日常业务培训除外。（2）培训的形式包括全脱产的课堂教育、半脱产或者不脱产的具体岗位上的能力培养。（3）培训费用的范围包括单位为培训而支出的有凭证的培训费用，培训期差旅费用（如交通费、住房津贴、生活补贴以及安家费）以及因培训产生的其他直接费用，但不包括劳动者接受专项培训期间的基本工资。

服务期协议是用人单位为劳动者提供专项培训费用，和劳动者协商一致约定服务期限的协议，是劳动合同双方当事人意思自治的体现，也是双方之间劳动关系存续的有力证明，其内容一般涉及劳动者应为用人单位提供服务的时间，用人单位就服务期限应对劳动者提供的培训及其他额外福利待遇，劳动者违约应承担的违约责任等方面。服务期协议一般以用人单位为劳动者提供专业技术培训为生效要件。

2. 立法现状

劳动合同服务期制度在《劳动合同法》颁布之前就已经存在。最早涉及服务期相关制度的是《违反〈劳动法〉有关劳动合同规定的赔偿办法》（劳部发〔1995〕223号），该赔偿办法第4条明确规定，劳动者违反规定或劳动合同的约定解除劳动合同，对用人单位造成损失的，劳动者应赔偿用人单位为其支付的培训费用，双方另有约定的按约定办理。而后，《劳动部办公厅关于试用期内解除劳动合同处理依据问题的复函》（劳办发〔1995〕264号）（已失效）也明确了培训费用返还的方式，"如果在试用期内，则用人单位不得要求劳动者支付该项培训费用。如果试用期满，在合同期内，则用人单位可以要求劳动者支付该项培训费用，具体支付方法是：约定服务期的，按服务期等分出资金额，以职工已履行的服务期限递减支付；没约定服务期的，按劳动合同期等分出资金额，以职工已履行的合同期限递减支付；没有约定合同期的，按5年服务期等分出资金额，以职工已履行的服务期限递减支付；双方对递减计算方式已有约定的，从其约定。如果合同期满，职工要求终止合同，则用人单位不得要求劳动者支付该项培训费用。如果是由用人单位出资招用的职工，职工在合同期内（包括试用期）解除与用人单位的劳动合同，则该用人单位可按照《违反〈劳动法〉有关劳动合同规定的赔偿办法》（劳部发〔1995〕223号）第四条第（一）项规定向职工索赔"。以上两个文件对劳动者和用人单位约定服务期没有予以禁止，并对高额的违约金进行了限制。同时在实践中，劳动合同违约金制度作为违约责任的救济方式也被广泛加以适用。2008年实施的《劳动合同法》第22条规定了服务期的内涵及违反服务期协议应当承担的法律责任。此外，2008年9月3日通过的《劳动合同法实施条例》对培训费用进行了详细规定。

3. 约定专业技术培训服务期的作用

服务期的约定是用人单位限制核心劳动者离职的重要手段之一，在一定程度上是对劳动者自由择业权的限制，同时也体现了对劳动者合法权益的保护，是劳动者与用人单位之间不同利益的平衡，也是新旧用人单位之间对劳动者吸引力的体现。据此，合法合理的专业技术培训服务协议，既能够促进用人单位对劳动者进行培训和投资，提升劳动者的劳动技能和为公司服务的能力，从而增强公司在市场中的核心竞争力，也能够促进劳企双方劳动关系的和谐与稳定。

（二）专业技术培训服务期的常见议题

1. 服务期约定的无效

（1）专业技术培训约定服务期须满足一定条件。依据《劳动合同法》第 22 条，用人单位提供培训并非都可以约定服务期。可以约定服务期的协议必须同时符合如下两个要件：第一，用人单位为劳动者提供了专项培训费用。第二，用人单位对劳动者进行的是专业技术培训，而非一般技能培训或者劳动安全卫生教育培训。因此，只有提供专门的专业知识和职业技能培训才能约定服务期，而新职工的上岗培训、职工日常培训等培训排除在外。为了避免纷争，建议用人单位事先确定所需要培训的对象和培训的内容，以及培训的方式，倡导通过第三方提供专业培训。此外，用人单位与劳动者约定其他特殊待遇，如提供住房、解决户籍、借款、股权安排、解决家属就业，不得约定服务期。

（2）试用期内提供专业培训对劳动者无约束力。《劳动合同法》第 37 条规定，劳动者在试用期内提前三日通知用人单位，可以解除劳动合同。该法第 21 条规定，在试用期中，除劳动者有本法第 39 条和第 40 条第 1 项、第 2 项规定的情形外，用人单位不得解除劳动合同。用人单位在试用期解除劳动合同的，应当向劳动者说明理由。从前述条文可以看出，试用期内如果用人单位有正当理由证明劳动者不符合劳动岗位的工作条件，可以要求解除劳动合同，不须承担违约责任；作为对等条件，劳动者亦可以随时解除劳动合同，同时不须承担违约责任。

由此可见，试用期内签订的专业技术培训服务期协议的相关条款对于劳动者并无法律约束力，劳动者在获得专项培训后如解除劳动合同，并不需要支付违约金。另外，鉴于双方约定试用期的本意在于考察劳动者是否符合用人单位的用人要求，劳动者在试用期的工作表现是双方确定是否继续履行劳动合同的依据，存在不确定因素。据此，为了防范用工风险、降低用工成本，用人单位在试用期满后向劳动者提供专业技术培训并签订服务期协议较为合宜。

（3）因用人单位过错导致劳动者解除劳动合同的。《劳动合同法实施条例》第 26 条第 1 款规定，用人单位与劳动者约定了服务期，劳动者依照

《劳动合同法》第 38 条的规定解除劳动合同的，不属于违反服务期的约定，用人单位不得要求劳动者支付违约金。因此，因用人单位过错导致劳动合同解除，劳动者无须支付服务期协议约定的违约金。

2. 服务期违约金的约定风险

用人单位与劳动者约定违约金时，需要注意以下五个方面：

（1）违约金的约定需要符合权利义务相对等的原则。劳动者所需履行的义务应当与其所获得的服务期培训权利相对等。违约金是劳动合同双方当事人约定的结果，劳动者违反服务期约定的，应当按照约定向用人单位支付违约金。

（2）违约金不得超过法定标准。在违约金具体数额上应以培训费用为限，不得超过该培训费用；违约金约定的范围以专业技术培训为限。

（3）违约金的数额仅限于服务期尚未履行部分所应分摊的培训费用，即违约金的数额等同于扣除已履行年限的培训费用后的余额。服务期协议中的违约金以培训费数额为上限，并根据服务期的年限按比例逐年递减。例如，劳动者提前辞职，需按照剩余服务年限所占服务期的比例来承担违约金，剩余服务年限越短，所需承担的违约金数额越低。

（4）违约金的计算应当精确到月，即根据服务期约定的月份比例逐月递减。

（5）由于服务期违约金只能以培训费用的金额为上限，因而建议尽可能明确培训费用的构成。《劳动合同法实施条例》第 16 条规定，《劳动合同法》第 22 条第 2 款规定的培训费用，包括用人单位为了对劳动者进行专业技术培训而支付的有凭证的培训费用、培训期间的差旅费用以及因培训产生的用于该劳动者的其他直接费用。在实务操作中，用人单位应当在服务期协议中明确专项培训费的构成，培训过程中应当为培训费用的构成提供凭证。除培训费用外，还应当包括交通费、住宿费、伙食费等费用以及因专业技术培训产生的用于该劳动者的其他直接费用，但不应当包括培训期间向劳动者支付的工资。

3. 服务期限的确定

一般而言，培训费用、培训时间与服务期限是一个成正比的关系，即培训费用越高、培训时间越长，服务期限越长。鉴于目前实践中，专业技术培训全脱产、半脱产或不脱产的现象均存在，同一家企业对于不同岗位的劳动者所提供的培训也不尽相同，因此并不适合对所有的服务期限设定一个最高限定标准。宜从用人单位投入培训费用的数额来确定具体的服务期限，即将用人单位对劳动者投入的培训费用与劳动者的工资折算，所计算出的结果就是劳动者应在该用人单位服务的年限。从实践操作来看，专项培训费用支出可计入成本费中，可反映在用人单位的账目中，这样相对比较容易确定数额。在劳动者履行劳动合同的过程中，用人单位可能对培训费用有所增减，此时应以实际投入的培训费用确定服务期限。该种方案的优点在于可以兼顾用人单位和劳动者双方的投入和产出。

4. 提供专业技术培训未签订服务期协议的

依据《劳动合同法》第 22 条，如果用人单位为劳动者提供了专项培训费用，对其进行专业技术培训的，可以与该劳动者订立协议，约定服务期。同时，在司法实践中，如果双方没约定服务期的且劳动合同中也没有相关约定的，则劳动者不必支付这部分违约费用。

5. 劳动合同期限短于服务期限的

《劳动合同法实施条例》第 17 条规定，劳动合同期满，但是用人单位与劳动者依照《劳动合同法》第 22 条的规定约定的服务期尚未到期的，劳动合同应当续延至服务期满；双方另有约定的，从其约定。从这条规定可以看出，双方如无另外约定，则劳动者应该遵守企业的要求继续履行服务期的协议。但如果用人单位不能继续提供工作岗位的，则可以立即结束劳动合同，劳动者不再承担责任。同时，《劳动合同法》第 22 条第 3 款规定，用人单位与劳动者约定服务期的，不影响按照正常的工资调整机制提高劳动者在服务期间的劳动报酬。这就意味着在超过劳动合同期限的服务期内，用人单位所支付的劳动报酬不得低于原劳动合同约定的劳动报酬且需要按照相应标准提高报酬。

【案例 9】

服务期内劳动合同到期，用人单位能否终止劳动合同

2017 年 7 月，徐某大学毕业后进入一家日资公司工作，并签订了两年期

的劳动合同。2018 年 3 月，公司即提供给徐某一个去日本深造的机会，为期半年，出发前，公司要求徐某签订培训协议，约定徐某培训结束后应在公司服务 3 年。培训结束后，徐某便回到该日资公司工作。2019 年 6 月，徐某的劳动合同到期，公司经过讨论，认为徐某工作能力不强且不图上进，所以想终止劳动合同，于是公司将终止劳动合同的决定通知了徐某，并提出由于徐某尚有服务期未履行，所以公司要求徐某返还剩余服务期的相关费用。徐某当即表示不同意，认为劳动合同虽然到期，但服务期尚未结束，所以劳动合同应当顺延至服务期结束，因此，公司无权终止其劳动合同，应按原合同继续履行。

劳动合同期满，服务期尚未届满的，劳动者无权终止劳动合同，否则应承担违约责任，这一点，是毫无疑问的。但是，这种情况下，用人单位能否放弃剩余服务期的履行要求呢？实践中，争议较大。一种观点认为，培训协议中约定的服务期长于劳动合同期限的，视作劳动合同期限的变更，这种变更对双方都有约束力。因此，劳动合同期满，但服务期尚未届满的，用人单位和劳动者任何一方都不能终止劳动合同。另一种观点认为，服务期是用人单位以给付一定培训费用为代价，要求接受对价的劳动者为用人单位提供相应服务的约定。用人单位依约支付相应对价后，即已完全履行自己的合同义务，是否要求劳动者提供服务则成为用人单位的权利。基于民事权利都可以放弃的原则，在劳动合同期满后，用人单位可以放弃对剩余服务期的履行要求。笔者倾向于第二种观点，因为服务期的规定主要是为保护用人单位的利益而设的，可以说，服务期是赋予企业的一项权利，所以应当允许企业根据实际情况决定是否放弃。

本案中，公司可以终止到期劳动合同，但这种情况下结束服务期，企业不得向劳动者追索剩余服务期未履行的违约金或赔偿责任。在实务操作中，由于法律允许双方就劳动合同期在服务期内的顺延问题进行约定，因而我们建议，企业最好在培训协议中明确约定，劳动合同期满，服务期尚未届满的，企业可以终止劳动合同。

第四节　裁员管理

一、劳动合同终止的情形

《劳动合同法》第 44 条规定，有下列情形之一的，劳动合同终止：（1）劳动合同期满的；（2）劳动者开始依法享受基本养老保险待遇的；（3）劳动者死亡，或者被人民法院宣告死亡或者宣告失踪的；（4）用人单位被依法宣告破产的；（5）用人单位被吊销营业执照、责令关闭、撤销或者用人单位决定提前解散的；（6）法律、行政法规规定的其他情形。

但《劳动合同法》第 45 条规定，劳动合同期满，有本法第 42 条规定情形之一的，劳动合同应当续延至相应的情形消失时终止。但是，本法第 42 条第 2 项规定丧失或者部分丧失劳动能力劳动者的劳动合同的终止，按照国家有关工伤保险的规定执行。即在下例情形下，劳动合同必须延续至相应的情形消失时终止：（1）从事接触职业病危害作业的劳动者未进行离岗前职业健康检查，或者疑似职业病病人在诊断或者医学观察期间的；（2）在本单位患职业病或者因工负伤并被确认丧失或者部分丧失劳动能力的；（3）患病或者非因工负伤，在规定的医疗期内的；（4）女职工在孕期、产期、哺乳期的；（5）在本单位连续工作满 15 年，且距法定退休年龄不足 5 年的；（6）法律、行政法规规定的其他情形。

【案例 10】

职工怀孕，合同期自动延续

何某与北京某科技公司订立了为期 1 年的劳动合同，合同期为 2017 年 7 月 1 日至 2018 年 6 月 30 日，但是，公司人力资源部依据《北京市劳动合同规定》于 2018 年 5 月 31 日书面通知何某，公司在合同到期后将不予与其续订劳动合同。但是何某于 2018 年 6 月 20 日告知公司她已怀孕，要求公司延续劳动合同。

本案中，在女职工孕期的情形下，劳动合同虽已到期，但是劳动合同并不能终止。《劳动法》第 58 条明确规定，国家对女职工实行特殊劳动保护。《妇女权益保障法》及《女职工劳动保护特别规定》等现行法律法规对女职工进行特殊的劳动保护。原劳动部发布的《关于贯彻执行〈中华人民共和国劳动法〉若干问题的意见》（劳部发〔1995〕309 号）第 34 条规定，除《劳动法》第 25 条规定的情形外，劳动者在医疗期、孕期、产期和哺乳期内，劳动合同期限届满时，用人单位不得终止劳动合同。劳动合同的期限应自动延续至医疗期、孕期、产期和哺乳期期满为止。

【案例 11】

工会干部的劳动合同期限

马某为某公司的普通职员，与公司签订了为期 2 年的劳动合同，合同期限至 2018 年 8 月 31 日终止。但是，马某在 2018 年 1 月被职工推选为公司的专职的工会委员，任期从 2018 年 1 月 1 日至 2020 年 12 月 3 日，共计 3 年。由于马某为人比较热情，因而公司职工有什么问题都找马某反映情况，要求马某代表职工向公司提建议，因此，公司的管理层对于马某的表现非常不满，认为马某为公司制造了麻烦，严重影响了公司的日常管理，决定当马某的劳动合同到期后，将不与其续订劳动合同。

虽然《劳动合同法》第 42 条没有明确规定，工会干部的任期长于劳动合同期限的，劳动合同到期后，劳动合同不得终止。但是，依据《工会法》第 18 条，基层工会专职主席、副主席或者委员自任职之日起，其劳动合同期限自动延长，延长期限相当于其任职期间；非专职主席、副主席或者委员自任职之日起，其尚未履行的劳动合同期限短于任期的，劳动合同期限自动延长至任期期满。但是，任职期间个人有严重过失或者达到法定退休年龄的除外。

因此，除非马某任职期间存在严重的过失或者达到法定的退休年龄外，劳动合同的期限自动延续至任期届满。

二、劳动合同的解除

劳动合同的解除是指劳动合同订立之后，履行完毕之前，当具备合同解除条件时，由当事人一方或者双方的意思表示而导致合同效力提前终止的法律行为。其包括以下几个要件：（1）劳动合同已经有效成立，但尚未履行完毕。劳动合同的解除实质上是通过双方或者一方的意思表示使有效订立的合同失去对于双方的约束力的行为。因此，前提是必须存在合法有效的劳动合同，并且该合同没有履行完毕。（2）当事人双方或者一方行使法定或约定的解除权。合同的解除是基于当事人一方或者双方的意思表示，而该意思表示必须具有合法性，也就是当事人必须基于法律规定或者合同约定而享有解除劳动合同的权利。而依据《劳动合同法》的相关规定，劳动合同当事人的单方解除权的产生和行使往往是基于一定的条件。

劳动合同的解除分为法定解除和约定解除。法定解除权是指基于法律法规的规定而享有的解除劳动合同的权利；而约定解除权则是基于劳动合同约定的情形而享有的解除劳动合同的权利。

劳动合同的解除分为双方协商解除和劳动者或者用人单位单方解除。劳动合同解除的重点在于劳动者的单方解除权和用人单位的单方解除权，其两者存在较大的差别，简而言之"劳动者解除劳动合同易，而用人单位解除合同难"，其原因在于两者的法律地位的悬殊，劳动者处于弱势地位，并且劳动的给付不仅涉及劳动者和用人单位的财产权，还涉及劳动者的人身权。

（一）劳动者的解除权及其限制

1. 预告解除

《劳动合同法》第 37 条规定，劳动者提前 30 日以书面形式通知用人单位，可以解除劳动合同。本条是关于劳动者法定辞职权的规定，劳动者行使本条规定的权利，只需满足以下几个条件：（1）提前 30 日通知用人单位。提前 30 日的起始计算点在劳动者的解除通知到达用人单位之日起 30 日后。（2）应当以书面形式通知用人单位。法律对于法律行为的形式要求主要为了：①强化其证据效力；②提醒当事人慎重。本条中对于书面形式通知的要求不外乎以上两点。依据该规定"书面通知"是强行性的形式要求，劳动者不得采取其他形式的通知方式，否则会导致辞职权的效力瑕疵而承担相应的法律责任。

2. 试用期的解除权

《劳动合同法》第 37 条规定，劳动者在试用期内提前三日通知用人单位，可以解除劳动合同。试用期是指用人单位和劳动者为相互了解、选择而约定的考察期。而考察期间考察的结果可能有以下两种：（1）当事人双方认为彼此的条件都比较符合，即试用成功；（2）当事人双方之间或一方对于另一方并不满意，即试用失败。对于前者在实践中仅是需要办理相关的转正手续或者仅需继续工作即可，对于后者则需要当事人解除劳动合同，所以试用期从形式上看是一个期间，但是其核心是在此期间内当事人享有解除劳动合同的权利。劳动者在试用期内只需提前三日通知用人单位解除劳动合同。

3. 即时解除

依据《劳动合同法》第 38 条规定，用人单位有下列情形之一的，劳动者可以解除劳动合同：（1）用人单位未按照劳动合同约定提供劳动保护和劳动条件的；（2）用人单位未及时足额支付劳动报酬的；（3）用人单位未依法为劳动者缴纳社会保险费的；（4）用人单位的规章制度违反法律法规的规定，损害劳动者权益的；（5）因本法第 26 条第 1 款规定的情形致使劳动合同无效的；（6）法律、行政法规规定的其他情形。用人单位以暴力、威胁或者非法限制人身自由的手段强迫劳动者劳动的，或者用人单位违章指挥、强令冒险作业危及劳动者人身安全的，劳动者可以立即解除劳动合同，无须事先告知用人单位。

【案例 12】

职工离职后，还能要求年终奖吗

王某 2018 年 1 月与某公司签订劳动合同，2018 年 12 月 15 日提出辞职，并于 2018 年 12 月 31 日离开公司。2019 年 1 月王某得知公司向在职职工发放了 2 个月的月薪作为年终奖，要求公司按其工作月份的比例发放 2018 年度的年终奖。公司以王某已离职不属于年终奖的发放对象为由予以拒绝。于是，王某向当地劳动争议仲裁委员会申请仲裁，要求公司支付年终奖。

仲裁委员会经审理认为，企业有权自主制定年终奖的分配方案，但由于企业的规章制度和劳动合同都没有对年终奖的发放进行明确规定，因而按照同工同酬原则，裁决支持王某的申诉请求。

分析本案首先要明确的是年终奖的性质到底是什么，属不属于工资？依据《国家统计局关于工资总额组成的规定》和《国家统计局〈关于工资总额组成的规定〉若干具体范围的解释》，年终奖应属于工资的范畴。因此，适用《劳动法》"同工同酬"的原则。

但同时，有一个事实不能忽略，就是年终奖是综合单位的经济效益和职工在过去一年的表现等因素而确定发放的。因此，年终奖不可能是固定的，应属于工资中可变的部分。年终奖不是大锅饭，并不是每个劳动者都享有的，况且在实践中，中途辞职的劳动者对企业的贡献也很难衡量。因此，和其他形式的工资不同，相关法律对于年终奖的发放并没有明确具体的规定，实践中主要依据双方签订的劳动合同和用人单位规章制度中的规定发放。本案中，由于公司的规章制度和劳动合同均未对年终奖的发放作出规定，因而出于保护劳动者利益考虑，仲裁委员会直接将《劳动合同法》第18条确定的"同工同酬"的原则适用到年终奖的发放中，要求用人单位向辞职的职工发放年终奖。

实务中，企业可以通过相关制度的规范化，来避免上述纠纷和争议的出现，用人单位应在与职工签订的劳动合同中或在用人单位的规章制度中明确规定年终奖的发放对象、发放标准、发放时间和享受年终奖的条件。例如，可以在职工手册中明确规定：为鼓励职工在新的一年中创造更大的价值，企业有权根据其经济效益，对上一年度正常出勤的职工，根据其工作业绩，在下一年年初发放年终奖；年终奖的发放对象为发放时仍在册的职工。

（二）用人单位的解除权及其限制

1. 即时辞退

依据《劳动合同法》第39条，劳动者有下列情形之一的，用人单位可以解除劳动合同：

（1）在试用期间被证明不符合录用条件的。试用期是当事人双方的考察期，其核心在于当事人可以基于考察结果，单方决定合同继续履行还是解除合同。但是，我们必须明确，劳动者的试用期解除权与用人单位的试用期解除权的行使是有差别的，劳动者的试用期解除权是附期限的，在试用期限内解除权的行使具有随意性；而用人单位试用期解除权则是附条件的，需要用人单位证明劳动者试用期不符合录用条件才能解除劳动合同，这体现了《劳动法》对劳动者的倾斜保护。

（2）严重违反用人单位的规章制度的。用人单位内部规章制度，是指用人单位单方面制定的本单位的劳动组织和管理的规则，其对于劳动合同的双方当事人具有重要意义，一方面，对于用人单位而言，内部规章制度是其对劳动者进行管理指挥的重要依据。《最高人民法院关于审理劳动争议案件适用法律若干问题的解释》（法释〔2001〕14号）第19条规定，用人单位根据《劳动法》第4条之规定，通过民主程序制定的规章制度，不违反国家法律、行政法规及政策规定，并已向劳动者公示的，可以作为人民法院审理劳动争议案件的依据。《关于贯彻执行〈中华人民共和国劳动法〉若干问题的意见》（劳部发〔1995〕309号）第87条规定，《劳动法》第25条第3项中的"重大损害"，应由公司内部规章来规定。另一方面，内部规章制度对劳动者履行劳动合同具有重要的指示作用，劳动者严重违反规章制度的，用人单位可以基于其管理权单方解除劳动合同。内部规章制度如要对劳动者产生拘束力，需要满足以下条件：①经过法定程序制定；②内容合法；③采取合理的方式公示，使劳动者了解其内容。

（3）严重失职，营私舞弊，给用人单位的利益造成重大损害的。劳动合同的履行过程中，劳动者应该严格按照约定和工作规程履行自己的劳动给付义务，同时应该基于忠诚义务，为了用人单位的利益恪尽职守。用人单位根据本项规定解除劳动合同需要承担相应的证明责任，既证明劳动者失职，且严重失职；还需证明给用人单位造成了损害，且该损害属重大损害。

（4）劳动者同时与其他用人单位建立劳动关系，对完成本单位的工作任务造成严重影响，或者经用人单位提出，拒不改正的。根据我国的《劳动法》，除法律有特别规定以外，我国一般不承认双重劳动关系的存在。但是，《劳动合同法》本条规定，从反面为双重劳动关系的适用提供了基础性规则。从本条规定可以看出，双重劳动关系的建立需要满足以下要件：①劳动者与两个以上的用人单位建立劳动关系；②在后建立的劳动关系不得影响在先的劳动关系的履行；③在先劳动关系的用人单位对于在后建立的劳动关系不表示反对。

（5）因《劳动合同法》第26条第1款第1项规定的情形致使劳动合同无效的。即"以欺诈、胁迫的手段或者乘人之危，使对方在违背真实意思的情况下订立或者变更劳动合同的"。一方面，劳动者在缔约阶段实施了欺诈、胁迫或乘人之危的行为；另一方面，劳动者的欺诈、胁迫或乘人之危的行为使得用人单位违背真实意思而订立了劳动合同。因此，用人单位享有单方解除劳动合同的权利。需要注意的是，《劳动合同法》第26条第1项的规定没有明确是用人单位还是劳动者实施欺诈、胁迫的手段或者乘人之危的行为，但是在《劳动合同法》第39条第5项的情形下，应该是指劳动者。

（6）被依法追究刑事责任的。劳动合同的履行具有高度的人身属性，一般而言不可由他人替代履行。劳动者被追究刑事责任将导致劳动合同履行不能，因此，用人单位享有单方解除劳动合同的权利。而依据劳动部办公厅《关于〈劳动法〉若干条文的说明》（劳办发〔1994〕289号）的明确规定，"被依法追究刑事责任的"包括：①人民检察院免予起诉的；②被人民法院判处刑罚的；③被人民法院依据《刑法》第32条免予刑事处分的。

2. 预告辞退

依据《劳动合同法》第40条，用人单位可以通知解除劳动合同的情形主要包括以下几种。

（1）劳动者患病或者非因工负伤，在规定的医疗期满后不能从事原工作，也不能从事由用人单位另行安排的工作的。医疗期满后，劳动者如果不能继续从事原工作，应该由用人单位根据其康复情况和身体状况安排另外的工作。这是用人单位的义务，只有在依法履行了该义务后，劳动者还不能从事新安排工作的，用人单位方能通知解除。

（2）劳动者不能胜任工作，经过培训或者调整工作岗位，仍不能胜任工作的。对于劳动技能难以达到岗位要求的劳动者，用人单位必须安排其参与岗位相关技能培训，以期望能够提高技能水平，达到岗位的要求；或者安排其转岗，通过调整工作岗位，降低岗位的技能要求。但是，在岗位技能培训或者转岗后仍不能达到岗位工作要求的，用人单位可以预先通知解除劳动合同。

（3）劳动合同订立时所依据的客观情况发生重大变化，致使劳动合同无法履行，经用人单位与劳动者协商，未能就变更劳动合同内容达成协议的。

用人单位根据《劳动合同法》第 41 条规定通知解除劳动合同的，应该注意以下事项：①要符合程序要件。即提前 30 日书面通知劳动者，或者额外支付劳动者一个月的工资替代 30 日的通知期，其根本目的在于通过额外给付工资的方式，确保劳动者的生活不会因为未经预先通知的解雇而受影响。②应该注意实体条件的证明责任。例如，劳动者"不能从事原工作"或者"不能胜任工作"需要的考核意见，因此用人单位应该完善单位的内部考核机制。

【案例 13】

职工医疗期满后不能从事原工作，企业可以解除劳动合同吗

林某是某机械厂的车工，与工厂签有 5 年期的劳动合同。车工的工作性质决定了林某每天 8 小时几乎都要在车床前站立完成工作。但是，一次体检时，林某被检查出右腿骨头里长有肿瘤。根据医生的建议，林某做了肿瘤切除手术。为此，林某连续休病假 3 个月，也正好是他能够享受的医疗期。病愈后林某回工厂上班，工厂继续安排他做车工工作。但林某认为，自己的身体已不能从事车工工作了，并出示了医院开具的诊断证明，证明自己因切除腿部肿瘤时，已将大腿骨的一部分一并切除，不能够长时间站立。同时，林某提出了把他调换到仓库当管理员或其他不需要长时间站立的工作岗位的请求。但是，工厂领导表示，如果林某不愿意做车工，也只能在铣工、刨工、钳工等工种中选择，除此之外，其他岗位都没有空缺。林某认为，领导提出的车间工种，也都是必须长时间站立的工作，因此不同意。于是，工厂领导作出辞退决定：鉴于林某医疗期满后不能从事原工作，也不能从事工厂另行安排的工作，因此，即日起解除与林某的劳动合同。

实务中，医疗期满后，对职工工作岗位的调整和劳动关系的处理，一直是人力资源部门比较头疼的问题。根据法律规定，劳动者患病或者非因工负伤，医疗期届满后，用人单位可以与其解除劳动合同，但必须满足三个前提条件：①按照法定标准应当享受的医疗期已经享受完毕；②医疗期届满后，职工不能够从事原工作；③医疗期届满后，也不能从事由用人单位另行安排

的工作。也就是说，职工医疗期届满后，企业是不能直接解除劳动合同的。如果职工不能胜任原工作，企业应当为其另行安排新工作，职工对新岗位仍然不能胜任的，企业才能解除劳动合同。那么，企业能单方决定如何调岗吗？一般来说，上述情况下，企业可以进行单方调岗，这也是企业享有的用工自主权的体现。但是，企业的单方调岗应遵循合理原则。本案中，林某不能胜任原工作，最大的原因就是不能长时间站立工作，而企业调整后的新岗位仍然是需要长时间站立的工作，因此，工厂并没有合理履行另行安排工作的义务，其由此作出的辞退决定构成违法解除。

3. 经济性裁员

依据《劳动合同法》第41条，用人单位经济性裁员必须满足以下条件：

（1）实体性要件。①依照企业破产法规定进行重整的；②生产经营发生严重困难的；③企业转产、重大技术革新或者经营方式调整，经变更劳动合同后，仍需裁减人员的；④其他因劳动合同订立时所依据的客观经济情况发生重大变化，致使劳动合同无法履行的。

（2）程序性要件。①提前30日向工会或全体职工说明情况，听取工会或者职工的意见；②提出裁减人员方案，包括裁减人员的名单、裁减的时间，实施步骤等；③向劳动行政部门报告，并向劳动行政部门提交企业裁减人员方案、工会或全体职工对裁减人员方案的意见以及企业被人民法院宣告进入法定整顿期的证明书或经国有资产管理部门认可的资产评估机构对企业资产盈亏情况评估后出具的资产证明书等材料。

《劳动合同法》第41条第2款对裁减人员的顺序作了明确规定，用人单位应当优先留用下列劳动者：①与本单位订立较长期限的固定期限劳动合同的；②与本单位订立无固定期限劳动合同的；③家庭无其他就业人员，有需要扶养的老人或者未成年人的。此外，如果用人单位经营状况好转，在6个月内重新招用人员的，应当通知被裁减人员，并在同等条件下优先招用被裁减的人员。

《劳动合同法》第42条是关于用人单位单方解除权行使的实体性限制规定，据该条规定，劳动者有下列情形之一的，用人单位不得解除劳动合同：①从事接触职业病危害作业的劳动者未进行离岗前职业健康检查，或者疑似职业病病人在诊断或者医学观察期间的；②在本单位患职业病或者因工负伤并被确认丧失或者部分丧失劳动能力的；③患病或者非因工负伤，在规定的医疗期内的；④女职工在孕期、产期、哺乳期的；⑤在本单位连续工作满15年，且距法定退休年龄不足5年的；⑥法律、行政法规规定的其他情形。

该规定主要是从限定解雇的对象来限制用人单位解除权的行使，其中第1项和第2项是对患职业病或工伤的劳动者的特殊保护的体现。第3项则是对于处于医疗期的劳动者的保护。第4项是对处于"三期"的女职工的保护。第5项是对工作年限较长的劳动者的保护，一方面，他们长期在用人单位劳动，对用人单位贡献较大；另一方面，他们由于年龄偏大，在就业市场的激烈竞争中相对地居于劣势。但是，上述的规定并不能限制用人单位根据《劳动合同法》第39条的规定解除劳动合同，即职工本身存在违法或者违约行为的情形下，用人单位依然可以解除劳动合同。

【案例14】

企业解除劳动合同需要通知工会吗

杨某于2015年11月进入上海市某公司工作，双方签订了5年期的劳动合同。2018年3月，杨某与同宿舍职工张某发生言语口角，杨某首先动手，之后双方发生肢体冲突，险些酿成流血事件。公司经调查后，作出了处理决定：由于该次事件影响恶劣，对职工关系和工作氛围造成了很大伤害，杨某的行为已严重影响了公司的正常管理，违反了公司职工守则中"职工之间禁止在任何时间、场所使用任何形式的暴力语言、行动"的规定，因此，公司决定从2018年3月25日起，与杨某解除劳动关系。杨某不服，遂向劳动争议仲裁委员会提起劳动仲裁，要求公司支付违法解除劳动合同的经济赔偿金。

劳动争议仲裁委员会经审理，认定公司的行为构成违法解除劳动合同，因此，裁决支持了杨某的申诉请求。公司不服，向法院提起诉讼。法院审理后认为，用人单位单方解除劳动合同应当事先将理由通知工会。本案公司在对杨某作出解除劳动合同决定时，未将解除劳动合同的事由通知工会，违反了法定的解除程序，亦未能在仲裁期间予以补正。同时，公司对于其所主张的杨某违纪行为，亦未能提供充分证据予以证明。故法院判决驳回公司的全部诉讼请求。

目前的法律法规明确了用人单位单方解除劳动合同时工会的监督权。依据《劳动合同法》和《工会法》，用人单位单方解除劳动合同，应当事先将理由通知工会。用人单位违反法律、行政法规规定或者劳动合同约定的，工会有权要求用人单位纠正。用人单位应当研究工会的意见，并将处理结果书面通知工会。可见，工会程序是用人单位单方解雇职工的必经程序，这是为了保障工会对企业解雇职工的"知情权"，此外，对于企业的不当解除决定，工会还有要求纠正的权利。

实践中，工会程序往往容易被企业忽略。由于很多企业还没有工会这一组织，因而对这一程序的适用，实践中基本也都抱着比较宽容的态度，主要还是从实体方面对用人单位的单方解除决定进行审查。但对于有工会的企业来说，单方解雇职工时，就必须履行通知工会并听取工会意见的法律程序，否则，就有可能承担因程序违法而导致单方解除行为违法的不利后果。本案中，公司在解除杨某的劳动合同时未通知工会，而且在劳动争议的处理程序中也未进行补正，因此，法院认定公司构成违法解雇。

另外，需要明确的是，虽然法律赋予了工会"解雇职工的知情权"和"不当解雇的纠正权"，但是工会在履行了上述法定程序之后，解雇职工的最终决定权还是在企业手中。

三、劳动合同终止或解除情形下经济补偿金的支付

（一）应当支付经济补偿金的情形

经济补偿金是指在劳动合同终止和解除时，用人单位依法支付给职工一定数额的补偿金。因此，经济补偿金具有用人单位支付的单方性。依据《劳动合同法》第46条，应该支付经济补偿金的情形包括以下几种：

1. 劳动合同终止，用人单位需支付经济补偿金的情形

（1）劳动合同期限届满终止的，但是用人单位维持或者提高劳动合同约定条件续订劳动合同，劳动者不同意续订的情形除外。（2）用人单位主体资格丧失导致劳动合同终止的情形下，应支付经济补偿金。即用人单位被依法宣告破产、被吊销营业执照、被责令关闭、被撤销或者用人单位决定提前解

散的情形下应支付经济补偿金。（3）以完成一定工作任务为期限的劳动合同因任务完成而终止的，用人单位应当依照《劳动合同法》第47条的规定向劳动者支付经济补偿。（4）劳务派遣单位与劳动者劳动合同终止的符合上述第1种、第2种情形的，也应给付经济补偿金。

2. 劳动合同解除，用人单位需给付经济补偿金的情形

劳动合同解除的情形下，用人单位给付经济补偿金的基本原则是，如果是劳动者没有违约或违法行为的前提下，导致劳动合同被解除的，用人单位应该给付经济补偿金，如果劳动合同的解除是由于劳动者的违约或者违法行为，用人单位无须给付经济补偿金。具体情形包括：（1）劳动者基于《劳动合同法》第38条而解除劳动合同的，因为尽管是劳动者主动解除劳动合同，但原因是用人单位的违法或违约行为。（2）用人单位主动提议解除劳动合同，而双方协商解除的。如果是由劳动者提议而双方协商解除劳动合同的，则用人单位无须给付经济补偿金。（3）用人单位依据《劳动合同法》第40条、第41条关于法定解除权和经济性裁员解除权的规定，解除劳动合同的。

（二）经济补偿金的计算

《劳动合同法》第47条规定，经济补偿按劳动者在本单位工作的年限，每满一年支付一个月工资的标准向劳动者支付。六个月以上不满一年的，按一年计算；不满六个月的，向劳动者支付半个月工资的经济补偿。劳动者月工资高于用人单位所在直辖市、设区的市级人民政府公布的本地区上年度职工月平均工资三倍的，向其支付经济补偿的标准按职工月平均工资三倍的数额支付，向其支付经济补偿的年限最高不超过十二年。本条所称月工资是指劳动者在劳动合同解除或者终止前十二个月的平均工资。

【案例15】

企业和职工就经济补偿金达成协议后，职工还能反悔吗

孙某于2011年6月进入北京市某公司工作，月薪为2000元。自2017年下半年起，公司经营发生困难，资金日趋紧张，公司提出与孙某解除劳动合同，孙某觉得公司未来也没什么前途，待着也是浪费时间，不如另谋出路，于是同意解除劳动合同。2018年4月，双方签订了解除劳动合同协议书，公

司向孙某支付经济补偿金 3000 元。孙某办理完离职手续回家后，偶然听朋友说，用人单位提出解除劳动合同的，应当按工作年限支付经济补偿金，因此，企业应当支付孙某 7 个月的工资，即 14000 元作为经济补偿金。于是，孙某向劳动争议仲裁委员会提起仲裁，要求公司按国家规定的标准补足经济补偿金的差额 11000 元。

劳动争议仲裁委员会裁决支持了孙某的申诉请求，判令公司向孙某补足经济补偿金的差额 11000 元。

本案争议的焦点是，用人单位与劳动者在协商解除劳动合同时，能否就经济补偿金的金额进行协商？协商的结果是否具有法律效力？

首先，需要明确的是，协商解除劳动合同需支付经济补偿金的情形，仅针对用人单位提出解除劳动合同，并与劳动者协商一致的情形，如果是劳动者提出，双方协商一致解除劳动合同的，则用人单位可以不支付经济补偿金。

对于经济补偿金到底能否协商，实践中存在两种不同的观点：一种观点认为，关于经济补偿金的数额，《劳动合同法》规定了明确的标准与计算方法，因此，用人单位应按国家规定执行，如果双方协商的标准低于上述法律规定的标准，则是无效的；另一种观点认为，既然是协商解除劳动关系，经济补偿金的数额也是协商的主要内容之一，只要是双方的真实意思表示，协商的结果就应具有法律效力。总的来说，法律规定经济补偿金的标准，是考虑到它能为劳动者离开用人单位后的失业状态提供一定的生活保障，从而维护社会的稳定。因此，在本案的情况下，仲裁委员会或法院都会比较倾向于第一种意见，要求用人单位按照法律规定补足差额。

为了平衡用人单位和劳动者之间的利益，解决频繁发生的类似劳动争议，2010 年 9 月 14 日施行的《最高人民法院关于审理劳动争议案件适用法律若干问题的解释（三）》对上述问题作出了原则性规定，即"劳动者与用人单位就解除或者终止劳动合同办理相关手续、支付工资报酬、加班费、经济补偿或者赔偿金等达成的协议，不违反法律、行政法规的强制性规定，且不存在欺诈、胁迫或者乘人之危情形的，应当认定有效"。该条款在一定程度上明确了用人单位与劳动者自行达成的解除或终止劳动合同协议的法律效力，使劳动者的随意反悔受到了一定的限制。实务中，为了避免职工恶意反悔，引发争讼，建议企业在解除或终止劳动合同协议中应写明，已经明确告知劳动者相关法律或政策规定的标准等事项，而不是仅仅写上补偿金的数额。这种情况下，职工事后又反悔的，将很难得到支持。

四、劳动合同终止或解除后用人单位的义务和责任

劳动合同终止或解除后，用人单位依然要承担相应的附随义务。依据《劳动合同法》第 50 条，劳动合同终止或者解除后，用人单位应该承担以下附随义务。

（一）出具离职证明的义务

用人单位应当在解除或终止劳动合同时出具解除或者终止劳动合同的证明。用人单位违反《劳动合同法》的规定未向劳动者出具解除或者终止劳动合同的书面证明，由劳动行政部门责令改正；给劳动者造成损害的，应当承担赔偿责任。

（二）办理档案和社会保险关系转移手续

用人单位应当在解除或终止劳动合同后的 15 日内为劳动者办理档案和社会保险关系转移手续；用人单位扣押劳动者档案或者其他物品的，由劳动行政部门责令限期退还劳动者本人，并以每人 500 元以上 2000 元以下的标准处以罚款；给劳动者造成损害的，应当承担赔偿责任。

（三）支付工资和经济补偿金

劳动者应当按照双方约定，办理工作交接。用人单位在办结工作时需向劳动者支付经济补偿并且结清相应的工资报酬。而用人单位拖欠工资或者不给付经济补偿金的，由劳动行政部门责令限期支付；逾期不支付的，责令用人单位按应付金额 50% 以上 100% 以下的标准向劳动者加付赔偿金。

（四）劳动合同文本的保存义务

用人单位对已经解除或者终止的劳动合同的文本，至少保存 2 年备查。

第五节　女职工与未成年工的特殊保护

一、女职工的法律保护

（一）立法情况

基于女性生理上和体质上与男性的差异，世界各国都有类似的保障女职工权益的法律法规，我国法律对女性劳动者也给予了专门的法律上的保护。目前，我国已形成以《宪法》为基础，以《妇女权益保障法》为主体，包括各种法律、法规、规章在内的一整套保护女性权益和促进性别平等的法律体系。其中，与广大女职工切身劳动权益关系最密切的当数以下三部法律法规：（1）《劳动法》，专章规定了对"女职工和未成年工特殊保护"，第一次以法律的形式，明确了对女职工的特殊保护。（2）1992年公布，2005年第一次修正，2018年第二次修正的《妇女权益保障法》，专门规定了妇女享有的劳动和社会保障权益。该部法律颁布后，全国各省、直辖市均出台了各自的实施办法，切实保护妇女权益。（3）2012年国务院第200次常务会议通过的《女职工劳动保护特别规定》，是为维护女职工的合法权益，减少和解决女职工在劳动和工作中因生理特点造成的特殊困难，保护其健康而制定的法规。

（二）女职工法律保护的主要内容

1. 平等的劳动权利

妇女享有与男子平等的劳动权利和社会保障权利，各单位在录用职工时，除不适合妇女的工种或者岗位外，不得以性别为由拒绝录用妇女或者提高对妇女的录用标准。各单位在录用女职工时，应当依法与其签订劳动（聘用）合同或者服务协议，劳动（聘用）合同或者服务协议中不得规定限制女职工结婚、生育的内容。实行男女同工同酬，妇女在福利待遇方面享有与男子平等的权利。在晋职、晋级、评定专业技术职务等方面，应当坚持男女平等的原则，不得歧视妇女。

2. 工作岗位的特殊保护

用人单位应根据妇女的特点，依法保护妇女在工作和劳动时间的安全和健康，不得安排妇女从事不适合妇女从事的工作和劳动。禁止安排女职工从事矿山井下、国家规定的第四级体力劳动强度的劳动和其他禁忌从事的劳动。

3. 工资待遇的特殊保护

用人单位不得因女职工怀孕、生育、哺乳而降低其工资、予以辞退、与其解除劳动或者聘用合同。就女职工产假期间的生育津贴而言，对已经参加生育保险的，按照用人单位上年度职工月平均工资的标准由生育保险基金支付；对未参加生育保险的，按照女职工产假前工资的标准由用人单位支付。女职工生育或者流产的医疗费用，按照生育保险规定的项目和标准，对已经参加生育保险的，由生育保险基金支付；对未参加生育保险的，由用人单位支付。

4. 工作和休息时间的特殊保护

对怀孕 7 个月以上的女职工，用人单位不得延长劳动时间或者安排夜班劳动，并应当在劳动时间内安排一定的休息时间。怀孕女职工在劳动时间内进行产前检查，所需时间计入劳动时间。女职工生育享受 98 天产假，其中产前可以休假 15 天；难产的，应增加产假 15 天；生育多胞胎的，每多生育 1 个婴儿，可增加产假 15 天。女职工怀孕未满 4 个月流产的，享受 15 天产假；怀孕满 4 个月流产的，享受 42 天产假。用人单位应当在每天的劳动时间内为哺乳期女职工安排 1 小时哺乳时间；女职工生有多胞胎的，每多哺乳 1 个婴儿每天增加 1 小时哺乳时间。

二、关于"女职工特殊保护"的常见问题

（一）处于"三期"阶段的女职工严重违反企业规章制度的处理

《劳动合同法》规定女职工在孕期、产期、哺乳期的，用人单位不得擅自解除劳动合同，即用人单位不得依据《劳动合同法》第 40 条和第 41 条的规定单方解除劳动合同。但是劳动者出现严重违反单位规章制度的等《劳动合同法》第 39 条规定的情形，即使女职工处于"三期"，企业仍有权依法解除劳动合同。

【案例16】

处于"三期"阶段的女职工旷工被辞退纠纷案

王某开了一家国际货运公司。公司的前台接待员沈某（女）经常迟到、早退、做事拖拉，王某对她很不满意。两个月前，公司与沈某订立的 1 年期合同到期，王某原本准备不再与她续约，但沈某突然拿出了医院出具的怀孕诊断书，以致王某不得不顺延她的劳动合同。这之后，沈某常常以身体疲劳、去医院产检、单位辐射大对胎儿有影响为由，提早下班或连续几天不来上班，也不按规定提交请假单、病假单、当日医院产检证明等证明材料。针对她的违规行为，人力资源部门多次通过电话和书面形式将公司的规章制度特别是请假规定告知沈某，告诉她有病可以休息，但应按规章制度办理请假手续，而她仍不按章办事。公司的规章制度规定，劳动者连续旷工达 3 天，或累计旷工达 5 天的，属于严重违纪，公司将立即与其解除劳动合同。而职工考勤记录表显示，两个月中沈某无故旷工累计达 15 天，王某据此认定她已严重违纪，经通知工会后，通过快递公司向其送达了一份解除劳动合同通知书。沈某收到通知书后，随即赴公司要求公司收回解除劳动合同通知书，恢复双方劳动关系，但王某没有同意她的要求。于是，沈某提起劳动仲裁，要求恢复劳动关系。

仲裁委员会经审理后认为：王某的公司有明确的管理制度，且一直以来都依规执行，管理痕迹清晰，对沈某旷工 15 日属严重违纪的认定合理。公司与沈某解除劳动合同的行为是合法的，并没有侵犯她的合法权益。因此，对沈某恢复劳动关系的请求不予支持。

（二）处于"三期"阶段的女职工的劳动合同到期的处理

处于"三期"阶段的女职工的劳动合同期限届满的，用人单位既不用续签劳动合同，也不能提出终止劳动合同。因为依据《劳动合同法》第 45 条的规定，劳动合同期满时，女职工在"三期"内的，劳动合同自动顺延至"三期"届满。

由于处于"三期"阶段而续延劳动合同期限的，用人单位只需在原劳动合同到期前向劳动者送达并告知其劳动合同因遇到"三期"而顺延至"三期"结束，同时要求职工在书面通知上签收确认，而不必订立一个新的劳动合同，否则，在新的劳动合同中如果约定劳动期限至"三期"期满之日终止，则会被认定为签订了第二次固定期限劳动合同，这将导致"三期"期满后用人单位和劳动者再次签订的劳动合同就只能是无固定期限劳动合同，从而给用人单位带来风险。

【案例17】

"三期"女职工劳动合同到期未续签双倍工资纠纷案

沈女士2008年5月入职某公司，当时双方签订了为期1年的劳动合同，并约定其月工资为5000元。之后，沈女士怀孕并于2009年3月5日生产，在产假结束后，其回到公司上班。这期间，双方未再签订劳动合同。2010年2月28日，该公司给沈女士发了一份关于续签合同的通知，通知上写明："你与公司2008年所签订的合同，即将到期。现公司决定与你续订合同，请你在接到本通知后于2010年3月4日前以书面形式通知人力资源部是否续签。"沈女士觉得很意外，因为在2009年双方合同到期后，公司并未再和她签订劳动合同，也就没有到期一说。为此，她向公司提出补签合同，但公司拒绝了她的要求，并提出要解除双方的劳动关系，双方为此发生争议。沈女士申请劳动争议仲裁，要求公司支付从2009年5月起至2010年3月未签合同的双倍工资。庭审中，该公司提出，虽然2009年5月双方合同到期，但因为沈女士怀孕生产，公司按照"三期"的规定对沈女士的劳动合同进行了延续，因此不该承担未签合同的双倍工资赔偿。

仲裁委员会经审理后认为：沈女士和公司签订的劳动合同在2009年5月到期，但她在2009年5月至2010年3月4日属于女职工的"孕期、产期、哺乳期"期间，依据《劳动合同法》的相关规定，在上述时间内，双方的劳动合同法定顺延。故沈女士提出的要单位支付在这段时间内未签劳动合同双倍工资的请求没有法律依据。

（三）处于"三期"阶段的女职工不胜任工作的调岗、降薪问题

订立和变更劳动合同，应当遵循平等、自愿、协商一致的原则。但是在特定情况下，用人单位也可以行使单方变更权。例如，处于"三期"阶段的

女职工不能胜任本职工作，用人单位可以调整其岗位，岗位调整后可以重新按照新岗位定薪。又如，用人单位依据《女职工劳动保护特别规定》，将处于"三期"阶段的女职工从禁忌工作岗位上调整到非禁忌工作岗位上。

《妇女权益保障法》第 27 条规定，任何单位不得因结婚、怀孕、产假、哺乳等情形，降低女职工的工资。因此，不论是女职工个人原因造成的调整工作岗位（如不胜任工作或主动提出调整工作岗位），还是单位原因造成的调整工作岗位（如部门被撤销），绝对不可以降低处于"三期"阶段的女职工的劳动报酬。当然，除基本工资外，对于那些与工作业绩相挂钩的绩效奖金、销售提成，用人单位可以根据女职工当月实际工作业绩、出勤天数予以发放。

（四）处于"三期"阶段的女职工医疗期满仍需休息的处理

女职工怀孕后，确实因身体原因，经医师开具证明需要保胎休息的，可以请保胎假，保胎假按照病假待遇处理。怀孕女职工医疗期满，尽管依据《劳动合同法》第 40 条的规定，医疗期满不能从事原工作，也不能从事公司另行安排的工作，用人单位可以解除劳动合同，但因女职工在怀孕期间，根据《劳动合同法》第 42 条的规定，用人单位不能依照该法第 40 条的规定解除劳动合同。因此，怀孕女职工超过医疗期仍需休息的，用人单位只能按照事假处理，不向其发放工资，也不能按照《劳动合同法》第 40 条的规定解除劳动合同。

三、未成年工的特殊保护

我国的未成年工，是指年满 16 周岁未满 18 周岁并与用人单位建立劳动关系的劳动者。未满 16 周岁从事职业劳动的自然人属于童工，被法律所禁止。但文艺、体育及特种工艺单位招用未满 16 周岁的未成年人，在履行有关审批之后，可以从事相关活动。因此，未成年工与童工在法律上不属于一个范畴，禁止使用童工的本质是就业准入问题，而一旦准入就业就同成年工一样，享受法律的保护。国际劳工组织通过和颁布了多项保护未成年工的核心权利公约，如 1930 年颁布的《强迫劳动公约》（第 29 号）①、1958 年颁布的《废除强迫劳动公约》（第 105 号）②、1973 年颁布的《最低就业年龄公约》（第 138 号）③、1999 年颁布的《禁止和立即消除最恶劣形式的童工劳动公约》（第 182 号）④，其中后两项公约已被我国政府批准。我国关于未成年工特殊劳动保护的相关法律法规主要有《劳动法》《未成年人保护法》，以及《禁止使用童工规定》《未成年工特殊保护规定》等。2012 年修正的《未成年人保护法》对未成年人用工的劳动保护作了更为周延的概括性规定，其中第 38 条规定，任何组织或者个人不得招用未满 16 周岁的未成年人，国家另有规定的除外。任何组织或者个人按照国家有关规定招用已满 16 周岁未满 18 周岁的未成年人的，应当执行国家在工种、劳动时间、劳动强度和保护措施等方面的规定，不得安排其从事过重、有毒、有害等危害未成年人身心健康的劳动或者危险作业。具体而言，我国现行对于未成年工特殊劳动保护的内容主要包括以下几个方面。

（一）未成年工禁忌劳动范围

《劳动法》第 64 条和《未成年工特殊保护规定》都对未成年工禁忌劳动的范围做了明确规定，这里不再赘述。

（二）定期健康检查制度

定期健康检查是保障未成年工在劳动过程中的身体健康的重要举措，也是用人单位应尽的法定义务。《劳动法》第 65 条和《未成年工特殊保护规

---

① International Labour Organization, C029 – Forced Labour Convention, 1930 (No. 29), https://www. ilo. org/dyn/normlex/en/f? p = NORMLEXPUB:12100:0::NO:12100:P12100_ILO_CODE:C029，访问日期：2020 年 3 月 28 日。

② International Labour Organization, R105 – Ships' Medicine Chests Recommendation, 1958 (No. 105), https://www. ilo. org/dyn/normlex/en/f? p = NORMLEXPUB:12100:0::NO:12100:P12100_ILO_CODE:R105，访问日期：2020 年 3 月 28 日。

③ International Labour Organization, C138 – Minimum Age Convention, 1973 (No. 138), https://www. ilo. org/dyn/normlex/en/f? p = 1000:12100:0::NO:12100:P12100_INSTRUMENT_ID:312283，访问日期：2020 年 3 月 28 日。

④ International Labour Organization, C182 – Worst Forms of Child Labour Convention, 1999 (No. 182), https://www. ilo. org/dyn/normlex/en/f? p = NORMLEXPUB:12100:0::NO::P12100_ILO_CODE:C182，访问日期：2020 年 3 月 28 日。

定》对未成年工定期健康检查制度作了具体规定。另外，《未成年工特殊保护规定》第 8 条规定：用人单位应根据未成年工的健康检查结果安排其从事适合的劳动；对不能胜任原劳动岗位的，应根据医务部门的证明，予以减轻劳动量或安排其他劳动。需要注意的是，未成年工在进行健康检查期间，应算作工作时间，用人单位不得克扣其工资。

（三）未成年工使用和特殊保护的登记制度

依据《未成年工特殊保护规定》第 9 条，国家对未成年工的使用和特殊保护实行登记制度。用人单位招收使用未成年工，除符合一般用工要求外，还须向所在地的县级以上劳动行政部门办理登记。劳动行政部门根据未成年工健康检查表、未成年工登记表，核发未成年工登记证，未成年工需持未成年工登记证上岗。

第六章

集体协商的程序

　　根据原劳动和社会保障部2004年颁布的《集体合同规定》和2000年颁布的《工资集体协商试行办法》，开展集体协商一般包括以下八个步骤：一是产生集体协商代表。二是提出协商要约。三是做好协商准备，具体包括开展宣传教育、熟悉有关法律法规、收集和了解与集体协商有关的情况和资料、充分征求职工的意见、人员的分工准备、制定集体协商实施方案等方面的工作。四是正式开展协商，主要包括召开协商会议、起草合同文本等方面。五是职工（代表）大会审议。六是首席代表签字。七是报送劳动保障行政部门备案审查。八是公布实施。

　　这八个步骤是开展集体协商基本的和必需的程序，在开展集体协商过程中，还可以在依法合规的前提下，结合具体的协商需要，增加一些更具特色、更实用的程序，从而进一步增强协商程序的针对性和实效性。

第一节　确定代表

　　人员上的准备是集体协商前期准备过程的第一步。要首先确定好本方的集体协商代表才能开展之后的准备工作。依据《集体合同规定》第19条，集体协商代表，是指按照法定程序产生并有权代表本方利益进行集体协商的人员。集体协商双方的代表人数应当对等，每方至少三人，并确定一名首席代表。该法第24条规定，双方协商代表不得相互兼任。该法第20条规定，职工一方的集体协商代表由本单位工会选派。未建立工会的，由本单位职工进行民主推荐选举，并经本单位半数以上职工同意。该法第 21 条规定，用人单位一方的集体协商代表，由用人单位法定代表人指派。该法第 23 条规定，集体协商双方首席代表可以书面委托本单位以外的专业人员作为本方协商代表，委托人数不得超过本方代表的 1/3。从上述规定可以看出，集体协商代表的自身素质以及内部分工与合作对于协商目标的达成是极其重要的。

一、集体协商代表需具备的素质

集体协商是双方协商代表知识、智慧、心理、能力和经验较量的过程，是一种专业性极强的社会活动。集体协商代表的自身素质对筹备和进行协商具有决定性作用，它直接影响集体协商过程的发展，影响本方协商目标达成与否，最终影响协商双方的利益分割。若协商双方代表素质存在明显的差异，那么较弱一方的基本利益有可能会受到损失。因此，集体协商代表的个人素质是集体协商的关键。

（一）集体协商代表应具备的业务素养

协商是人与人之间利益关系的协调磋商的过程，在这个过程中，合理的学识结构是赢得协商的重要条件。出色的集体协商代表应具备丰富的知识，既需具备广博的综合知识，又需有很强的专业知识，以便在集体协商中应对自如，维护本方的合法权益。

1. 基础知识

优秀的集体协商代表必须具备完善的相关学科的基础知识，要把自然科学和社会科学统一起来。在具备贸易理论、市场营销等一些必备的专业知识的同时，还要对心理学、经济学、管理学、财务学、政治学、历史学、控制论、系统论等一些学科的知识进行广泛的涉猎。在集体协商中，集体协商代表的知识技能单一化已成为一个现实的问题。技术人员不懂商务、商务人员不懂技术的现象大量存在，这给协商工作带来了很多困难。因此，集体协商代表必须具备多方面的知识，才能适应复杂的集体协商工作的要求。

2. 专业知识

优秀的集体协商代表除了必须具备广博的知识外，还要有较深的专业知识。专业知识是协商代表在协商过程中必须具备的知识，没有系统而精深的专业知识功底，就无法进行成功的协商。因此，协商代表必须掌握一些协商的基本程序、原则、方式以及学会在不同的协商阶段使用不同的策略技巧。一名优秀的协商代表必须具备在不同阶段、不同情形选用相应的协商策略的能力。

3. 法律知识

参与集体协商的人员必须充分了解有关协商事项的法律法规，否则很可能使协商因为不合法而导致无法执行，使得双方的利益遭受损失。只有具备了充分的法律知识，才能在协商过程中大大加强自己的能力，及时识破对方意图和想法，用法律武器维护自己的利益。

4. 人文知识

随着经济全球化的不断发展，在集体协商活动中免不了要和来自不同国家、不同地区、不同民族的协商代表打交道。因此，在现代集体协商活动中，协商代表要了解、尊重和迎合协商对方各种不同的风俗习惯和礼仪礼节等，否则就会闹笑话、出乱子，甚至影响协商的结果。只有提前了解并掌握这些不同的文化传统，才能在集体协商中灵活运用协商技巧，做到因人而异、有的放矢，最终取得良好的协商效果。

总之，知识的增长主要靠自己有心积累，多阅读相关的书籍，平时多听、多学、多实践。同时，要想成为更优秀的协商代表应谦虚好学，善于从各领域专家那里汲取知识，这样日积月累，知识就会丰富起来，就能得心应手地应对协商过程中的困难。

(二) 集体协商代表应具备的心理素质

在进行集体协商过程中会遇到各种阻力和对抗，也会发生突变，集体协商代表只有具备良好的心理素质才能承受住各种压力和挑战，从而达到预定的目标。

1. 责任心

崇高的责任心是指集体协商代表要以极大的热情和全部的精力投入集体协商过程中，以对自己工作高度负责的态度，不负委托者的信任去进行协商工作。只有这样，协商代表才会对得起自己代表的身份，尽到自己的义务，为委托者或是己方争取到应有的权益。一个完全没有责任心的人，不会全力以赴维护己方的利益，不会去应对对方可能采取的各种手段，甚至会为了个人私欲损公肥私，通过向协商对手透露己方情报资料，甚至与对方合伙谋划损害己方利益。

具有强烈的责任感能充分调动代表自身的智力因素和其他积极因素，这样才会以科学严谨、认真负责、求实创新的态度，本着对自己负责、对别人负责、对集体负责、对国家负责的原则，克服一切困难顺利完成既定目标。

2. 耐心

耐心是心理上压倒对方，迫使对方退步，为己方争取最大利益的必备能力。集体协商不仅是劳企双方实力的对比，更是一场耐心的较量。有一些涉及面广、意义重大的集体协商活动，往往不是一轮、两轮协商双方就能达成一致的。在这种旷日持久的协商中，对协商代表而言，如果缺乏应有的耐心和意志，就会失去在协商过程中的主动权，没法争得最大利益，反而使本方失了阵脚，被对方占得有利地位。

在集体协商中，耐心表现在稳健地利用好策略探出对方的底线，能够很好地掌控自己的情绪，不被对方的情绪牵制和影响。此外，耐心可以避免意气用事，融洽协商气氛，缓和协商僵局；可以更多地倾听对方的诉求，获得更多的信息；可以更好地克服自身的弱点，增强自控能力，更有效控制协商流程。协商代表在集体协商过程中，只有自始至终保持耐心，才能实现既定目标。需要指出的是，耐心需要考虑己方的情况，不能超出能力界限。

3. 诚心

集体协商是双方在既定背景下通过法定形式获得自己的合法利益，劳企双方不是根本对立的，要想获得应有的利益必须精诚合作。诚心，是一种负责的精神、合作的意向、诚恳的态度、劳企双方合作的基础，也是影响对方心理的策略武器。也就是说，协商需要诚心，诚心应贯穿协商的始终，在协商中提供的信息要真实可靠；对于对方提出的问题，要如实回复；对方的理解出现了偏差，要适时恰当提出；自己的做法不当，要勇于承认和纠正；不轻易承诺，承诺后要认真践诺。

4. 果断

果断决策能够使协商代表不局限于眼前利益，从而将目光放得更长远。一时的妥协并不代表吃亏，用人单位能够果断地同意职工方提出的可接受范围内的要求，能够获得职工方的信任与尊敬。在之后的生产经营中，这样的让步可激发出他们的工作积极性，创造出更多的收益。另外，集体协商是一个半开放的过程，双方都将承受来自外界和对方的压力，所以协商代表要有果断的决心承受这些压力，尤其是在协商不顺利、时间紧张的时候。

5. 自信

集体协商代表是通过法律程序推选出来的代表，他们拥有法律赋予的权利，也有相应职位或者职工们赋予的权限。因此，他们在协商过程中要有自信心，合理妥善利用自己手里的权利，根据自己掌握的资源去争取己方的合法权益。

6. 自尊

自尊，即自我尊重，维护自己的人格尊严。自尊心能使人自强不息，不断上进，并注意维护人格的尊严。在集体协商中要不卑不亢、互相尊重、平等协商才会取得共赢局面。

（三）集体协商代表应具备的综合能力

协商代表除具备基本的知识外，还应将知识转化为能力。集体协商代表的综合能力是协商代表充分发挥自身作用所应具备的主观条件。集体协商代表的综合能力包括以下内容：

1. 洞察能力

敏锐的洞察力是其他能力，例如，分析力、判断力、想象力和预见力的基础。具有洞察力，才能敏锐地观察局面的细微变化，捕捉到有价值的大量的信息；才能迅速掌握对方的真实意图，根据掌握的信息和对方现场的言谈举止加以综合分析，作出合理判断。

2. 应变能力

任何细致的准备都不可能预料到实际协商中可能发生的所有情况，许多事情都无法按事先的设想去完成，未知的真实协商要求协商代表必须具备沉着冷静、机智灵活的应变能力，能够在主客观情况变化的瞬间趋利避害，以把握协商局势。

应变能力内涵颇为丰富，如思维方法上的灵活性、决策选择上的灵活性、满足对方需要的灵活性等。瞎子摸象的寓言故事充分说明了不同的观察角度对思维结果的决定性影响，例如，对于协商中的一个根本性问题是"吃亏"或"占便宜"，一个高明的人，总能看到吃亏中的便宜，也能承担占便宜后的代价。

3. 社交能力

社交能力是指人们在社会上与各种类型的人进行交往、沟通的能力，是衡量一个现代人能否适应开放社会的标准之一。缺乏社交能力的人，往往会在自己与周围的人群之间形成一道无形的心理屏障，是不可能完成自己所担负的工作任务的。社交能力往往是一个人的各项能力的综合体现，包括表达能力、组织能力、应急能力、逻辑能力及知识修养等。协商实际上是劳企双方进行协商沟通的交流过程，是一种社交活动。协商代表应善于与不同的人打交道，也善于应对不同的社交场合，通晓和遵守各种礼仪规范。这既是对他人的尊重，也是自身知识和修养的体现。这就要求协商代表塑造良好的个人形象，学习礼仪规范，掌握社交技巧。

4. 语言表达能力

语言表达能力是指以语言、文字、动作等方式将自己的知识、观点明确有效地传递给他人的能力。语言是传达信息、交流思想的交际工具。协商中的语言包括口头语言和书面语言两种。无论哪种语言，都要求准确无误地表达己方的诉求和考虑，使对方正确领悟你的意思。书面表达应准确严谨，口头表达应清楚流利。无论哪种表达方式都应语言精练、逻辑性强、讲究分寸、说服力强。要讲究说话的艺术，通过语言的感染力强化协商的艺术效果。如果说话含混不清、吐字不准、措辞不当或者语无伦次、词不达意、没有逻辑性，就会影响双方的沟通交流。语言表达能力是综合性的技巧，它既需要简洁、清楚、清晰，更需要注入感情。

5. 情绪控制能力

劳企双方协商代表在协商当中，经常会由于利益的冲突而形成紧张、对抗的局面，破坏协商气氛，影响协商进程。生活中有很多人容易情绪化，重感情。而这样的人担任代表会冒很大风险。一是冒吃亏的风险，因为他们很容易被对方的"糖衣炮弹"击中，产生感恩戴德的心理，不自觉地认为对方让步大，己方就不用咄咄逼人，见好就收；二是冒闹矛盾的风险，因为他们容易感情用事，会在情绪波动中影响自身的理性判断，而与对方发生矛盾。

二、代表团队的组成

（一）用人单位方团队的组成

1. 首席代表

用人单位一方的首席代表一般由本单位主要领导人担任，具体视协商的规模而定。

2. 本单位各部门负责人

用人一方的协商代表一般还包括人力资源部门负责人、法务部门负责人、业务部门负责人、财务部门负责人等关键决策者和管理者。

3. 外部代表

用人单位首席代表在必要时可书面委托本单位以外的专业人员作为本方协商代表，但委托人数不得超过本方代表的1/3，并且首席代表不得由非本单位人员担任。

（二）职工方团队的组成

1. 首席代表

企业建立工会的，一般由企业工会主要负责人担任，也可能由上级工会组织的负责人担任；未建立工会的，由参加协商的代表推选产生。

2. 本单位其他代表

由工会出任职工方协商代表的，依据中华全国总工会发布的《工会参加平等协商和签订集体合同试行办法》（总工发〔1995〕12号），一般应包括工会各工作委员会和女职工委员会的负责人。未建立工会的企业推举职工方代表，首要解决的问题是谁来启动和组织推选程序。一般情况下，企业职工有进行集体协商的意愿时，可以向所在地方的工会寻求帮助、指导。必要时，上级工会可以协助企业职工推选代表、发起集体协商。该问题解决后，就由过半数职工推举产生职工代表参与协商。

3. 外部代表

因为集体协商主要涉及工资、工时、劳动安全与卫生等专业性、技术性非常强的问题，所以职工一方首席代表可书面委托本单位以外的专业人员作为协商代表，但委托人数不得超过本方代表的1/3。

三、代表的产生方式

（一）用人单位方

用人单位一方的协商代表，由用人单位法定代表人指派，首席代表由单位法定代表人担任或由其书面委托的其他管理人员担任。

（二）职工方

由于集体协商代表需要具有一定的代表性、专业性，不同层次的协商对协商代表的要求也不一样，因而职工方协商代表的产生方式是多种多样的。

一般情况下，职工方协商代表是从本单位职工中推选产生的。如果企业工会组织健全，应以企业工会分会或工会小组为单位，酝酿推荐职工方协商代表候选人，或由全体会员以无记名投票方式推荐，上届工会委员会、上一级工会根据多数会员的意见，提出候选人名单，报经同级党委和上级工会审查同意后进行名单公示，最后确定职工方协商代表人选。工会组织选举职工方协商代表，其人选可能是工会干部，也可能是普通职工。例如，广州某企业进行集体协商时，工会组织工人选举协商代表。首先通过工会小组推荐，推选出16名候选人，并将候选人情况进行公示，然后召开职工（会员）代表大会，民主投票选举产生10名协商代表。由10名工会委员会委员和选举出来的10名代表，共同组成20人的职工方协商代表团，代表团再选举正式协商代表5名。这样既保证了工会作用的发挥，也体现了职工的广泛参与和民意表达。

1. 直接选举模式

未建工会的企业可以由全体职工按照一定程序直接选举产生协商代表。

具体方式为：首先，确定职工协商代表的条件、人数、分配方案。其次，由全体职工推选出候选人名单，通过一定的民主形式选举产生职工协商代表，须获全体职工半数以上同意才能通过。最后，公示选举结果。

2. 地方"以上带下"模式

"以上带下"模式即由上级工会代下级工会开展集体协商。各地各级工会均有丰富的"以上带下"实践，多见于行业性集体协商以及基层工会组织不健全和不作为的情况。例如，武汉市餐饮行业的集体协商中，由于中小企业工会组织不健全且缺乏协商能力，武汉市总工会成立了工资集体协商领导小组，由武汉市商贸金融烟草工会联合会代表餐饮行业职工进行集体协商。职工方协商代表由协商指导小组提出代表候选人数和结构要求，武汉市商贸金融烟草工会和各区、街道工会按照民主性、广泛性、群众性原则，推荐了39名代表候选人。指导小组对39名候选人进行了工资集体协商工作政策和知识培训，并听取了他们的意见建议。在交流过程中，指导小组从39名推荐人员中挑选了9名作为职工方正式协商代表。首席代表由武汉市商贸金融烟草工会常务副主席担任，其他代表均为企业工会主席，其中2名来自外资企业，3名来自规模以上企业，还有3名来自中小企业。9名代表的身份不仅具有企业性质代表性，还有企业规模代表性；既有集体企业代表，又有外资企业代表；既有市区企业代表，又有远城区企业代表；既有大型餐饮企业代表，又有中小微型企业代表；还有民营企业代表以及街道小餐饮企业代表。经指导小组同意后的代表人选交由各行业、企业召开工会委员会全体会议通过，之后填写正式代表表格报武汉市总工会。

四、协商代表团队的组建

（一）用人单位方的团队组建

协商代表团队应在准备阶段做好分工和角色分配，明确彼此职责。一般来说团队中的角色包括：（1）主要发言人，代表整个团队发表意见，陈述事实。（2）"红脸"和"白脸"，前者主要负责挑战对方的观点，指出问题所在。后者主要负责调节气氛。（3）分析者，负责控制协商的进程，及时分析各项提议。（4）记录者，负责记录双方主要争议点和起草最后的书面决议和集体合同文本。

由于协商代表来自不同部门，他们出于各自经验和职责的考虑可能会对让步事项和让步程度有不同意见，甚至存在相当大的分歧，因而用人单位管理层应该在协商开始时就做好内部动员，让各个管理者团队充分参与，统一思想和认识，以明确集体协商中想要达成的目标或者想要取得哪些改变。

（二）职工方的团队组建

集体协商代表选举出来以后，需要根据集体协商的具体情况，组建协商代表团队。在此过程中，需要特别注意几个问题。

1. 要根据所需知识结构组织协商代表团队

为了更好地反映职工诉求，代表职工的利益，职工方协商代表最好具有不同的知识背景与特长。协商代表团队应由下列人员构成：了解财务知识的代表，主要负责收集整理企业、行业相关财务信息；知晓劳动法律、法规、政策的代表，负责收集相关的法律、法规、政策；擅长职工调查的代表，负责深入调查整理职工意见；等等。此外，必要时还可以吸纳企业以外的专家和协商高手加入团队。

2. 要根据职工比例和代表性组织协商代表团队

协商代表既可以包括工会干部、一线职工，也可以包括企业中低层管理人员。各层级人员的加入有利于协商过程中发挥各方人员独特的作用，形成协商合力。另外，要充分考虑企业职工的性别、年龄、层次等要素的分布状况，特别注意女职工、一线职工、农民工、少数民族职工等所占的比例，在选举职工协商代表时兼顾职工群体的多样性。另外，也要注意吸纳工作年限较长的职工担任协商代表。一方面，这类职工的企业情况有较为深入的了解，在人际关系、收集资料、征集意见方面占一定优势；另一方面，这类职工的企业责任感和归属感较强，往往更能够从劳企合作共赢的大局出发考虑问题。

3. 要根据协商分工组织协商代表团队

集体协商中职工代表的分工主要包括主谈、辅谈、智囊等。首先，首席协商代表一般作为主谈掌控全局，是核心人物。其发言代表团队的一致意见。其次，辅谈人员应具备特定领域的专业知识，与主谈人默契配合，分工合作，减轻主谈人的压力。最后，智囊应该具备审时度势的能力，领会主谈人意思，及时提供协商所需数据、资料及相关信息，协助整个团队达到目标。还要适应协商不同阶段的不同局面，安排团队成员扮演不同的角色，有效推进协商进程，争取更多权益。

4. 要根据集体协商内容难易程度组织协商代表团队

在一些规模较大的企业、区域、行业开展集体协商，为了使协商代表更具代表性，最大限度反映全体职工的利益诉求，职工方集体协商代表人数相应会有所增加。同时，要照顾到覆盖企业的性质、规模、地域等方面的代表性，保证集体协商代表团队能够具有尽可能充分的代表性。

进行集体协商是一项严肃的、政策性很强的工作。协商的内容与企业发展和职工切身利益密切相关，因此协商代表责任重大。一般来讲，用人单位方的代表多是企业经营管理人员，其专业知识和经营管理方面的经验使他们在协商中往往处于相对优势的地位，职工方的代表在上述方面一般不占优势。这种情况在各个国家都不同程度地存在着。对于我们这样刚刚开始集体协商，签订集体合同工作的国家来说，这个问题会更加突出。因此，应加大对职工方代表的指导和培训，使我们的职工代表能够胜任集体协商工作。

五、代表的权利和义务

（一）协商代表的权利

1. 对协商代表合法权益的保护

对协商代表合法权益的保护，是保证集体协商公正、公平、顺利进行的重要前提。在企业劳动关系的双方之间，职工一方与用人单位一方相比处于弱势地位。职工代表是企业职工，需要与企业签订劳动合同，由企业支付工资等劳动报酬，在生产活动中接受企业的管理和监督。因此，当他们担任职工协商代表以后，保障其合法权益显得十分重要，为了消除职工代表的后顾之忧，有必要对协商代表的保护给予特别的关注。

为了使职工方集体协商代表大胆履行职责，维护职工方协商代表的合法权益。应从以下几方面对职工方集体协商代表进行保护：（1）用人单位不得以任何借口对协商代表进行打击报复。（2）职工方协商代表在其履行协商代表职责期间劳动合同期满的，劳动合同期限自动延长至完全履行协商代表职责之时，除个人严重过失外，用人单位不得与其解除劳动合同。（3）职工方集体协商代表履行协商代表职责期间，用人单位无正当理由不得调整其工作岗位，尤其是不得作出不利调整。（4）企业内部的协商代表参加集体协商视为提供了正常劳动。

另外，工会主席往往担任集体协商中职工方的首席协商代表，因此对工会主席合法权益的保护更为重要。企业的工会主席、工会委员会委员直接受雇于企业。这种双重身份使他们容易在协商过程中顾虑重重，在实践中有的工会干部在和企业讨价还价时担心得罪企业，会丢饭碗。"老总不愿谈、工会不敢谈"是一些企业工会的共同处境。

2. 《工会法》对基层工会专职和兼职干部劳动合同期限的保护

（1）对基层工会专职主席、副主席或者委员的劳动合同期限保护。《工会法》规定，除个人严重过失或者达到法定退休年龄的情况外，基层工会专职主席、副主席或者委员自任职之日起，其劳动合同期限自动延长，延长期限相当于其任职期间。即工会主席及其委员在任职期间视为对劳动合同的自动延长，在任职期满后可以继续履行原有的劳动合同，且不受连任的限制。[1]例如，张某和企业签订了 3 年劳动合同，在履行 2 年合同后当选为专职工会主席，任期 3 年。则 3 年后张某卸任工会主席之后应当继续完成剩余 1 年的劳动合同，总计合同期为 6 年。

（2）对基层工会委员会非专职主席、副主席或者委员会委员的劳动合同期限保护。《工会法》规定，非专职主席、副主席或者委员自任职之日起，其尚未履行的劳动合同期限短于任期的，劳动合同期限自动延长至任期期满。即非专职工会主席副主席或者委员，劳动合同的期限可以自动等同于任期。在前一个例子当中，张某如果是非专职的，则在履行完工会职务后劳动合同到期，总计合同期为 5 年。

（3）工会组织对工会干部的保护。现有的法律法规为工会主席提供了必要的保护，但是实际的保护还存在很多不足，如不属于合同期限问题的其他的不公正待遇行为时有发生。例如，河北经济开发区某企业工会主席因积极

---

[1] 黎建飞：《海峡两岸解雇制度比较研究》，《海峡法学》2010 年第 4 期，第 3–12 页。

为职工维权，遭受管理者的打击报复，企业方试图不通过职工代表大会就罢免该工会主席。具体的操作方式是，擅自在年终考核中给这位工会主席过低的绩效评价，又将专职工会主席职务转为兼职，最后将其停止。面对这种情况，该企业工会干部和职工代表找到总工会，在总工会的干预下，企业方恢复了他的职务。

2007年8月，中华全国总工会下发了《企业工会主席合法权益保护暂行办法》（总工发〔2007〕32号），对上级工会保护基层工会干部的内容与措施、保护机制与责任等方面作出了详细规定，并要求设置基层工会干部权益保障金。

（4）借助集体协商机制进行保护。除了法规规范和制度保障之外，还可以借助集体协商机制进一步细化保护规定。例如，在集体合同中加入一些对职工代表、工会干部的保护性条款。

（二）协商代表的义务

按照相关规定，协商代表应履行下列义务。

（1）参加集体协商。这是集体协商代表最基本的义务。在协商过程中，协商代表有责任真实反映己方意愿和维护己方合法权益。

（2）接受本方人员质询，及时向本方人员公布协商情况并征求意见。协商前和协商中，协商代表应当与己方人员积极沟通交流，以便获得相应的信息，更好地代表和反映他们的利益诉求。此外，在集体合同草案提交职代会审议时，也需要向职工代表汇报协商过程与结果，并接受职工代表的质询，做好说明解释工作。

（3）提供与集体协商有关的情况和资料。集体协商代表负有向协商对方和本方人员提供有关资料的义务。《工资集体协商试行办法》第18条规定，在不违反有关法律、法规的前提下，协商双方有义务按照对方要求，在协商开始前5日内，提供与工资集体协商有关的真实情况和资料。

（4）代表本方参加集体协商争议的处理。在要约阶段、协商阶段、合同草案审议通过阶段以及集体合同履行实施阶段，都有可能发生各种类型的争议。协商代表有责任参与争议的处理过程，与对方妥善化解矛盾，保障集体合同的签订与实施。

（5）监督集体合同的履行。集体协商代表是监督检查集体合同履行情况的重要人物。职工方协商代表理当是集体合同监督检查小组的成员，定期或不定期对履行集体合同的情况进行核对检查，发现问题的，应及时通知相关各方协商解决。同时，协商代表还应该定期向职工代表大会通报集体合同履行情况，以便接受职工群众的监督，不辜负他们的信任。

（6）保守商业秘密。协商代表特别是职工方代表应当保守在集体协商过程中知悉的用人单位的商业秘密。由于双方协商代表抑或三方代表在协商过程中会接触到单位经营的有关信息或相关的商业秘密，因而法律特别规定协商代表应当遵守有关保密的法律法规，保守企业商业机密。协商代表履行对其在集体协商过程中知悉单位的商业秘密的保密义务，不仅限于其担任协商代表期间，还包括其卸任后商业秘密存续期间，保密义务对于企业委托的外部代表也同样适用。

（7）《集体合同规定》要求协商代表应当维护本单位正常的生产、工作秩序，不得采取威胁、收买、欺骗等行为。

（8）法律、法规及规章规定的其他义务。协商代表的权利与义务是对等的。职工协商代表既不能只履行义务而不行使权利，也不能只行使权利不履行义务。只有把权利与义务统一起来，才能正确有效地发挥协商代表的作用，保证集体协商的顺利进行，促进和谐劳动关系的发展。

第二节　收集信息

一、熟悉有关法律、法规和制度

我国现行劳动法律法规对集体协商签订集体合同具有重要指导意义。在开展集体协商工作时，两个方面的法律法规尤为重要：一是关于集体协商集体合同制度的法律法规；二是有关劳动条件、劳动标准的法律法规。从法律的层级来看，既要知晓国家级层次的立法，也应该知悉地方立法的相关规范，同时还需要查阅政府、第三方（人力资源和社会保障部、中华全国总工会、中国企业联合会、中国企业家协会）发布的一些相关文件。

我国有关集体协商签订集体合同的法律法规是开展集体协商工作的直接依据。以下是有关集体合同制度的法律、法规及相关文件。

（1）《劳动法》。该法于 1994 年 7 月由全国人民代表大会常务委员会通过，1995 年 1 月起开始实施，2009 年进行了第一次修正，2018 年进行了第二次修正。《劳动法》第 33 条、第 34 条、第 35 条、第 84 条分别对集体合同的内容、主体、程序、生效条件、法律效力以及争议处理事项作出了规定。由此开始，集体合同制度在我国正式建立。作为一部综合性劳动法律，《劳动法》对集体合同制度作出了原则性规定。因此，我们需要熟悉《劳动法》，以便在协商中合理运用当中的条例。

（2）《集体合同规定》。该法规由原劳动部于 1994 年年底颁布，1995 年开始实施。2004 年出台的新的《集体合同规定》取代了 1994 年的规定。作为政府劳动部门指导和规范集体协商和签订集体合同、协调处理集体合同争议、加强集体合同管理的主要规范，《集体合同规定》将《劳动法》关于集体合同制度的原则规定进一步具体化，对集体合同的签订、集体合同的审查以及集体合同争议处理问题做了较为详细、具体的规定。

（3）《工会法》。该法于 1992 年 4 月由全国人民代表大会通过，2001 年进行了第一次修正，2009 年进行了第二次修正。修改后的《工会法》中涉及集体合同制度的内容有了新的发展和完善。《工会法》第 6 条规定，工会通过平等协商和集体合同制度，协调劳动关系，维护企业职工劳动权益。该法是从工会权利的角度规范集体协商和集体合同行为的。它明确了集体协商与集体合同制度是工会协调劳动关系、维护职工劳动权益的途径，并且赋予了工会代表职工进行平等协商、签订集体合同的权利，还对处理集体合同争议过程中工会的权利和职责作出了法律规定。

（4）《工资集体协商试行办法》。该办法于 2000 年经原劳动和社会保障部部务会议通过并施行。该办法专门规范了工资集体协商和签订工资集体协议的行为，包括工资集体协商内容、工资集体协商代表、工资集体协商程序、工资协议审查等内容。它为作为专项集体合同的工资协议的签订程序和内容等事项提供了比较详细的规范。

（5）《劳动合同法》。该法于 2007 年 6 月由全国人民代表大会常务委员会通过，2008 年 1 月开始实施，2012 年修正。其中第五章"特别规定"专有一节涉及集体合同。该法第 53 条规定了行业性与区域性集体合同问题，即在县级以下区域内，建筑业、采矿业、餐饮服务业等行业可以由工会与企业方面代表订立行业性集体合同，或者订立区域性集体合同。这是关于集体合同范围级别上的一个突破，是对实践发展的一种确认。

（6）工会和劳动关系三方的相关文件。为大力推进集体协商工作的开展，各级工会组织以及劳动关系三方多次联合发文，指导集体协商工作的推广、普及和深化。2006 年，原劳动和社会保障部联合劳动关系三方发布了《关于开展区域性行业性协商工作的意见》，推进了区域性与行业性集体协商工作的开展。2009 年，中华全国总工会发布《关于积极开展行业性工资集体协商工作的指导意见》，对行业性工资集体协商提出明确要求。2010 年，人力资源和社会保障部联合劳动关系三方共同发布了《关于深入推进集体合同制度实施彩虹计划的通知》，要求以工资集体协商为重点，从 2010 年到 2012 年，力争用三年时间基本在各类已建工会的企业实行集体合同制度；对未建工会的小企业，通过签订区域性、行业性集体合同努力提高覆盖比例。这些不同时期的文件，体现了不同发展阶段集体协商工作的进展与重点要求，对集体协商工作具有重要指导意义。

（7）涉及劳动标准的法律法规。劳动标准是指以法律形式规定的关于劳动条件的基本标准。劳动标准主要包括：①工时、休息和休假标准。例如，工作日的种类、加班加点及其报酬、延长工作时间的一般程序、延长工作时间的特殊规定、延长工作时间的工资支付等。②劳动工资标准。包括工资的形式、最低工资标准。③女职工和未成年工保护标准。④社会保险标准。

劳动标准根据性质可分为两大类：第一类是法定劳动标准，具有强制性，是国家要求强制执行的劳动标准。例如，《劳动法》《劳动合同法》中规定的法定标准。第二类是政策性劳动标准，是政府根据自己的政策目标，在最低标准基础上制定的关于劳动条件的导向性标准，具有指导作用。例如，地方政府劳动部门每年定期公布的工资指导线。有关劳动标准的法律、法规、规范性文件较多，其中内容是集体协商必须涉及的，集体协商代表必须认真收集和全面掌握，以为集体协商提供科学的依据。

此外，协商代表还要充分熟悉所在行业和所在地区的集体协商情况，了解相关政策和实践情况，充分了解劳动争议发生状况和劳动争议处理统计数据，从中知晓当前劳动争议发生、变化的规律，尽量避免发生集体协商争议。初次开展集体协商的企业可以求助于劳动行政部门协助指导，也可以组织去其他集体协商开展较为成熟的企业调研学习。

二、收集相关数据和资料

收集集体协商所需数据要全面具体，应涵盖集体协商会涉及的各个方面，包括国家宏观层面、地方相关资料和企业经营情况。

（一）宏观数据

我国各级政府劳动行政部门都会定期发布反映当时劳动关系情况的各项指标的统计数据，这些数据能集中反映劳动关系的现实状况、存在问题和发展趋向。在众多统计数据当中，与集体协商制度密切相关的包括综合性经济指标、劳动力市场状况、就业与失业状况、劳动报酬状况、劳动争议状况等。综合性经济指标，就是我们进行宏观分析时，需经常使用到的国内生产总值（GDP）、居民消费价格指数（CPI）、职业平均工资等数据资料。

1. 国内生产总值

国内生产总值是指在一定时期内，一个国家或地区所生产出的全部最终产品和创造的劳务的价值，常被公认为是衡量国家经济状况的最佳指标。它不但可以反映一个国家的经济表现，更可以反映一国的国力与财富。国内生产总值的上升与下降，在很大程度上反映了国家经济运行情况的好坏，并直接反映了国内企业的生产经营情况的好坏。宏观经济状况对集体协商的内容与趋向具有重要的基础性作用。

2. 居民消费价格指数

居民消费价格指数是指城乡居民购买生活消费品和服务项目的价格，是社会产品和服务项目的最终价格。它同人民生活密切相关，在整个国民经济价格体系中占有极为重要的地位。居民消费价格指数是一个反映居民家庭一般所购买的消费商品和服务价格水平变动情况的指标。这个指标的变动与集体协商密切相关。居民消费价格指数上升，则表明职工现有收入的购买力降低，职工要维持与往常同等的生活水平则需要提高工资水平。

3. 职工平均工资

职工平均工资是指企业、事业、机关单位的职工在一定时期内平均每人所得的货币工资额。它表明一定时期职工工资收入的高低程度，是反映职工工资水平的主要指标。

上述指标显示了整个国家的经济状况、年度经济增长水平，以及在此背景下的职工平均工资水平和物价水平，反映了职工实际生活水平的升降幅度、职工分享经济发展成果的状况。这些数据也是确定集体协商过程中是否提出工资增长以及增长幅度应该多大的重要依据。一般而言，国家经济高速增长背景下，职工的工资应该有相应比例的增加；在居民消费价格指数上升的情况下，职工工资也应该作出相应调整，以保证职工生活水平不致受到过大影响。这几个数据对企业以及地区性、行业性的集体协商都具有非常重要的参考价值。

4. 劳动力市场状况

了解现实的劳动力市场状况是开展集体协商的重要前提，这是因为劳动力市场的供求状况会直接影响劳动力价格、在职职工的工资水平等相关方面。任何一方提出本方要求、确定协商议题的争取目标时，都必须了解当时整个国家、所在地区以及所处行业的劳动力市场供求状况，根据劳动力市场的供求状况提出比较符合实际、切实可行的协商要求。

5. 就业与失业状况

就业状况对集体协商工作的影响是非常大的，特别是协商企业所在地区、行业的就业情况，对该企业协商中各方的许多具体要求都会产生相应的影响。当相关地区、相关行业甚至相关岗位出现劳动力供不应求状况时，提高工资的要求就可能容易实现；相反，当劳动力出现供大于求时，竞争加剧，职工的议价能力相对降低，工资增长就比较困难。同时，把握劳动力市场上劳动者素质情况、教育水平、失业率以及国家的培训就业目标，也可以引导企业在集体协商涉及职工培训议题时，确定比较明确的任务和方向。

6. 劳动报酬状况

劳动报酬本身就是集体协商的一个核心内容，因此，劳动报酬各方面的指标数据是前期收集准备的重中之重。以下几项指标是必须了解和把握的。

（1）劳动力市场工资指导价位。政府有关部门对各类职业（工种）工资水平进行广泛调查，经过汇总、分析和修正，公布有代表性的职业（工种）的工资指导价位，以规范劳动力市场供需双方的行为，从微观上指导企业合理确定劳动者个人工资水平和各类人员的工资关系。

（2）行业人工成本信息。行业人工成本信息指导制度是指政府劳动保障部门或由其委托的社会组织调查、收集、整理并分析预测行业人工成本水平，定期向社会公开发布行业人工成本信息，指导企业加强人工成本管理、合理确定人工成本水平的制度。

（3）最低工资标准。我国实行最低工资保障制度，最低工资标准是由各省、自治区、直辖市人民政府劳动行政部门根据本地区实际情况制定，每两年调整一次。各地政府公布的最低工资标准是集体协商工资过程中必须掌握的、非常重要的参考指标。

（4）工资指导线。我国已建立工资指导线制度，它是政府为保证宏观经济目标实现，根据社会经济发展相关经济指标的现状与变动提出的关于年度工资水平增长标准的权威性建议。工资指导线多采用年度报告的周期形式，提出短期的工资指导方针和工资水平提高的百分比。每年各地方会发布本地的工资指导线，工资指导线与企业集体协商有着非常直接的联系。

（5）年度工资增长指导标准包括"三条线"，即年度工资增长基准线、年度工资增长上限、年度工资增长下限。年度工资增长基准线是根据经济增长预测所得出的工资增长理想百分比，既有利于实际工资提高，又有利于降低人工成本，提高经济效益。年度工资增长上限又叫"预警线"，指年度工资增长的最高标准，超过此限度，可能违反工资规律，会给企业带来较重负担。对于工资年度增长下限，考虑到物价上涨因素和政府最低工资标准的要求，实际上应将物价指数或最低工资标准作为确定工资增长下限的依据。

（6）劳动关系指标。主要涉及劳动争议发生状况和劳动争议处理统计数据。劳动关系双方应该随时了解和掌握劳动争议发生的状况，包括劳动争议的数量、规模、种类、影响等重要数据，从中了解掌握当前劳动争议发生、变化的规律，尽可能在企业层面采取积极应对措施，通过有效的集体协商，预防和减少包括集体劳动争议在内的各种争议的发生。

（7）社会保障制度方面的指标。包括失业、工伤、生育、医疗、养老保险的缴费、登记、管理等法律法规以及各地的政策。它对进行集体协商的企业有重要的价值。只有详细充分地了解社会保险的相关法律法规政策，特别是了解各地不同的社会保险政策，才能严格按照要求，讨论协商本企业的有关规定。

（二）地方相关信息

地方相关信息主要包括：一是地方政府发布的有关物价指数，工资指导线和行业工资中位数、平均工资、最低工资标准、最低生活保障标准等，既要收集本企业所在地的上述数据，又要掌握周边地区或与集体协商有关地区的上述数据，以便进行对比。二是本地区的劳动力市场的供求状况。三是同行业或同类型企业的劳动标准、工资水平等。

（三）企业信息

企业信息主要包括：一是本企业生产经营和财务状况，包括上一年度状况和本年度预测水平。企业的资产负债表、利润表和现金流量表就是反映企业经营状况的主要依据。二是企业的市场占有率、主要竞争对手的状况等。三是近年来本企业劳动条件与劳动标准状况。四是本企业的人工成本状况。五是企业现行规章制度，特别是涉及职工民主权利和经济利益方面的规定。由于规章制度一般是集体协商、集体合同的核心内容，因而对本企业的工资分配制度、工资水平等问题必须十分清楚。

三、用人单位和第三方应提供充分必要的信息

由于企业相关信息都掌握在用人单位手里，职工方在能直接获取的信息

数据上比起用人单位方处于弱势地位①，这不利于集体协商的平等展开，因而《国际劳工组织公约》和我国相关法律都建议在集体协商中用人单位应提供必要的信息。例如，我国《企业民主管理规定》（总工发〔2012〕12 号）中规定了厂务公开制度，具体包括：（1）在职工方提出要求时，企业应提供有关协商单位和整个企业的经营和社会状况的信息，以开展有意义的协商；如果一些信息的披露可能损害企业，那么可以在保证信息安全的条件下进行信息交流，集体协商各方可以就需要披露的信息内容达成一致。（2）政府部门应提供有关国家和相关活动部门整体经济和社会状况的必要信息，这些信息的披露程度以不损害国家利益为准。

第三节　拟定集体协商议题和发出要约

一、集体协商议题的内容

集体协商议题内容可大致按照劳动合同的内容进行商讨，按照协商实践和法律规定，双方或多方可就下列多项或某项内容进行集体协商，签订集体合同或专项集体合同：劳动报酬；工作时间；休息休假；劳动安全与卫生；补充保险和福利；女职工和未成年工特殊保护；职工技能培训；劳动合同管理；奖惩；裁员；集体合同期限；变更、解除集体合同的程序；履行集体合同发生争议时的协商处理办法；违反集体合同的责任；双方认为应当协商的其他内容。

二、集体协商议题的确定

一般来说，由职工方确定议题，然后与用人单位方进行沟通，确定最后议题。集体协商前职工方应广泛吸收各方面的信息数据，选择确定理性科学、切合实际情况的议题。确定集体协商的议题应注意下列事项：

---

① 赵长茂：《加快建立工资集体协商机制》，《瞭望》2007 年第 23 期，第 3 页。

（一）符合法律法规和规章制度

在确定集体协商议题时，特别要注意要在法律允许的范围之内。法定标准是底线，遵守法律是企业、个人必须做到的。集体协商所探讨的内容应该是在法定标准之上展开，争取协商内容优于法定标准或者细化法定标准。正确的做法是结合社会经济发展和企业经营的需要，体现职工群众的诉求，在法定标准上讨论可操作性、实用性的内容，选择确定集体协商议题。

（二）突出重点诉求

集体协商议题并不是越多越好，抓住本次协商的重点是确定协商议题的重要环节。每个企业应根据自身特点与实际，集中解决本企业最关键的难点问题，职工最关注的热点问题。只有这样，集体协商才能真正发挥应有的作用，而不是花时间讨论一些鸡毛蒜皮、耗时费力的小事。协商代表应当分清议题的轻重缓急，进行科学排序，确保集体协商工作的针对性、实效性。

（三）考虑企业接受度

确定集体协商议题时，维护和增进劳动者权益是职工方协商代表必须要考虑的，但也需要考虑用人单位方能够接受的程度。一般而言，在协商达成合同的过程中，有两种情况是用人单位方比较易于接受的：一是在用人单位心理预期之上的内容；二是预期收益大于现在所付出的成本。对于前者，职工方代表需通过全面掌握用人单位方经营实际情况和其他动态信息，在此基础上推测底线，再用高超的协商技巧和团队有效合作达成目的。对于后者，需要参考工会和外界提供的建设性意见，通过劳企双方的合作，提高企业的未来收益，职工从中能取得更多报酬。

（四）结合企业经营发展状况

确定集体协商议题还需要针对企业不同的经营发展状况，在议题上有所侧重。对于生产经营正常和收益较好的企业，应侧重于与职工分享企业发展成果，建立正常的待遇机制。议题可以涉及工资公平、加班工资、奖金分配、特殊情况工资、补充保险、补贴和福利等。对于盈利较少，仅能维持正常生产经营的企业，应侧重于努力保持职工实际收入水平不下降，以政府部门发布的物价指数为基准，结合企业能力与未来发展，设计具体议题方案。对于

143

生产任务暂时不足的企业，应侧重于协商职工在岗或待岗培训和轮班休息及培训、休息期间职工工资和福利等。对于生产经营出现困难的企业，应侧重于建立职工劳动经济权益的保障机制，重点在工资支付办法、企业最低工资、职工社会保险缴纳、下岗职工基本生活保障等。对于生产经营严重困难的企业，应侧重于保住职工岗位，工资照常发放，争取企业不裁员、少减薪，共克时艰，等度过困难时期后再讨论提高工资等议题。

（五）注意程序性内容

集体协商议题还应该包括程序性内容，即固定集体合同自身运行规则的内容。包括集体合同订立、履行、变更、解除、续订条件，合同监督以及争议处理等。

三、发出集体协商要约

依据《集体合同规定》，集体协商的提出方应向另一方提出书面的协商意向书，明确协商的时间、地点、内容等，另一方接到协商意向书后，应于20日内予以书面答复，无正当理由不得拒绝进行集体协商。要约书包含的内容一般有：（1）协商的时间；（2）协商的地点；（3）协商的主要议题；（4）协商形式或具体安排意见；（5）希望对方回应的期限；（6）要约方签字；（7）附上协商代表签字确认书。一般来说，由工会方或者职工方先提出要约，但是企业应该意识到规范化、制度化的集体协商对企业经营管理的益处，企业应变被动为主动，主动提出要约。

不管是职工方还是企业方都应注意提出集体协商要约的时机。职工方要注意企业在已经作出年度计划后，是很难再有大的调整的，所以一定要在此之前发出集体协商要约。企业方要注意职工除非遇到重大或者集体事件，否则一般是不会选择集体协商的。需要说明的是，在发出要约后正式协商前，双方代表就协商议题应该有一个小范围的沟通。协商的目的是双方共赢，所以不涉及协商底线和保密信息的是可以透露的，这样做是为了减少双方认识差距，提高协商效率，避免正式协商时，双方陷入僵局。

第四节 召开集体协商会议

一、集体协商会议召开前的准备

关于集体协商会议准备需要注意的事项有：会场的布置，有关集体协商会议所需准备的相关材料，包含集体协商会议的通知和会务安排，以及相关记录人员。

（一）会场布置

关于会场的布置，需要考虑到的是会议室的大小，如有必要则需准备扩音器、视频设备。对于会议桌一般是采用全围式的布局，不设专门的主席台，会议的主持人和与会者是围坐在一起的，容易形成融洽合作的气氛，体现出平等协商、相互尊重的精神，也有助于与会者之间相互熟悉、畅所欲言，确保会议的顺利进行。会场的布置还需要准备会标、桌签，会标显示本次协商谈判的主题和目的，便于为协商工作留下珍贵资料。桌签用于标记参会人员的姓名和位置，桌签的规格通常是 20 厘米×10 厘米。桌签的摆放位置一般按照主宾的方向和与会人员的级别来安排，一般企业方作为客方坐在背向门、面向窗的地方，职工方是主方坐在相对的面向门、背对窗的地方，双方的首席代表坐在己方成员的中间位置。此外，还需准备签到表、纸、笔以及写字白板等，以备清晰展示和交流。

（二）会前准备

会议开始之前需要准备的会议资料包括会议的议程、发言提纲、双方相互提供的协商资料、会议纪律以及会议通知和会议进程等。会议的议程，主要是按照有关事项的重要程度进行安排，重要的事项应该安排在会议的黄金时间讨论，次要事项安排在会议的后期讨论。发言提纲一般包括寒暄、介绍本方协商代表、本方对本次协商会议准备情况的基本阐述以及本方此次协商的主要论点和依据。在一般的集体协商过程中，在正式举行集体协商会议的

5 个工作日之前，双方各自需要向对方提供协商方案以及与协商方案有关的信息和资料，并将整理后形成的资料打印为正式文本，人手一份以供查阅和分析。集体协商会议纪律，除需要遵守一般的会议纪律外，还应遵守下列纪律：第一，不能泄露与集体协商相关的企业商业秘密；第二，不能将协商过程中任何一方协商代表的表态发言直接传播，只能将每一次会议的一些事项和征求意见事项对外公开；第三，阐述协商主张过程中不能出现诋毁、侮辱、蔑视的言辞，充分体现和谐友好、宽容共赢的氛围。会议通知是用于通知有关人员参加会议的公文，通知的内容包括会议内容、参会人员、会议时间和地点等。会议进程是协商会议议程在时间上的具体安排，大多采用表格的方式，随会议通知发送到与会人员手中，使其了解日程安排，每一次协商会议的时长要根据准备工作的成熟程度来决定，一般情况安排 1～2 小时为宜。

（三）记录人员

集体协商会议的与会双方可以共同确定一名记录人员，该人员一般由非协商代表来担任，记录人员可以由企业方推荐的从事人力资源管理工作的人员担任，也可以由职工方推荐的工会专职人员担任。会议记录的特点在于主题集中和观点意见的分别呈现，既要归纳比较集中的、一致的认识，又要将各种不同的观点和倾向性意见都归纳表达出来，形成双方意见的记录。协商记录的内容要力求全面，要保持公正中立，具有专业性。记录人员的主要职责包括协助主持人督促与会者按时参加会议，完整记录协商过程并为协商双方保密。记录的内容包括过程的记录、内容的记录和事项的记录。过程的记录包括记录时间、地点、参会人、第几次协商、议题、主持人、发言代表、是否有决议事项等。内容的记录可分为摘要式记录和全文式记录。摘要式记录只记录发言要点，记录发言者提出哪些问题，其基本观点和主要依据与结论是什么，发言者态度如何等。全文式的记录是将会议过程中所有语句复制下来，一般先使用录音设备记录下，再在会后整理出全文。

二、集体协商会议的程序

集体协商会议由双方的首席协商代表轮流主持，其余谈判成员相互协作以支持首席代表，双方要遵从互相尊重、互相理解、积极合作的原则，平等协商，求同存异，就商谈事项充分交换意见，进行充分讨论，最后达到双方都满意的结果。

集体协商会议一般按照以下程序进行：

第一，宣布议程和会议纪律，明确谈判双方代表的合法性和本次会议的目的与背景，阐明双方代表的立场。

第二，开展正式谈判内容，由一方首席代表提出进行协商的具体诉求和内容，另一方首席代表就对方的要求进行回应，协商双方就商谈的事项发表各自的意见，开展充分的讨论。

第三，双方首席代表达成一致意见的，应当形成集体合同草案，由双方首席代表签字协商；未达成一致意见的，或者出现事先未预料到的情况时，经双方同意可以暂时终止协商，终止协商的期限最长不得超过 30 天，具体终止期限及下次协商的时间、地点与内容由双方共同商定。

三、集体协商会议中团队的注意事项

集体协商团队在协商过程中要注意整体局势和走向的把握，同时团队成员之间要相互配合，完善己方发言的依据支撑。需要重点考虑以下几点：第一，发挥各自角色优势，充分展现专业性；第二，团队成员之间要紧密协作，避免因疏忽造成不必要的损失；第三，团队成员之间要坚持和谐、友好与合作的态度，注意语句措辞，既不能咄咄逼人，也不能不顾企业实际情况。

发挥各自的优势需要从确定谈判组成人员时开始，在确定谈判组成人员时就需要确定好各自的分工。首席谈判员和其他代表的发言应针对不同的方面。一般情况下，首席代表的发言主要是掌握协商的大方向和总体原则，表明当前的问题和立场，确定谈判的焦点问题，推进谈判的进程。而其他代表的发言则更多是对具体问题进行阐述，并根据谈判形势变化而随机应变，充分使用所收集到的相关专业信息资料，进行支撑性或者辅助性的发言，让己方立场观点有理有据，为己方诉求提供合理性，并驳斥对方不合理诉求。

团队成员之间的相互协同配合，既可以是只在同一谈判阶段时的某一个问题或者几个问题之间，首席代表阐明己方的观点与立场之后，其余代表对首席代表所述观点与立场在不同层面、不同角度上进行补充，完善己方理由，

使己方理由更加充分和完整。也可以是在对方代表发表完意见之后，清楚了解对方的意图和相关条件、信息支持后，己方的各个成员利用自己的专业优势进行针对性的、反驳性的发言，减少在不正常、不合理的诉求上花费时间和精力。此外，还有一个重要的配合在于，当双方协商形成焦点后，产生尖锐的矛盾时，谈判出现僵局，那么团队当中必须有人进行调节性的发言，缓和气氛，缓解僵局，使谈判会议能够正常地继续进行。

各位谈判代表在发言中应中注意以下三点。第一，首席代表必须充分发挥为己方创造优势的能力，使得己方的其他代表能够有施展的空间，增强己方观点和立场的明确性和科学性，同时其他的协商代表也要根据当前协商形势判断如何配合首席代表，确定需要发言的方向和程度，注意双方谈判过程中的细节把控，并且抓住时机主动出击。第二，协商过程中必须分析对方的意图和条件，判断出对方的底线和相应的支撑性信息，并且要充分相信己方的准备资料，迅速判断出当前谈判当中己方所处的地位以及相应的优势和劣势，以相关的资料信息佐证，进行有针对性的发言，扭转己方所处的不利地位。第三，在协商过程中，既要倾听对方的发言与表态，也要注意不能陷入对方的引导和布局当中，要充分利用己方发言的时机，为己方掌握谈判的形势创造条件，向有利于己方的形势上进行引导。

四、协商一致后的处理程序

集体协商会议达成一致后需要签订集体劳动合同，基本的程序为：总结会议纪要，起草集体合同草案，然后将集体合同草案提交给职工代表大会审议，审议通过后双方首席代表签订集体合同，集体合同签订后报送劳动行政部门进行审查，最后将生效的集体合同公示并组织人员了解和学习。

会议纪要要具备纪实性、概括性、条理性，一般的格式是标题、开头、正文以及结尾。开头一般包括协商会议召开的背景、指导思想、内容、目的、名称、时间、地点、参会人员、主要议题。正文是会议纪要的核心内容，主要包括双方对各项议题的观点态度，以及议题当中代表性的发言内容。结尾一般是提出号召和希望。

集体合同种类很多，按主体和适用范围可以划分为公司集体合同和集团集体合同，行业集体合同和区域集体合同；按合同内容不同可以划分为综合性集体合同和专项集体合同；按合同的期限长短可以划分为长期集体合同和短期集体合同；按文书表现方式可以划分为条文式集体合同和表格式集体合同。

　　集体合同文本由文前、正文和结尾组成。文前一般包括集体合同的名称、序言（集体合同正文前的一段叙述性文字，包含该集体合同的目的、意义和依据）。正文即双方协商达成一致的内容，包括集体合同的基本条款和核心部分。结尾包括集体合同的有效期限、正副本的份数、法律效力、变更解除条件和办法、监督检查、双方首席代表的签字盖章以及集体合同签订的日期、地点等。起草集体合同文本还应当注意文本内容的合法性，文本是否能够反映企业的实际情况，文本是否具有可操作性，文本的表述是否具体明确，是否有利于双方当事人履行各自的义务和享受相应的权利，文本当中概念是否准确严谨，文中的语言是否存在歧义或含混不清的地方。

　　职工代表大会审议集体合同，首先需要征求职工对集体合同草案的意见，使集体合同能够充分体现职工的意愿和要求，保证集体合同草案能够顺利通过。征求职工意见，可以采用书面、口头、网络调查以及座谈会等方式开展。然后通过职工代表大会对集体合同草案进行讨论，形成职工代表大会对集体合同草案的意见。职工代表大会审议通过集体合同后，形成正式合同文本，双方的首席代表可以签订集体合同，双方首席代表签订集体合同是集体合同订立过程中的一个必要手续，是集体合同的形式要件。集体合同签订后，要报送到劳动行政部门进行审查，在双方首席代表签字之日起 10 日以内，由用人单位一方将文本一式三份报送到劳动行政部门，劳动行政部门对报送的集体合同办理登记手续，并且自收到集体合同文本之日起 15 日以内劳动行政部门没有提出异议的，集体合同才能生效。最后，生效的集体合同应当在企业内及时公开，以便集体合同能够得到充分完整的履行。

五、协商破裂后的争议处理

　　集体协商争议分为协商阶段的争议和合同履行阶段的争议。集体协商过程中发生争议的双方应当通过协商达成一致意见解决争议，双方不能达成一致意见的，一方或者双方可以向劳动行政部门申请调解，未提出申请的，劳动行政部门认为有必要的，也可以与同级工会企业代表组织和双方协商代表共同处理集体协商争议。对于集体合同履行过程中出现的争议，双方代表应当及时协商制定解决方案并共同实施，如果用人单位违反集体合同侵犯工会或职工的合法权益，并且造成经济损失的，则应按照相关的法律法规进行赔偿。

此外，因为履行集体合同不完全而发生的争议，当事人协商解决不成的，可以依法向劳动争议仲裁委员会申请仲裁，对仲裁裁决不服的，可在法定期间内向人民法院提起诉讼。

第七章

集体协商的策略与技巧

第一节　协商的原则和目的

一、协商的原则

每一次集体协商，都依存于特定的环境和条件，并服从于参与者对特定目标的追求。因此，在现实生活中存在的大量协商行为，必然是各具特色、互不相同的。但是，不同的协商都对参与者的行为有着共同的要求，认识和把握协商的原则，有助于维护协商各方的权益，提高协商的成功率。

（一）平等自愿原则

协商是涉及双方的行为，这一行为是由协商双方共同推动的，协商结果并不取决于某一方的主观意愿，而取决于参与双方的共同要求，协商是以平等自愿为前提和基础的。

在协商过程中，双方共同构成了协商这一行为的主体。协商是一种自愿的行为，作为协商当事人的双方，应当是在没有外来、人为强制压力的情况下，出于自身意愿来参加协商，任何一方都可以在任何时候退出或拒绝进入协商，并不是通过"捆绑"式维系关系。在协商中，强迫是不可靠的、不可取的，一旦出现这种行为，自愿原则就会遭到破坏，被强迫的一方势必退出协商，协商会因此破灭。

参与协商的双方必须在平等的基础上开展协商，双方彼此力量不分强弱，双方的力量、人格、地位等在相互关系中处于相对独立平等的地位。如果协商中某一方由于某些特殊原因而丧失了与对方对等的力量和地位，那么另一方可能很快就不再把他作为对手，并且可能试图去寻找其他的而非协商的途径来解决问题，这样会有悖于协商真正的目的。

贯彻平等自愿的原则，首先要求协商各方互相尊重、以礼相待，任何一方不得仗势欺人、以强欺弱，把自己的意志强加于人。只有坚持自愿平等的原则，双方的关系才是稳定的、可持续的，才有利于营造信任合作的氛围，促进协商的目标达成。

（二）合作共赢原则

参与协商的双方都想实现自己的目标，都有自己的利益诉求，都想瓜分一块"大蛋糕"，但仅凭自身的力量是不够的，在当今商品经济社会中，必须学会与他人合作，共同把"蛋糕"做大，最终到手的"蛋糕"自然也就大了。因此，协商双方必须是"利己"又"利他"，任何一方要实现自己的利益，就必须给予对方利益，每一方利益的获取都是以对方取得相应利益为前提的。

协商不是竞赛，若视协商为竞赛，则只会陷入反复讨价还价、彼此竞争的黑暗闭环中。有时协商双方误认为资源有限而欲望无限，双方必然会处于对立面而产生矛盾，而不会意识到通过合作才可能找到更有效的解决问题的途径。一个出色的协商者应该善于合理利用合作和冲突，把握好实质利益和关系利益之间的平衡，在平等互利的基础上，本着合作共赢的原则，通过协商追求双方利益最大化，而不是简单地分割现有的"蛋糕"。

（三）诚信合法原则

"从本质上讲，协商是一项诚实的活动"。诚然，在生活中诚信守法也是做人的基本底线，若要达成一项双赢的协议，协商的诚信合法原则也是必然要遵守的。某些参与者只图眼前利益，不惜损害组织主体社会形象，甚至将协商对手视为欺骗对象，这无疑是饮鸩止渴，他们根本不懂得诚实在协商乃至人际关系交往中的重要性，最后受害的还是自己。协商的结果往往以双方的协议为准，协议是具有法律约束力的文本。协商结果的好坏不在于谈，而在于最终形成的协议，因为谈是声音文件，没有痕迹，无法得到有效履行，而协议是具有痕迹的文本，受到法律保护，具有约束力，但其前提条件是必须合法。

合法原则在协商中主要体现在以下几个方面：一是协商主体合法，即协商参与的各方组织及其协商人员具有合法的资格；二是协商议题合法，即协商所要涉及的话题具有合法性，对于法律不允许的行为进行协商显然是违法的；三是协商手段合法，即应通过公正、公平、公开的方式达成协商的目的，而不能用某些不正当手段，如欺骗、数据作假、行贿受贿、暴力威胁等来达到协商的目的。

总之，在协商中只有遵守诚信合法的原则，协商及其达成的协议才具有法律效力，当事人各方的利益才能够受到保护。反之，违背诚信合法原则的协商不仅得不到应得的利益，还会使自身发展受到不利影响。

除了以上基本原则外，协商还应遵循坚持客观标准、事人有别、科学性与艺术性相结合等原则。

二、协商的目的

协商是协作和商量的总和，协商就是为了某种利益，而某种利益的满足往往受到协商对方的制约，会与对方的利益相矛盾。在对立的同时，双方又必须相互依赖才能得到利益。因此，双方需要协商沟通，达成一致，实现合作双赢。

协商的基础是沟通，其本质是说服。目的决定手段，手段为目的服务。协商的策略、方法、技巧等都属于协商的手段，协商的手段则都是由协商的具体目的所决定的。

第二节　协商的类型

在集体协商中，在制定有利于自身的协商策略之前，应当先明确要面临的协商属于哪一个类型或侧重于哪一个类型后才能对症下药。

一、主要的协商类型

（一）分配式协商

分配式协商也称单赢式协商、零和协商。在分配式协商中，总收益是固定的，双方根据协商的结果来分享收益，存在此消彼长的问题。例如，职工方获得工作条件的改善、薪酬待遇的提高，则企业方承担相应数额的支出。在分配式协商中，由于将利益视为一个定值，一方的获益就是意味着另一方的受损，因而分配的过程就是讨价还价的过程，导致双方很难达到合作共赢。

（二）整合式协商

整合式协商也称双赢式协商，劳企双方针对共同面临的问题，通过互相协商一起解决问题的协商类型。整合式协商出现的条件是双方都能够更多地体谅对方的需要，通过合作实现双方都获得更大的利益。例如，工作场所的安全性，对企业和职工都是有利的。

（三）组织内协商

组织内协商是指协商实际发生在组织的内部，参与协商的代表（如工会）向自己（工会）的成员"销售"协商结果，同时协商代表也受到自己所代表团体的影响。组织内协商存在前台和听众的概念，即首席协商代表的听众是协商组的成员，协商组成员是委托人，他们之间相互影响，最终影响协商结果。

协商人员要了解本方需求并且进行归纳筛选，剔除那些不切实际和指向不明的要求，并且对提出这些要求的委托人（职工）给予详细的解释和说服，避免出现职工不认可协商结果的局面。同时，协商组内部也需要有效的沟通、协调和配合，以达到意见的一致和思想的统一。

二、针对不同类型的协商策略

在实际协商中，应该首先分析协商类型，然后根据不同的协商类型采取一种或者多种协商策略，从而达到协商的成功。

（一）分配式协商的协商策略

在这种类型的协商中，协商本身是一场零和博弈，将固定利益进行分配，结果就是一方受益，另一方付出相应代价。在这种协商模式下，往往表现为双方在某个时点上注重自身的短期利益，对固定的某种资源进行"你多我少"的分配。面对这种协商时，协商双方要严守自己的利益界限，据理力争，不能轻易放弃或退出。

在分配式协商中，了解并掌握对方的底线对在协商中取得主动至关重要。掌握底线的策略一般是根据掌握的各种信息和资源，估计对方的底线，并通过在协商中试探等手段，更加准确地确定对方的底线，从而使得自己获得的利益最大化。但不可采取违法手段套取对方协商底线。

面对这样的协商，一般的策略是开始时夸大对方对己方的需求，隐藏自身的需求、信息和偏好以及不利信息，并多了解对方的需求、信息和偏好以及不利信息，尽量在对方底线位置要价或者让步后达到对方底线位置，寻找更多可替代的方案来提高自身的底线，让自己处于更有利的位置。

（二）整合式协商的协商策略

博弈论领域的集大成者纳什认为，个体的单赢并不是真正的赢，只有当个体与整体都赢时，才能算是赢。过去分配式的协商模式是主流，随着时代的发展，合作互利共赢逐渐演变成了新的趋势，整合式的协商模式开始流行，选择将"蛋糕"做大，挖掘更多潜在价值，从而同时满足双方利益需求，达到互利共赢。

整合式协商经常是在双方都期望长期合作，对未来利益的增长比较有信心的情况下出现的。在这种协商中，双方要全面梳理大家的共同利益和长远利益，设身处地地从双方的角度考虑，达到双方长期双赢，甚至可能牺牲自身的短期利益。

整合式协商的策略是要将自身的利益、价值、偏好等信息告诉对方，不急于抛出己方的目标和立场，要尽量了解对方的利益、价值、偏好并通过帮助对方达到双赢的目的。同时，需要双方创造性地思考，牺牲自己不太重要的利益换取对方在己方重要利益上的让步。

（三）从分配式协商向整合式协商过渡

虽然分配式协商模式至今仍然流行，但很多拥有远见卓识的人已经将目光转向了如何为协商双方创造更多潜在价值并实现互利共赢这一新的发展趋势上。

从上面的分析可以看出，分配式协商和整合式协商的策略迥异，一般可采用以下策略将以分配式协商为主的协商转向以整合式协商为主的协商。

（1）强调双方的利益。例如，强调合作的长期性，双方合作带来的巨大好处。在集体协商中，职工方可以用具体事例指出激励职工可提高职工对企业的忠诚度、提高生产率和降低废品率，可为企业创造更大价值并降低经营成本。

（2）转化双方的利益冲突。在区域集体协商中，职工方关心工作的稳定性，而企业方关心职工在旺季时的劳动提供量，但通过转化双方的利益冲突，靠设计合理的薪酬和用工制度就可以让看似冲突的利益一致化。

（3）关注对方反馈。理想的协商结果并不是单方努力就能够达成的。不顾对方反应就将自己的底牌亮出，可能对方并不领情。因此，从分配式协商转化成整合式协商的过程中，要循序渐进，根据对方的反馈调整方案。

（四）组织内协商的协商策略

在组织内协商中，会出现"委托—代理"问题，即协商代表和所代表的团队的利益不一致所导致的两者目标偏离的问题。为了达到更加有利于自身利益的协商结果，代理人可采取一定的策略影响委托人，委托人亦可能采取一定的策略影响代理人，这种存在于组织内部的双向策略会对协商目标产生较大影响。因此，在采取协商策略的时候，把委托人和代理人的个人利益和动机进行细致分析，采取相应的协商对策，往往可能取得超出预期目标的收获。

（五）协商策略小结

综上所述，在协商中可采取的策略主要有：（1）了解协商双方所掌握的各种社会资源或经济资源对于对方的实际效用。（2）了解并掌握对方的协商底线。（3）在进行协商前，细致分析代理人和委托人的个人利益和动机，再采取相应的协商对策，往往可以取得超出预期的收获。（4）在态度情绪主导协商的情况下，要通过邀请专家参与协商、延长协商时间、与所代表的团体成员就协商进展进行交流等各种手段，使得大家尽可能地回到比较理智的状态。（5）综合衡量协商的类型，采取不同的协商策略。

第三节　协商的策略

协商策略是协商人员在协商过程中为实现既定的协商目标而采取的各种方式、方法、措施、手段、经验、技巧、战术安排等的总称。一旦掌握了协商的策略，就会大大提升协商效率。而不懂得协商策略，则会在协商过程中左右碰壁、进退维谷。

策略可以从正反两个方面加以运用。正面运用就是通过实施策略使己方更为主动、有利；反面运用就是让对方处于被动地位。协商有时类似于对抗性游戏，既可以通过提高己方实力获得胜利，也可以通过削弱对方实力获得胜利，即有时加强自己的协商实力与削弱对方的协商实力的效用是等价的。

一、开局阶段的策略

协商的开局阶段是指协商准备阶段之后，协商双方进入面对面洽谈协商的开始阶段。协商开局阶段中的双方对协商尚无实质性认识。各项工作千头万绪，无论准备工作做得有多充分，都免不了遇到新情况、碰到新问题。由于在此阶段中，双方协商人员可能都比较紧张，态度比较谨慎，都在调动一切资源去探测对方的虚实以及心理态度。在这一阶段一般不进行实质性协商，而只是进行见面、介绍、寒暄，以及洽谈一些不是很关键的问题。这些非实质性协商只占整个协商很小的部分。从内容上看，这些非实质性协商似乎与整个协商的主题无关或关系不大，但它很重要，因为它为整个协商过程奠定了基调。协商的开局处理不好，会产生两种弊端：一是目标过高，使协商陷入僵局；二是要求太低，达不到预期的目的。因此，在协商开局阶段，我们应做好如下工作。

（一）营造协商的气氛

气氛是弥漫在空间中能够影响行为过程的心理因素和心理感受的总和。

气氛是看不见、摸不着的，却是客观存在的，这有点类似于物质的电场、磁场。物质之间相互作用有时不需要直接接触，通过看不见、摸不着的场能就能产生作用。协商气氛对协商进程和结果有着重要的影响，是协商成功与否的重要影响因素。协商的实质是通过达成一致的协议取得合作共赢。因此，合作是协商的一个主题，这需要融洽、友好、信任的气氛。

紧张、恐惧、冷漠、否定、怀疑、鄙视等属于消极气氛，这不利于协商；反之，期待、肯定、信任、尊重、平等、融洽、幽默等属于积极的气氛，能够有效引入和推动协商的进行。协商气氛能够影响协商人员的心理、情绪和感觉，良好的协商氛围可以传达友好合作的信息，减少双方的戒备心理，对协商的进程和结果产生积极影响。协商气氛形成于开局，营造有利于协商的气氛是开局的一项重要任务。

要想营造和谐的协商气氛，就要善于把客观因素与主观努力相结合，可以从以下几个方面入手。

1. 调控客观因素

温度、湿度、通风、光照、音响效果、桌椅及其摆放座位的安排等要尽量调控到最舒适的状态。过热或过冷的温度会令人烦躁不安，光照太强或太弱会使视觉不舒服，桌椅的高度和软硬程度要恰到好处，座位安排要符合礼仪。客观因素会影响到主观的心理感受。

2. 调控主观因素

接待规格标准、接待态度、寒暄的语气等都是影响气氛的因素，要掌握好分寸。接待的规格标准过高会使人拘束不安，太低会引起不满；接待态度要不卑不亢；寒暄要尽量轻松自然。总之，友好、融洽、合作的气氛是最终目标。

3. 营造气氛的常用方法

双方互致问候，通常都是向其个人或者其家庭的问候，以达到友好、亲近的目的。一般都是非实质性的、双方都感兴趣的、容易引起共鸣的话题。例如，在中国，谈论籍贯是营造气氛很有效的话题，因为从中比较容易找到共同点。这些非实质性的话题不会引起对抗，因为都感兴趣且不是原则问题，双方会比较放得开，容易产生共鸣，从而营造友好、融洽、合作的气氛。如果没有共同的爱好，找一个双方共同认识的第三人作为连接，一起来谈论一下，效果也会不错。

4. 营造协商开局气氛的策略

（1）称赞法。称赞法是指通过称赞对方来削弱对方的防范心理，从而焕发出对方的协商热情，调动对方的情绪。采用称赞法时应该注意以下几点：第一，选择恰当的称赞目标。选择称赞目标的基本原则是投其所好，即选择那些对方最引以为豪的，并希望己方注意的目标。第二，选择恰当的称赞时机。如果时机选择得不好，称赞法往往适得其反。第三，选择恰当的称赞方式。称赞方式一定要自然，不要让对方认为你是在刻意奉承他，否则会引起其反感。

（2）幽默法。幽默法是指用幽默的方式来消除协商对手的戒备心理，使其积极参与到协商中来，从而营造适宜的气氛。采用幽默法时要注意选择适当的场合和程度，幽默不足没有效果，幽默过度就会落入庸俗油滑。

（3）沉默法。有时为了阻挡对方的进攻或者保持进攻的态势，故意营造让对方退让的气氛。通过沉默，在关键问题上不退让，从而迫使对方退让。但不是在任何情况下都可以直接选择沉默，采用沉默法要注意以下两点：一是要有恰当的沉默理由。所谓事出有因，一般人们选择沉默的原因无非是假装对对方的陈述不理解或者对对方的某些礼仪、礼节不满等。二是要把握好沉默的尺度。所谓过犹不及，在沉默的同时，还应当给予对方作出适当反应的空间。

（二）确定协商的议程

协商的议程包括协商的议题和程序。通俗地说，就是要确定谈什么，以及先谈什么，后谈什么等问题。若不重视议程，在协商中往往会失去主动权。

协商的议程实际上决定了协商的进程、发展方向，是控制协商、左右局势的重要手段，这是因为不同的议程可以阐明或隐藏协商者的动机；可以建立一个公平的原则，也可以使之仅对一方有利；可以使协商直接切入主题，富有效率，也可以使协商变得冗长，进行无谓的口舌之争。因此，确定了协商的议程，实际上就控制了协商的方向，更重要的是避开了己方不支持或对自己不利的协商内容。

（三）协商开局的策略

协商开局策略是指协商者谋求协商开局有利的形势、地位和实现对协商开局的控制而采取的行动方式或手段。良好的开局气氛以及恰当的开局策略对实质问题的探讨有着重要的作用。因此，在营造良好的协商气氛时，运用正确的开局策略是非常重要的。常见的开局策略有以下五种：

（1）一致式开局策略。一致式开局策略又叫协商式开局策略，是指在协商开始时，为了使对方对己方产生好感，以协商、肯定的方式，创造或建立起协商的"一致"感觉，从而使协商双方在友好愉快的气氛中不断将协商引向深入的一种开局策略。

（2）保留式开局策略。保留式开局策略是指在协商开局时，对对方提出的关键性问题不作确切的回答，而是有所保留，从而给对方造成神秘感，以吸引对方进行接下来的协商。注意在采取保留式开局策略时不要违反协商的道德原则，即以诚信为本，向对方传递的信息可以是模糊信息，但不能是虚假信息，否则，会将自己陷入非常难堪的局面。

（3）坦诚式开局策略。坦诚式开局策略是以开门见山的方式，直接向对方表达己方的诉求，不遮遮掩掩，达到直面问题的效果。这种策略一般适用于协商双方在前期已经有较好的了解，能够相互信任。在一方使用这种策略时，需要综合考虑对方的职务、双方的实力和协商的局势等，一般而言，当双方实力悬殊时就可以采取这一策略，简单快速地解决问题。

（4）进攻式开局策略。进攻式开局策略主要指在协商开局阶段就通过某种方式来压制对方，从而在气势和心理方面占据先机，迫使对方按照己方的节奏进行协商。使用这一策略要注意以下两个问题：第一，己方要有足够的实力让对方信任，能够迫使对方在心理上让步；第二，己方发现长时间纠缠会使自己陷于不利境地，需要快速解决问题。否则，进攻式开局反而会让己方陷入困境，使得协商陷入僵局。

（5）挑剔式开局策略。挑剔式开局策略是指开局时，对对方的某项错误或礼仪失误严加指责，使其感到内疚，从而营造让对方低迷的气氛，迫使对方让步的目的。

二、协商阶段的策略

（一）提出条件的策略

协商就必然要讨价还价，这里的"价"是广义的，是指所有的交易条件。协商就是针对所有的交易条件与对方讨价还价，协商各方都会希望在各个交易条件上尽可能多地从对方那里获得权益，尽可能少地向对方作出承诺。

1. 条件矛盾原理

协商千差万别，但其本质是一样的，即双方合作共赢，获得利益，同时作出承诺，从理论上讲，只有两种情况：（1）职工方认为条件太低了，而企业方则认为太高，双方存在矛盾；（2）双方认同对方条件，一拍即合。

这种矛盾源于双方提出的条件的依据不同。如果双方依据相同，那么按照客观标准，矛盾就很好地解决了。企业方提出的条件的依据是企业运行的成本和利润要求，职工方提出的条件的依据则是收入水平和劳动条件等。

2. 提出条件的依据

（1）市场行情。从原理上讲，市场行情就是同类企业的普遍情况，显然这就是企业方条件的依据。可见，了解市场行情，掌握条件的基本情况和变化趋势，对正确提出条件是多么重要，这也是协商实力的体现。

（2）利益需要。需要是行为最原始的动力，所有的行为都是由需要驱动的。这是心理学的基本原理，也是人的行为规律。利益就是满足需要，所以利益也是行为的动力。目的不同，也许会提出不同的条件。如果单纯是为了利润最大化，企业方会坚持高价；如果双方都单纯为了私利，条件就会争夺得很激烈，结果很有可能导致协商破裂；如果双方是为了合作共赢，则协商的空间就会加大。

（3）企业的声誉形象。声誉形象是宝贵的无形资产，无形资产是相对于有形资产而言的，一个是虚的，一个是实的。虚和无是不相同的，虚并不等于无；虚虽不等于实，但是在一定条件下可以转换成实，实可以支持虚。企业为了维护良好的雇主形象，可能会在很多方面进行让步，从而使得职工方获得更多的实惠。

3. 提出条件的原则

提出条件并非简单地提出己方的交易条件，这个过程实际上是非常复杂的，稍有不慎就有可能陷自己于不利的境地。大量的协商实践告诉我们，在提出条件过程中是否遵循以下几条原则，对条件的成败有着决定性影响。

（1）审慎提出初始条件。第一，作为职工方，最初的条件实际上为协商的最终结果确定了一个最高限度。因为在企业方看来，职工方报出的最初条件无疑表明了他们追求的最高目标，企业方将以此为基准要求职工方作出让步。在一般情况下，企业方不可能接受职工方更高的条件。第二，初始条件高低会影响对方对本方的评价，从而影响对方的期望水平。企业方由此对职工方形成一个整体印象，并由此来调整己方的期望值。一般来说，初始条件越高，对方对我方的评价越高，其期望水平可能就越低。第三，初始条件越高，让步的余地就越大。在协商过程中，双方都必须作出一定的让步。如果在一开始就能为以后的让步预留足够的回旋余地，在面对可能出现的意外情况，或对方提出的各种要求时，就可以作出更为积极有效的反应。

（2）条件必须合乎情理。初始条件必须是最高的，但这并不意味着可以漫天要价，初始条件应该控制在合理的界限内。如果己方要求条件过高，对方必然会认为你缺乏协商的诚意，可能立即中止协商；也可能针锋相对地提出一个令己方根本无法认可的条件；或者对己方条件中不合理的成分提出质疑，迫使己方不得不很快作出让步。在这种情况下，即使己方已将交易条件降至比较合理的水平，但这合理的条件在对方看来仍然可能是极不合理的。

因此，己方提出的初始条件，既应服从于己方寻求最高利益的需要，又要兼顾对方能够接受的可能性。初始条件虽然不是最终的成交价，但如果条件高到被对方认为是荒谬的程度，从开始就彻底否定己方条件的合理性，那么双方的磋商是很难顺利进行下去的。在确定条件水平时，一个普遍认可的做法是，只要能够找到足够的理由证明己方条件的合理性，报出的条件就应尽量提高。

（3）条件应该坚定、明确、清楚。协商者首先必须对己方条件的合理性抱有充分的自信，然后才可能得到对方的认可。在提出己方条件时应该坚决而果断，在言谈举止上表现出任何的犹豫和迟疑，都有可能引起对方的怀疑，并相应增强对方进攻的信心。条件还应该非常明确、清楚，提出条件时所运用的概念的内涵、外延要准确无误，言辞应恰如其分，不能含混模糊，以免对方产生误解。为确保条件的明确、清楚，可以预先准备好印刷好的条件单。

如果是口头条件，也可适当地辅以某些书面手段，帮助对方正确理解己方的条件内容。

（4）不对条件做主动的解释、说明。协商人员对己方的条件一般不应附带任何解释或说明。如果对方提出问题，也只宜做简明的答复。在对方提出问题之前，如果己方主动进行解释，不仅无助于增加己方条件的可信度，反而会使对方意识到己方最关心的问题是什么，这无异于主动泄密。有时候，过多的说明或解释，还容易使对方从中发现己方的破绽和弱点，让对方寻找到新的进攻点和突破口。

4. 提出条件的方式

提出条件的方式，就是指提出条件的方法及其形式，包括交易条件的构成、提出条件的程度及核心内容的处理等。简单地说，提出条件的方式解决的就是如何提出的问题。

当涉及某项具体的协商时，在注重提出条件的原则下，还必须结合当时的实际情况，尤其是特定的协商环境以及协商双方的相互关系，灵活地确定提出条件的方式。如果双方关系良好，又有过较长时间的合作，提出的条件就不宜过高。如果双方处于冲突程度极高的场合，则提出的条件不高就不足以维护己方的利益。

（二）让步的策略

在协商的洽谈阶段，对己方条件作出一定的让步是双方必然的行为。如果劳企双方都坚持自己的阵线而不后退半步，协商注定是不能够成功的，协商追求的合作共赢也无法实现。协商者都要明确为达到合作共赢这个目标可以或愿意作出哪些让步、作出多大的让步。让步本身就是一种策略和方法，它体现协商者用主动满足对方需要的方式来换取己方的需要。如何运用让步策略，是协商洽谈阶段最为重要的事情。

1. 让步的原则

（1）维护整体利益。让步的一个基本原则是整体利益不会因为局部利益的损失而造成损害；相反，局部利益的损失是为了更好地维护整体利益。协商者必须十分清楚什么是局部利益，什么是整体利益；什么是枝节，什么是根本。让步只能是局部利益的退让和牺牲，而整体利益必须得到维护。因此，让步前一定要清楚什么问题可以让步，什么问题不能让步，让步的最大限度是什么，让步对全局的影响是什么等。以最小让步换取协商的成功，以局部利益换取整体利益是让步的出发点。

（2）明确让步条件。让步必须是有条件的，绝对没有无缘无故的让步。协商者心中要清楚，让步必须建立在对方创造的条件的基础上，并且对方创造的条件必须是有利于己方整体利益的。当然，有时让步是根据己方策略或是根据各种因素的变化而作出的。这个让步可能是为了己方全局利益，为了今后长远的目标，或是为了尽快成交而不至于错过有利的市场形势等。无论如何，让步的代价一定要小于让步所得到的利益。要避免无谓的让步，要用己方的让步换取对方在某些方面的相应让步或优惠，体现出得大于失的原则。

（3）选择好让步时机。让步的时机要恰到好处，不到需要让步的时候绝对不要作出让步的许诺。让步之前必须经过充分的磋商，时机要成熟，使让步成为画龙点睛之笔，而不要变成画蛇添足。一般来说，在对方没有表示出任何退让的可能时，让步不会给己方带来相应的利益，也不会增强己方讨价还价的力量。同时需要注意，当己方占据主动的时候，不能作出让步。

（4）确定适当的让步幅度。让步可能是分几次进行的，每次让步都要让出自己的部分利益。让步的幅度要适当，不宜过大，让步的节奏也不宜过快。如果让步的幅度过大，会把对方的期望值迅速提高，对方可能会提出更高的让步要求，使己方在协商中陷入被动局面。如果让步节奏过快，会使对方觉得轻而易举就可以满足己方的需求，因而认为己方的让步无须承担损失，也就不会引起对方对己方让步的足够重视。

（5）不要承诺作出与对方同等幅度的让步。即使双方让步幅度相当，双方由此得到的利益也不一定相同。不能单纯从数字上追求相同的幅度，我们可以让对方感到己方也作出相应的努力，以同样的诚意作出让步，但是并不等于说幅度是对等的。

（6）在让步中讲究技巧。在关键性问题上力争让对方先作出让步，而在一些不重要的问题上可以考虑主动作出让步姿态，促使对方态度发生变化，争取对方的让步。

（7）不要轻易向对方让步。协商中双方作出让步是为了达成协议，但是必须让对方懂得，己方每次作出的让步都是重大的让步。要让对方感到必须付出重大努力之后才能得到一次让步，这样才会提高让步的价值，也才能为获得对方的更大让步打下心理基础。

（8）每次让步后要检验效果。己方作出让步之后要观察对方的反应，对方相应表现出的态度和行动是否与己方的让步有直接关系，己方的让步对对方产生多大的影响力和说服力，对方是否也作出相应的让步。如果己方先作了让步，那么在对方作出相应的让步之前，就不能再作让步了。

2. 己方主动让步的策略

在协商洽谈中，每一次让步不但是为了追求自己的满足，同时要充分考虑到对方需求的满足。协商双方应在不同利益问题上相互给予对方让步，以达成协商协议为最终目标。

（1）互惠互利的让步策略。协商一般不会是仅有利于某一方的洽谈，一方作出了让步，必然期望对方对此有所补偿，获得更大的让步。协商双方可以通过采取横向协商和纵向深入协商的方式来实现。

所谓横向协商，就是几个主题同时进行讨论、协商，以求同时完成协商。横向协商的主要特点就是由于在相同时间内有数个主题，协商者可以将数个主题相互关联，在不同的主题之间交替进攻和退让，从而实现利益的多重交换和轮替，使得双方在不同的主题上获益，避免了在单一主题的僵持。对协商者而言，横向协商的要求比较高，需要协商者有比较开阔的思路和广阔的视野，能够将不同主题进行有机结合，能够清楚地权衡己方在各个主题上的利弊得失，抓大放小。纵向协商是将协商焦点集中于某一个主题，双方先集中力量对该主题进行深入的研讨，直到这一主题解决为止。纵向协商一般用于某个主题特别重要，事关双方重大利益的情况。

（2）先予后取的让步策略。根据心理学的研究，及时满足和延时满足都能给主体带来效用，这为让步策略提供了理论基础。在协商的过程中，协商的参与双方效用满足的过程是不同的，有的人喜欢及时满足，即希望立刻达成协商目标，有的人则喜欢延时满足，即对未来充满期待。由此，协商的结果就可以分为及时协议和未来协议。如果己方发现对方对延时满足的评价高，就可以许诺对方未来的好处和优惠，来换取当前的优惠，舍远利而得近惠，从而让协商顺利进行。

3. 迫使对方让步的策略

在协商中，己方利益的取得，很大程度上取决于对方的让步幅度，因此，掌握协商过程中如何使对方让步的策略就至关重要。

（1）"应势而谋"策略。这一策略是在双方的协商陷入僵局的时候，一方利用另一方在这一过程中的失误或者漏洞，对对方的问题进行夸大，故意制造紧张气氛，将协商僵局甚至破裂的责任全部归咎于对方，从而让对方产生自责和内疚感，甚至惊慌失措。在这样的情况下，另一方就可以抓住有利时机让对方重新调整协商目标，并作出适当让步，从而达成协商目的。

（2）"红白脸"策略。在协商洽谈阶段，采用该种策略时，通常是先由"唱白脸"的人出场，他傲慢无礼、苛刻无比、立场坚定、毫不妥协，使对方产生极大的反感。当协商进入僵持状态时，"红脸人"出场，他体谅对方的难处，以合情合理的态度照顾对方的某些要求，放弃自己一方的某些苛刻条件和要求，作出一定的让步。"红白脸"策略往往在对方缺乏经验、很需要与你达成协议的情境下使用。

（3）"得寸进尺"策略。"得寸进尺"策略是指协商的第一次让步往往会引起对方一连串的让步要求，从而获得更多的利益的一种协商策略。采用该种策略通常会先努力在对方的协商防线上打开一个小缺口，然后再用各种理由，逼对方不断地扩大缺口，以实现自己的目标。

（4）"声东击西"策略。"声东击西"策略指一方为达到某种目的和需要，故作声势地将洽谈的议题引导到某些并非重要的问题上去，以给对方造成错觉，而在主要问题上放松警惕，从而有利于己方的策略。在运用"声东击西"策略时，往往采用在某些方面轻易让对方满意的手段，转移对方的注意力，从而获得相关有利的条件，迫使对方在另一方面作出让步。

（三）僵局处理的策略

在协商洽谈阶段，协商双方往往会由于某种原因相持不下，陷入两难的境地，这是协商进入僵局的状态。若协商者不能很好地掌握僵局产生的原因以及妥善处理僵局，生硬推动协商的进度，就很难达到协商预期的目的。

1. 协商僵局产生的原因

（1）协商双方关注点集中。如果协商双方的关注点集中在相同的方面，则双方协调的余地会相对较小，就很容易在此问题上讨价还价，互不相让，形成僵局。

（2）面对强迫的反抗。协商是要在双方坚持合作共赢的原则下进行的，但如果其中一方凭借其占有的一定优势向对方提出不合理的交易条件，强迫对方接受，不然就威胁对方，被强迫方会出于维护自身利益或是尊严的需要，拒绝接受对方强加于己方的不合理条件，反抗对方强迫，这样双方就会僵持不下，使协商陷入僵局。

（3）信息沟通障碍。协商过程是一个信息传递、沟通的过程，只有双方信息实现正确、全面、顺畅的沟通，才能互相深入了解，才能正确把握和理解对方的利益和条件。但是，沟通中难免会有障碍。表达能力和表达方式的差异，个性、观念、习俗的不同，都会造成信息沟通的障碍。信息沟通障碍不仅会影响协商，而且会引发对立情绪，从而形成僵局。

2. 僵局的利用

（1）僵局能够促成双方的理性合作。在协商实践中，很多协商人员害怕僵局出现，因为僵局是协商破裂的预警。但如果能够利用僵局暂停协商，则可以缓解双方间的紧张气氛，重新审视双方的根本利益点，从而找到大家合作共赢的方式和途径。因此，僵局不仅是预警，也是双方重新开启协商的起点，反而有利于协商目的的达成。

（2）僵局可以改变协商局势。有些协商者提出的要求，在势均力敌的情况下是无法达到的，为了取得更有利的协商条件，可利用制造僵局的办法来提高自己的地位，使对方在僵局的压力下不断降低其期望值。当己方的地位提高而对方的期望值降低以后，最后采用折中方式结束协商，己方便取得了更有利的条件，这是那些处于不利地位的协商者利用僵局的动机所在。协商中的弱者在整个协商过程中处于不利地位，他们没有力量与对方抗衡，为了提高自己的协商地位，便采用制造僵局来拖延协商时间，以便利用缓兵之计来达到自己的目的，这是可以理解的。

3. 处理僵局的策略

（1）理性对待。许多协商人员把僵局视为失败，企图竭力避免它，在这种思想指导下，不是采取积极的措施，而是消极躲避。因此，在协商过程中，为避免僵局的出现而作出一些不必要的让步，这种思想阻碍了协商人员更好地运用协商策略，反而达成一个对己方不利的协议。应该看到，僵局的出现对双方都不利。在协商中，既不要把协商僵局作为一种胁迫对手让步的策略，也不能一味地妥协退让，而是要具备勇气和耐心，在保全对方面子的前提下，灵活运用各种策略、技巧，攻克僵局这个堡垒。

（2）避重就轻。转移视线也不失为一种有效的方法。协商中僵局的出现多数是由于双方针对某一问题的争执而引起的，这时，可以暂时放下这个问题，转而先协商洽谈其他议题。如果在另一个议题处理上双方都比较满意，就可能坚定解决问题的信心。如果一方特别满意，很可能对前面的议题作出适当让步。

（3）改变协商地点。如果协商双方作了很多的努力，但僵局依旧存在，双方可以尝试变换协商的地点。一般而言，协商的地点都是在办公室、会议室等比较严肃正式的场合，室内的装修风格比较沉闷和压抑，不利于协商中建立轻松和谐的气氛，容易造成协商僵局的出现。因此，当出现僵局时，可以稍微休息一下，将协商的地点换到企业的休息室、咖啡室中继续进行，可以起到放松双方心情的作用，为协商的继续创造条件。

三、结束阶段的策略

对协商者来说，如何把握结束协商的时机，灵活运用某些协商策略和技巧，做好协商的收尾工作，同样是决定协商成败的关键。

（一）协商结束阶段的主要标志

一般来说，协商进入结束阶段，往往有以下两个明显标志。

1. 达到协商的基本目标

经过实质性的协商洽谈阶段，协商双方都从原来出发的立场作出了让步，此时，协商人员较多地谈到实质性问题，甚至亮出了此次协商的"底牌"。如果双方都确定在主要议题上已基本达到目标，协商成功就有了十分重要的基础，那么促成协议达成的时机就已经到来。

2. 出现了协议达成的信号

在协商的早期阶段，协商各方可能会大量使用假象、夸张和其他策略手段。但协商进入将要结束的阶段时，协商者会发出某种信号，显示自己的真实主张。当对方收到这样的信号时，就会明白在这些主张的基础上有可能达成协议。各个协商者实际使用的信号形式是不同的。协商人员通常使用的成交信号有以下几种：（1）协商者用最少的言辞阐明自己的立场。谈话中可能表达出一定的承诺意愿。（2）协商者所提的建议是完整的、明确的，并暗示如果他的意见不被接受，只好中断协商，别无出路。（3）协商者在阐述自己的立场、观点时，表情不卑不亢，态度严肃认真，两眼紧紧盯住对方，语调和神态表现出最后决定和期待的态度。（4）协商者在回答对方的问题时，尽可能简单，常只回答一个"是"或"否"，很少谈论据，表明确实没有折中的余地。

（二）促成协议达成的策略

促成协议达成就是通过一番讨价还价，所有的交易条件基本上没有异议了，在对方尚未最终下决心签字时，及时地敦促对方达成协议。统计表明，很多失败的协商是因为错失了促成协议达成的最佳时机。可见，在协商的最后阶段，及时地促成协议达成是十分必要的。促成协议达成常见的方法有以下几种。

1. 最后期限法

在协商中，由于利益的对立，协商人员都承担着心理上的压力，逃避压力是人的本能，逃避的方法就是拖延时间。如果协商代表只是对方的雇员而与协商利益无关，这种拖延更是常见，最后会不了了之或指望其他因素变化。对此，最后期限常常能起到积极的作用。最后期限实质上就是给对方时间压力，在限定的时间内不能结束，那么协商破裂的责任就在于协商人员了。这样，协商人员就会积极主动地寻求解决方案，主观上就会更加积极努力，从而有利于达成协商协议。协商实践也证明了最后期限的作用。很多重大的协商都是在期限的前夕才完成的。这种策略在运用时需要注意：一般当对方对该次协商的期望值高于己方时，己方可采用这种策略；否则，就没有必要了，因为可能会适得其反。即使占有优势，在运用时也要注意所提出的期限不要引起对方的敌意。另外，最好找到有利于该策略运用的依据作支持。

2. 暗示法

暗示的概念常常被人误用，暗示并非婉转的、间接的提示，而是非对抗状态下的诱导行为，即在对方并没有意识到的情况下，按照暗示者的意图作出行为，行为结束后，被暗示者仍然处于未知的状态。所以说，暗示也是一种高级的诱导。暗示具有很好的促成协议达成的作用，但是掌握好时机很关键，因为有利益的对立，暗示得太早会使对方产生戒备心理或逆反行为，适得其反；暗示得太晚就失去了意义。

3. 场外协议达成法

协商桌上的长时间争论，对立的气氛很浓，为了面子、为了舆论、为了分得更大"蛋糕"，双方会相持不下。此时，双方尽管也想结束协商，达成协议，但是容易陷入都非常疲惫、厌倦、缺乏思路的境况，在协商桌上是难有作为了。场外交易则有助于在一个比较轻松的、私人的场合中完成所有的协商问题，达成协议，圆满地结束协商。

（三）协商的收尾工作

协商进入双方达成协议，并签字盖章后，协商即告结束。此时协商人员仍然需要注意言行，因为协商最终目的是合作共赢，达成协议只是阶段性结果。签订协议之后还有履约，如果签字之后言行不当会给履约带来麻烦，而且双方人员尚未离开协商现场，也有可能会出现某种不利的变化。因此，在协商的最后阶段，做好善后工作是非常必要的。

1. 慎重对待协议

协商的过程是一个双向沟通的过程。从形式上看，协商的过程是听、说、问、答、辩的过程，而这些都是通过声音进行的，声音是没有痕迹的，因而缺乏法律的约束力。协商结果不是看谈得怎样，而是看最终的协议。协议是具有法律约束力的文本文件，协商结果的兑现是以协议为依据的，所以从约束力的角度看，谈得怎么样不重要，协议写得如何才是关键。因此，在协商的最后签署阶段，一定要认真谨慎地对待协议，甚至要逐字逐句地斟酌，最后需要由法律专家审核，避免歧义和遗漏。

2. 以积极、肯定的语言结束协商

尽管协商中双方唇枪舌剑、互不相让，但是协商毕竟是利益的合作，达成协议之后，双方还要继续履约。应当把大局放在眼前，不要对协商中的不愉快耿耿于怀，应该多赞扬对方，避免使用消极否定的词汇，为对方进一步的履约做铺垫，这都有助于日后的合作。

3. 协商总结

（1）协商过程的总结。是从整体上对己方本次协商活动的准备工作、协商的方针与策略进行再度评价，复盘哪些是成功的、哪些有待改进、哪些是失败的。同时，每一个协商者还应从个人的角度，对自己在协商中的工作表现进行反思，总结经验和教训。

（2）对签订合同的重新审视。如果协商的结果是成功的，即协商双方已经签订了合同，合同虽已生效，并且一般情况下已经没有更改的可能，但是，我们仍然要对合同条款、细节和协商过程进行全面审视，找出不足，力争下次协商时有所改进。

4. 资料管理

（1）协商资料的整理。协商后资料的整理主要包括：对该回收的协商文件进行回收；根据协商的原始档案或已经签订的协议撰写和分发协商纪要；协商材料和原始档案及协议的立卷归档；如需要，还要准备好进行宣传报道工作所需的资料等。

（2）协商资料的保存与保密。对于上述资料以及总结材料等应该制作成客户档案妥善保存，以便日后作为参考资料。在妥善保存协商资料的同时，还应该注意保密工作。如果有关该次协商的资料，特别是其中关于己方的协商方针、策略和技巧方面的资料被对方了解，那么在协商中己方将处于十分被动的局面。例如，在实际的协商中，在某个议题上本来可以使对方作出让步，但是由于对方准确地掌握了己方的情况，可能就不会再作出让步。

5. 关系维护

协商双方在合同上签字并非意味着双方关系的结束，相反，它表明双方的关系进入了一个新的阶段。从近期来讲，协商合同把双方紧紧地联系在一起；从远期来讲，本次成功的协商为双方以后的合作奠定了良好的基础。因此，在签订本次合同后，应该派专人同对方经常联系，协商者个人也应该同对方协商人员经常联系，从而保持双方的良好关系。

第八章

集体协商的沟通技巧

第一节　语言沟通技巧

有声言语沟通是大家最熟悉的一件事，我们每天都以此与外界沟通。在协商中也是如此，一场成功的协商依赖于有效的语言表达技巧。协商到某一阶段时，常常会出现双方意见分歧和立场对峙的局面，此时，有声语言的沟通水平和能力高低往往决定了协商的下一走向。协商高手往往善于驾驭有声语言。

一、叙述

叙述就是介绍己方的情况，阐述己方对某一个问题的具体看法，从而使对方了解自己的观点、立场和方案。为了使对方获得最佳的倾听效果，必须掌握以下原则和技巧。[①]

（一）叙述的原则

1. 叙述应主次分明、层次清楚

协商中的叙述不同于日常生活中的叙述，切忌语无伦次、东拉西扯，让人听后云里雾里。为了能够方便对方记忆和倾听，叙述应主次分明、层次清

[①] 刘炳山：《商务俄语谈判的语言艺术》，《齐齐哈尔大学学报（哲学社会科学版）》2005 年第 3 期，第 94 – 97 页。

楚，符合听者的习惯，便于其接受。①

2. 叙述应客观和真实

协商中叙述基本事实时，应本着客观、真实的态度进行叙述。不能夸大事实真相，也不能缩小事件的实情，这样才有利于对方信任己方。

3. 叙述的观点要准确

叙述观点时，应力求准确无误。协商过程中，己方观点可根据协商局势的发展需要而灵活转变，但在叙述的方法上，要能够使人信服。不管观点如何变化，都要以准确为原则。

（二）叙述的技巧

1. 入题的技巧

入题需要激发对方的兴趣，使对方变成热心的参与者，开启轻松、愉快的协商。

2. 叙述的技巧

协商双方都是信息的发出者、接收者、反馈者，信息的叙述要通俗易懂，华丽的辞藻、冷僻的术语、深奥的公式、专业细节的论证只适合演讲比赛等场合，在协商中不宜使用。在叙述的过程中，要善于把同一属性的对象归为一类，并理清楚主次、因果、并列等诸多性质的关系，做到有条理、有层次。这样才能够将问题叙述清楚，有利于问题的有效解决，避免杂乱无章、事倍功半。信息的叙述应紧扣主题，抓住中心点，让对方轻松接受，易明白、易判断，给对方时间思考和消化。

3. 结束语的技巧

协商往往不是几句话就能解决问题的，有时需要较长的时间沟通，其间就必须分成若干议题。在每个议题结束时，要用积极的、肯定的语言。例如："今天早上的协商，我们虽然没有什么实质性的进展和成果，但贵方展现的真诚态度，让我们相信，后面的议题协商，只要我们采取长远的眼光以及灵活的策略，双方定能够合作共赢，有所收获的。"如果使用消极、否定的语言，将会对下一议题的协商产生不利的影响。

---

① 潘宏：《小议国际商务谈判的语用技巧》，《经济研究导刊》2011 年第 30 期，第 196 – 198 页。

结束语具有特殊意义，一般来说，结束语应当采用切题、稳健、中肯并富有启发性的语言，做到肯定中又留有回旋余地，避免绝对性的结论，树立双方友好形象。

二、提问

"会说不如会听，会听不如会问"。协商中，提问指的是协商一方要求对方陈述或解释某个问题，其大有讲究。灵活、巧妙地使用提问技巧，不仅可以获得自己想要的信息、传达消息和表达感受，还可以为处理异议和成交做铺垫，打破冷场或僵局，变被动为主动，引导和控制协商的方向。

（一）提问的类型

提问的方式有很多种，如引导式提问、证实性提问、探索式提问、澄清式提问、暗示性提问、迂回式提问等，但所有的提问方式都可以归纳为两种基本方式的提问类型，即闭合式提问和开放式提问。

1. 闭合式提问

闭合式提问就是为获得特定资料或确切的回答直接提问，又叫确认式或证实式提问，主要的目的是确认结果。提问常用词汇有："能不能""对吗""是不是""会不会"，例如，"贵方能不能在今晚8点以前给予答复？""这是你们最后给出的条件吗？""您的意思是，公司能够为职工提高高温津贴200元，对吗？"对方的回答只能用"对""不对""是""不是""能""不能"的形式。这种提问方式单刀直入，直接指出问题的要害，答案比较明确、简单，能够收集到比较明确的信息，也方便己方针对性地做好准备，容易控制协商的方向和结果。

2. 开放式提问

开放式提问是要从对方获得更全面的信息，主要目的是收集信息。这种提问常用的词汇有"什么""告诉""怎么样""为什么""想法"等，例如，"您对本方案有什么建议？""您觉得哪些方面需要改进呢？""贵司为什么没有重视这个事件呢？"开放式提问可以让对方打开心扉，说出自己的想法、感受和顾虑，协商人员也因此有机会深入对方的内心世界，获得一些更深层次的信息。

两种提问类型互相补充，各有所长。闭合式提问的特点是针对性强、容易控制问题讨论的方向、营造紧张的氛围、节奏较快、给予对方的压力较大、应答受制；开放式提问的特点是较随意、对方回答问题的方向难测、无法事先预计答复内容、气氛缓和、节奏较慢、应答自由。前者大多用于辩论场合，后者大多用于社交场合，协商人员可根据具体情景选择适当的提问类型。

（二）提问的原则

提问的时候，应遵循以下原则：（1）不要提出有敌意的问题。（2）不要提出指责对方是否诚实等含有质疑对方人品的问题。（3）不要为了表现自己而提问。（4）不要强行追问。（5）提问要尽量简短。（6）在对方还没有答复完毕以前，不要提出你的问题。（7）先准备好你的问题，在休会时多思考新问题。（8）要有勇气提出某些看似很笨的问题。（9）要有勇气提出对方可能回避的问题。（10）用谦卑的态度提问，会鼓励对方给你一个较好的答案。

（三）提问的技巧

根据交际学，人们的任意发问几乎都可以转化为这样一种模式：先将疑问的内容力求用陈述句表述，然后在陈述句之后附加疑问语，与此同时配以赞许的一笑，这样的提问就会"有效"。即使是要对方按照你的意见去做，也可运用这一模式提问。例如，"我知道要做很多工作，可是我们必须在今晚完成它，行吗？"这种提问方式能够调动对方回答的积极性，启发对方更深层的智力资源，充分满足对方的"社会赞许动机"，即渴望社会评价的赞许与肯定的心理。这种提问方式具有一种向他人征询、洽商，尊敬对方的意味，从而有效。

除此之外，有效提问，必须在"问者谦谦，言者谆谆"的氛围中进行。给人以真诚和信任感，形成坦诚信赖的心理感受，从而达到预期的目的。尽量避免提问时说话速度过快，容易使对方感觉到你的不耐烦，甚至会感受到你是用审问的语气对待他，容易引起反感；尽量注意对方的心境，协商者受情绪的影响是在所难免的，应当做到在合适的时候提出恰当的问题；尽量在提问后给对方足够的答复时间；尽量保证提问时问题的连续性；努力做到让对方答复的结果是我方满意的。

三、答复

有"问"必有"答"，生活中的"答"和协商中的"答"是有所区别的。生活中的答一般不含承诺的意思，即使有承诺的语句，一般也只是表示友好，并非语句的本意，除非经过确认。而协商中的每一次回答都会被放大，也会被对方视为一种承诺，是需要负责任的。协商过程中，各方都绞尽脑汁地想要争取利益，应尽可能少地向对方作出承诺，这是大家认可的基本思路。由此可见，协商高手往往能够作出最少的承诺，避免无谓的承诺。若要达到这一境界，需要进行专业训练，通过实践、总结，掌握技巧，以便应对各类回答。

（一）答复的原则

在进行答复的时候，应遵守以下原则：（1）答复之前要有自己的思考。（2）在没有听清楚问题的真正含义之前不要回答问题。（3）有些问题纯属无须回答的问题。（4）给予对方时间，让对方将问题的确切意思表达清楚。（5）表达应真诚谦虚，同时注意直言、曲言与幽默的使用。

（二）答复的技巧

（1）见机行答。见机行答就是在对方提问时灵活机智，随机应变，既可简洁明了，又可以绕弯子，是一种虚实相间的回答技巧。（2）丢卒保车。丢卒保车就是当对方抓住了己方的把柄进行重点攻击时，己方可抛出一个小问题借题发挥，小题大做，避免问题向深处发展。（3）亡羊补牢。亡羊补牢就是当己方谈话失误的时候，不要乱了阵脚，赶快采取措施补救漏洞。这种技巧常常用第三者来当替罪羊。（4）缓兵之计。缓兵之计就是在对方逼迫己方回答问题，己方又搞不清楚对方的真实意图，这时可以往后拖一拖。（5）大智若愚。大智若愚就是在对方提出尖锐问题时，有意模糊概念、答非所问的方法。（6）沉默寡言。沉默寡言就是在对方提出过分的条件时，己方以不回答的方式给予拒绝。（7）釜底抽薪。釜底抽薪就是当己方协商者出现重大失误，在协商桌上无法更改时，己方采取临阵换将的方法将失误人员撤出协商。而新的协商人员则将其前任的一切条件全盘否认或者借由上级领导否定前任协商者造成的失误。例如："实在对不起，前面谈的条件，我们经理不同意。"作为协商的团队，成员之间应该有足够的默契。有时当己方主谈人员面对对方复杂、模棱两可的问题时，其他成员也可以非常自然地打岔，例如，"李经理，有您的电话，公司有紧急情况报告"。这时主谈人员就可以借机出去，暂停回答。等到再返场时，问题或许就解决了。（8）以问代答。以问代答指的是对一些尖锐问题或低级问题，可以选择以提问的方式回答，即反问发问方。一般而言，提问是进攻，回答是防守。一味防守容易陷入被动的境地，进攻反而是最好的防守。

四、说服

说服是一种改变他人初衷，并使他人心甘情愿接受己方意见的协商技巧。

（一）说服的类型

从说服采取的方式的角度出发，说服主要有以下两种类型。

1. 劝诱型说服

在希望和协商对手取得一致意见的过程中，可运用诱导的方法。例如，可以这样说："如果贵方接受我们刚才提出的方案，我们职工可以在工资的具体方式上作出适当的让步。"

2. 比较型说服

运用有效的对比手法来说服协商对手的一种方式。例如，"同行业的某公司，对于同等级的职工每月发放的基本工资为6800元，而我们只希望这类职工每月的基本工资为6400元，这已经是非常合理的方案，我们职工方也不可能再作出让步了"。

（二）说服的原则

协商中有效说服的原则有以下几点：（1）换位思考非常重要，一定要从对方的立场去思考问题，从对方的立场去说服对方。（2）以诚待人，在双方之间创造一个良好的氛围，使双方的利益一开始就处于一致而不是对立的状态，用说服而不是反驳的方式达到协商的目的。（3）说服用语要推敲。通常情况下，在协商中说服对方应避免使用"愤怒""怨恨""生气""恼怒"

等这类字眼，忌用胁迫或欺诈的手段进行说服。

（三）说服的技巧

1. 建立良好的关系，取得信任

协商既有利益的对立，又需要合作共赢。要想与人合作，必先建立良好的关系，取得对方的信任。如果己方把对方当作"自己人"，则会较好地弱化抵抗心理，比较容易赢得对方信任，对方也会正确、友好地理解己方的观点和理由，促进有效沟通。

2. 寻找共同点，营造友好氛围

在说服遇到阻力难以深入时，寻找能够引起共鸣、产生愉悦感的话题有助于形成认同感和"自己人"效应，调节协商现场的氛围，而适宜的氛围有利于取得较好的说服效果。

五、辩论

辩论同说服一样，是听、问、答、叙的综合运用。毋庸置疑，善辩是协商高手的必备能力。辩论的目的就是通过论证己方的观点达到合作共赢，手段是利用客观的事实进行逻辑论证。有些人在辩论的过程中脱离了原来的目的，最后变成了单纯地想要赢得气势，要对方服软、认输，结果己方的观点并没有得到证实甚至在最后却证明对方的观点是正确的，这就违背了辩论的目的。因此，双方一定要牢固树立协商是为了达成协议，辩论只是手段，不是目的，己方宁愿辩不过对方，但一定要坚持获得利益。

第二节 非语言沟通技巧

非语言沟通也称无声沟通，是相对于语言沟通而言的，是通过身体动作、体态、语气语调、空间距离等方式交流信息、进行沟通的过程。非语言沟通的主体一般是无意识、不自觉的，所以也是无从掩饰的。语言专家发现在信息接收者接受信息的影响因素中，7%是所使用的语言，38%是讲话的方式，包括声调、音量、修辞手法等，但55%是非语言信号，如面部表情和身体姿势等。

常说"一切尽在不言中"，非语言沟通在协商中起到辅助和替代的作用。很多情况下，所说和所想是不一致的，所以语言沟通未必是真实的意思表示，存在故意隐瞒的可能，也有不便于直说的情况。因此，在对方说话时，可以在听有声语言的同时，配合着观察无声语言，注意非语言沟通，辅助己方了解对方。对方在没有说话的时候，仍然可以通过无声语言辅助了解对方的内心。有的思想或情感，通过非语言沟通传递的效果更加准确有效，可以起到替代语言沟通的作用，例如，握手、鼓掌、微笑、沉默等。

一、肢体语言

肢体语言主要表现为身体器官的动作，包括眼神、表情、四肢的动作和静态姿势等。

（一）眉毛

眉毛在交流的过程中扮演着重要的角色，但眉毛在非语言沟通中常常被忽略。实际上，眉毛在表达人的感情时，动作是比较明显的，而且变化也是很多的，包括丰富的含义。（1）"喜上眉梢"，当人处于惊喜或惊恐状态时，眉毛上扬。（2）"剑眉倒竖"，当人处于气愤状态时，眉毛下拉或倒竖。（3）眉毛快速地上下运动，表示亲切、愉快或同意。（4）紧皱眉头，表示困惑、不愉快或不赞同。（5）眉毛高挑，表示询问或疑问。（6）眉宇舒展，表示心情舒畅。（7）双眉下垂，表示难过和沮丧。[①]

（二）眼睛

"眼睛是心灵的窗户"，眼睛具有反映内心世界的功能，其动作、神态、状态是最明确的情感表现。（1）听者的视线经常停留在说话者脸上或与之对视，说明对方对协商的内容很感兴趣，急于了解说话方的态度和诚意，达成共识的可能性很大。（2）当协商涉及价格等关键性议题时，对方时时躲避与己方视线相交，说明对方把价格抬得偏高。（3）对方的视线常左右转移、眼

---

① 宋文波：《商务谈判中的观察技巧》，《科技与管理》2003年第6期，17-19页。

神闪烁不定，则是一种反常的状态，常被认为是一种掩饰的手段，也可能是对说话者所谈的内容不感兴趣，但又不好意思打断谈话而产生的焦虑情绪。（4）对方的视线在说话时和倾听时一直左顾右盼，偶尔瞥一下说话者的脸后便迅速移开，说明此人对协商的诚意不足。（5）对方瞪大眼睛看着说话者，表示此人对协商内容有很大的兴趣。

（三）嘴角

嘴角能够参与吃饭、说话、呼吸等面部肌肉的运动，此过程是由很多小肌肉共同参与的复杂精细运动，两边的嘴角和天目穴构成的三角形是面部神经最为丰富和敏感的地带，因而嘴角也是最富有变化的部位，能反映深层心理的信息。（1）嘴巴紧紧抿住，往往表示意志坚定。（2）噘起嘴或抿着嘴表示不满意、轻视对方和准备攻击对方。（3）遭到失败时，咬嘴唇表示自我惩罚，有时也可以理解为自我解嘲和内疚。（4）注意倾听对方谈话时，嘴角会稍稍向后拉或向上拉。（5）不满和轻视时，嘴角向下。（6）咂嘴，表示赞叹或惋惜。（7）努嘴，表示暗示或怂恿。

（四）微笑

微笑是眼睛、嘴巴、面部肌肉的综合运动，也是三者的形状综合。微笑是人际沟通最好的润滑剂，不同国家或民族文化下，微笑的意义都是相同的。在说出锋利的语言时配上浅浅的微笑，也会削弱一些伤害，或在初次见面时，以微笑相迎便可缩短人际交流的磨合期。因此，在协商场上，适时的保持微笑，不仅可彰显己方团队风采，还可营造轻松的协商氛围，促成协商的达成。

（五）下肢

下肢往往是最先表露潜意识情感的部位。常见的下肢动作主要有：（1）跷"二郎腿"。与对方并排而坐时，对方若跷着"二郎腿"，并且上身向前向己方倾斜，表示合作态度；反之则意味着拒绝、傲慢或有较强的优越感。相对而坐，对方跷着"二郎腿"但正襟危坐，表明此人严谨欠灵活。（2）架腿。对方初次与己方打交道时就采取这个姿势并靠在沙发上，表示倨傲、戒备、怀疑或不愿合作。若上身前倾，同时又滔滔不绝地说话，表示此人热情但文化素质较低。如果频繁交换架腿姿势，则表示情绪不稳定、焦躁不安或不耐烦。（3）并腿。协商中始终或者经常保持这一姿势，并且上身直立或前倾，表示此人谦恭或有求于人，自觉保持地位低下，对达成协商结果的期望值很高。时而并腿后仰表示此人小心谨慎，但缺乏信心和魄力。（4）分腿。双膝分开、上身后仰者，表示此人充满信心，有安全感，没有戒备心理，愿意合作，但难以指望对方作出较大让步。（5）摇动足部，或抖动腿部，或用足尖拍打地板，都可能是等待一个重要的但是又没有把握的结果时紧张不安或欲摆脱某种紧张情绪的表现，也可能是轻视不屑且不耐烦的标志。心中有其他急于离开的事，但又不能离开协商现场时多会表现此动作。男性足踝交叉而坐，表示处于压抑的状态，女性足踝交叉和膝盖并拢而坐，表示拒绝对方或处于一种防御性的心理状态。（6）双脚不时地小幅度交叉后又解开，这种反复的动作表示此人情绪不安。（7）在协商间隙举行的社交活动中，若某人总是选择靠墙而立，意味着此人缺乏安全感，不太合群，比较内向；若其不停走动，喜欢与人打招呼，表示此人有较强的表现欲。

二、特殊语言

在协商的整个过程中，语速、停顿等是语言表达中不可或缺的部分，有助于表达协商者的个人情绪状态。各种声调、语言之间并不是相互孤立的，而是相互渗透、密切联系、可同时运用的，它们的使用需要从协商现场的实际情况出发，灵活地转化，从而有效地增强语言的说服力和感染力，达到促进双方有效沟通的作用。

（一）语气

同一句话，语气不同，所赋予的含义也不相同。好的协商者都善于掌握语气。当需要向对方施压时，通常采用低调但自信的语气，一方面显示不是强迫对方接受，另一方面可以引导对方理解己方的现状。

（二）语调

协商者使用不同的语调，可以传递出不同的感情。一句话用十种不同的语调来表达，就会有十种不同的表达效果。因此，在协商中可以通过对方说话声音高低的变化来观察其情绪的波动。协商者在讲话时根据需要表达不同的内容，变换不同的语调。协商者善于运用语调表达，有利于使协商语言层次分明，加强感染力。

（三）语速与节奏

语速对协商者的表达效果影响很大，语速过快，对方可能听不清表达的意思；语速过慢，又会让对方难辨主次，犹豫沉重。因此，在协商过程中，调节语速的快慢尤为重要。若协商涉及议题的重点内容或比较难以理解的内容时，应当放慢语速，增大音量；若协商涉及浅显易懂或本身节奏快的内容时，应加快语速，放小音量。节奏过慢，很难引起对方的注意和兴趣，常使对方分心；节奏过快，难以让人理解其表达的真正意图，不利于沟通。因此，调节节奏的目标是让谈判有张有弛、有扬有抑。

（四）重音和停顿

重音是说话时着重突出某个字或某个词以示强调。在协商中，为了引起对方注意，加深对方对所讲内容的印象，可在叙述的过程中重读某些语句。通过重读，让表达高低起伏、抑扬顿挫，有代入感，有利于有效沟通。停顿是因为内容表达或心理、生理的需要而在说话时所做的停歇。一般而言，当协商者在强调某一重点时，停顿会发挥极大的作用。实践表明，说话时应当每隔 30 秒钟停顿一次，一方面可以加深对方的印象，另一方面可为对方留有思考的时间，让其有机会对提出的问题作出回答或评论。

三、空间位置语言

人与人之间的空间位置是非语言沟通的一种形式，在人际交往中，通常能够凭直觉体会到与人交往应该保持多大的空间距离。在一般的协商场合，对一个人是靠近还是疏远，可在其有意或无意间体现出对他人亲密还是戒备。

人们都有保护自己空间的需要，例如，有人靠近自己坐下，甚至接触到自己身体时，自己往往会很不自然地往旁边挪动，或皱眉、瞥眼，但这并不表示拒绝与他人交往，而只是想在个体空间不受侵占的情况下自然而然地交往。在协商场合中，随意地闯入对方的个体空间是一种不明智、不礼貌的行为。

空间位置一般可以划分为公众距离、社交距离、友好距离、亲密距离四类。公众距离是指相距 3.7 米以上，在这个界限之外，人际沟通几乎为零，属于无交往、无干扰的空间，适用于不认识也无须交往的人；社交距离为 1.2~3.7 米，一般出现在工作环境、社交场合或协商场合，体现了比较公开的工作关系。协商过程中保持社交距离，不仅是因为相互关系不够亲密，还因为有使交往更加正规和庄重之意；友好距离为 44~120 厘米，彼此间可以亲切握手、拍肩搭配等，适用于亲朋好友、同事、师生、同学等；亲密距离是人际交往中最小的距离，"亲密无间"，一般距离在 44 厘米以内，适用于夫妻、恋人、父母与幼小的子女之间。

协商中的个体空间范围不是固定不变的，它会随着个性、心境、社会地位、文化背景、环境因素的改变而改变。例如，内向孤僻之人，不轻易敞开心扉，接触他人不容易，与他人之间的安全距离较大；反之，外向、开朗之人，喜欢结交朋友，与他人之间的安全距离则会缩小。协商高手一般能够有意识地选择与协商对手交往的最佳空间距离，从而改善协商的效果和提高协商的效率，更好地实现协商目标。

四、其他姿势语言

除了以上几种非语言沟通外，还有以下几种语言：

（1）头部保持中正，时而微微点头，表示此人对所谈内容既不厌烦也不十分感兴趣；若将头部侧向一边，尤其是倾向说话者一方，则表示此人对所讲内容很有兴趣；若头部垂下，甚至偶尔合眼似睡，表示此人对所讲内容兴趣索然。

（2）不断变换站、坐等体位，身体不断摇晃，表示此人焦躁或情绪不稳定。不时用一种单调的节奏轻敲桌面，则表示此人极度不安，且有戒心。

（3）咳嗽可表示焦躁不安，或是稳定情绪的缓冲，或是掩盖说谎的手段。有时因为听者对说话者过于自信或自夸的态度表示怀疑或惊讶时，用假装清清喉咙来表现个人的不信任。

（4）摘下眼镜，或拿起放在桌上的眼镜，把镜架的挂耳放在嘴边，两眼平视，表示此人想用点时间进行思考；若摘下眼镜，轻揉眼睛或轻擦镜片，表示此人对争论不休的议题感到厌烦或是喘口气准备再战；若猛推一下眼镜，上身前倾，表示此人因某事而愤怒，可能进行反攻。

（5）点上烟后却很少抽，表示此人戒备心重或心神不安；吸烟时不停地磕烟灰，表示此人内心紧张、不安或有冲突。

第三节　倾听的技巧

倾听是有效沟通的基础，不能听懂对方表达的内容就很难了解其需要和行为，就不能说服对方，从而难以实现协商的目标。从这个意义上看，听比说更加重要。

听不仅是运用耳朵这个听觉器官听，还可运用其他器官感知，如观察对方的表情和动作，设身处地地体会对方的情感和思路，用心揣摩对方的话外之音和动作，做到耳、眼、心、脑并用。

一、倾听的作用

（一）倾听是了解对方需要的最佳途径

在协商中，没有比了解对方的需要更加重要的了。因为需要是行为的原始动力，欲掌握一个人的行为必先掌握其需要。协商是改变对方行为的沟通活动，除对方的真实需要之外，还有很多信息都是可以通过倾听获得的。

（二）倾听是改善双方关系的必要手段

认真地听表明尊重对方，对谈话者的内容很感兴趣，可以给对方留下良好的印象，鼓励对方作出更多的阐述，使己方获得更多的有效信息，还有助于维持和改善双方友好、信任、合作共赢的关系。

（三）倾听是协商工作的基础

协商过程中对方态度的变化、意图的变化以及协商气氛的变化，都可以通过对方的语气、语调和用语等来进行了解，也就是说，可以通过倾听来了解对方的真实意图，从而做到有的放矢。

二、倾听的障碍

协商中有效的倾听就是能够完整、准确、及时地理解对方谈话的内容和含义。在听的方面经常存在的问题是，有听的动作，但是听的结果不能令人满意。心理学实验表明，一般情况下，听对方讲话的人通常只能记住不到1/2的讲话内容，常常是只有1/3的内容按原意听取了，1/3的内容被曲解了，另外1/3的内容则丝毫没有听进去。即使听进去的1/3的部分，不同的人对其理解也是不完全相同的。在倾听的过程中，如果不能集中自己的注意力，真实地接收信息，主动地进行理解，就会产生倾听障碍。影响倾听效率的障碍主要有三个：一是环境干扰。根据信息理论，信息传送过程中非常容易受到外部环境的干扰和影响。环境中存在的噪音、光照、色彩、事物等都会对接收者的注意力产生较大的影响，从而影响信息传递的质量。二是倾听者主观障碍。对于不合自己感情、兴趣、观点、立场、利益的话题，产生抵触和反抗情绪，戴着"有色眼镜"观察事物，所看到已经不是事物的原貌，从而导致曲解、漏听。三是受知识限制。人们因受知识、语言水平的限制，特别是专业知识与外语水平的限制而听不懂对方所讲的内容。协商一般是针对某个项目而言的，这就涉及大量的专业知识，若专业知识知之甚少，在协商过程中一旦涉及这方面的问题就难以理解。语言不仅是一种表达工具，更是文化的体现，对于语言的理解不能只看作语言翻译的问题，更多的是对语言背后的文化解读。不同的文化背景会造成语言理解上的歧义，特别是对专业术语未做约定时，这种歧义会更加明显。

三、克服倾听障碍的技巧

要实现有效倾听，就要设法克服上述的障碍。事实上，由于人们精力状态的限制，协商者不可能在妥当地回答对方问题的同时，又一字不漏地收集并理解对方全部表达的意思。因此，倾听的关键在于了解对方阐述的主要事实，理解对方表达的显在和潜在的含义，并鼓励对方进一步表述其所面临的问题以及有关想法。然而，要最终克服倾听障碍，实现有效倾听和有效沟通，则需要掌握一些倾听的技巧。

（一）调整好身体状态

协商往往不是几句话就能够解决问题、达到目的的，协商需要注意力长时间集中，没有好的身体状态是难以完成任务的。因此，协商前要保持充足的睡眠，避免大量饮酒。协商过程中要注意调节，可以利用茶歇时间小憩一会。

（二）全神贯注、集中注意力地倾听

协商人员倾听对方讲话时，要特别聚精会神，同时，要配以积极的态度。作为一名协商人员，应当避免不懂装懂，应该养成耐心倾听对方讲话的习惯，这是一名优秀协商者个人修养的标志。

（三）改正不良的倾听习惯

不要轻易打断说话者，要学会把"听"和"判断"分开，不要因轻视对方、抢话、急于反驳而放弃倾听。善于倾听、善解人意是一种美德，只有做到善解人意方能善于表达，才能善于与人合作，达到共赢的目标。

（四）利用笔记

笔记能够将信息进行有效记载，帮助己方回忆对方的发言，分析对方发言的要点，并有针对性地进行提问，从而更加充分地理解对方发言的实质和隐含的内容。另外，记笔记会给对方一个己方重视对方发言的印象，让对方产生亲切感，有助于缓和协商气氛，从而达到事半功倍的效果。

（五）有鉴别地听

有时对方的发言逻辑混乱，没有条理，在倾听的过程中还应该边听边整理，分清楚逻辑关系，理清条理层次，归纳总结其传递的信息的真伪，去粗取精、去伪存真，这既有利于避免误听、漏听，又有利于更好地读懂对方、抓住重点。

第九章

集体协商的礼仪

荀子曾言，"人无礼则不生，事无礼则不成，家无礼则不兴，国无礼则不宁"。从古到今，人们都重"礼"，用礼仪表现出内心待人接物的尊敬之情。协商礼仪则是在协商场合中的具体体现，懂得并掌握这些必要的礼仪与礼节是协商人员必须具备的基本素质。

第一节　协商礼仪概述

一、协商礼仪的含义

礼仪，是礼和仪的总称。随着社会发展，"礼"成为衡量社会行为和道德的规范和法则的总称。"仪"本意指法度、准则和规范，后来才有了礼仪和礼节的含义。

礼仪和礼节是指符合道德的行为和规范，是礼貌的体现，属于行为的外在表现形式。根据内容决定形式、形式反映内容并为内容服务的原理，一个人的礼貌意识决定了他的礼仪和礼节行为，而他的礼仪和礼节是他的礼貌意识的反映。有礼貌而不懂礼仪和礼节就容易失礼，虽有对他人尊敬友好的心意，却没有相应的效果，在与人交往时往往会出现尴尬、紧张、手足无措等情况，进而影响了相互之间的合作。而没有礼貌意识，只学些表面的礼仪和礼节形式，那只是机械模仿、故作姿态、虚情假意。因此，讲礼貌，懂礼仪和礼节应当是内在品质与外在形式的统一。懂得协商的礼仪和礼节才能在协商中明确应当做什么和如何做什么。这虽然不是协商本身的内容，但对协商的进程和结果有着重要的影响，也是协商的手段和方法之一。

二、协商礼仪的原则

从本质上讲，礼仪都是以文明为基础，以真诚为原则，以对他人的尊重为核心。

（一）真诚平等原则

协商中，真诚平等是协商礼仪的第一原则，也是协商的人际交往原则的核心。真诚，指的是真心真意的友善表现，实事求是的客观态度；平等，指的是人格的平等和礼仪活动中各方所执之礼的大体相当。

礼仪的运用基于协商人员对他人的态度，如果能抱着诚意与对方交往，那么其行为自然而然地便显示出对对方的关切与爱心。唯有以诚相待、以礼相待、表里如一，才能使你的行为举止自然得体，才能得到对方的接受和理解。平等既是人的尊严的平等，也是礼仪规格的相对应表现。一方面，无论双方的身份、背景、民族及所代表的企业等有何种的不同和差异，在交往过程中，双方都要有一个平等的态度。另一方面，在礼仪活动中必须注重"礼尚往来"，一方对另一方表现出的礼数应有对等的反应。

（二）自律宽容原则

自律宽容就是要求人们既要严于律己，又要宽以待人，这既是中国人的传统美德，也是协商人员在礼仪交往中必须遵循的原则。礼仪规范是对双方的要求，是双方的互动过程，既不使自己被动，又给对方留有充分余地，这样才能体现平等、相互尊重。严格自律是指遇事能够做到自我要求、自我约束、自我反省，时时处处用礼仪规则规范自己的言行举止，将良好的礼仪规则转化为个人素质的一部分。在协商过程中，自律还要求在交往中的行为不出格、举止不失态、言语不失礼，不能忽视礼仪细节。对对方宽容要求遇事多容忍他人、多体谅他人、多理解他人、善于换位思考，而不能求全责备、斤斤计较、过分苛求、咄咄逼人。

（三）规范适度原则

协商人员在应用协商礼仪时，为了保证取得成效，必须合乎规范、切合场景、表现适度，而不是虚伪的客套。礼仪虽然有种种的规则程序，有严格的规范性，但也并不是刻板而僵硬的。礼仪应该适度，要把握分寸、认真得体，注意做到恰到好处。既要彬彬有礼、热情大方，又要注意维护企业、团体的形象，把握好各种情况下的社交距离和彼此间的感情尺度。

（四）遵仪守时原则

协商礼仪的各种规范是人们在协商场合中应该遵循的礼仪原则和方法。自觉遵守它，并以其规范、指导自己的言谈举止。每个成员都有应用协商礼仪的义务，都要以礼仪和睦相处，不能把礼仪当作对别人的要求。

另外，遵守时间、不能失约，也是交往中极为重要的礼仪。为了遵时守约，应采取一些必要的预防措施，明确有关时间；必要时，应把日期、时间、地点等清楚地记在自己的日程上，以免遗忘。要严格遵守与他人约定的时间，不宜随便改动或取消。最后，要适时赴约，不宜早到，更不可晚到。

（五）女士优先原则

女士优先原则起源于西方，是来自中世纪欧洲骑士遗风、保护弱者还是宗教信仰已经难以考证，但当今世界多数国家已经接受这一原则。[1] 尊重妇女是一种美德，女士优先是西方社会公认的一条重要的礼仪原则。欧美人士普遍认为，在社交活动中遵守女士优先原则，是男士个人教养的基本体现，还可以显示男子气质与绅士风度。这种尊重体现在日常生活细节的关怀上，是通过一系列的具体做法来贯彻和实现的。例如，上下电梯、进出大门、入座离席、介绍引见等，女士都可以获得一种优先的权利。女士优先原则还要求，在尊重妇女、照顾妇女、体谅妇女、关心妇女、保护妇女方面，男士应对所有的妇女一视同仁。

（六）尊重隐私原则

我国传统上人与人交往，会习惯性先聊个人、家庭、工作情况，但西方

---

[1] 读者还要注意地区性差别。有些地区日常交际中，女士优先并不普遍，年龄、职位会影响对这一原则的运用，甚至有些地区男权至上的传统仍在延续，并不认同这一原则。

社会一般会将这些话题当作个人隐私问题。随着我国现代化进程的加快，也有一些人不再愿意透露个人隐私。个人隐私，泛指一个人出于个人尊严和某些方面的考虑，不愿告之于人或不愿公之于众的个人情况。在交往中，尊重个人隐私是至关重要的。在许多国家，个人隐私是受到法律保护的。之所以重视个人隐私的保护，一方面，是为了保护个人自由选择生活方式的权利；另一方面，是为了保护个人安全。

现实生活中，每个人对个人隐私范围的划定可能不同，有的人可能会把婚姻等家庭状况当成个人隐私，有的人很看重自己的年龄、收入、籍贯等。总体而言，除非是以增进感情为目的的私人交流，协商中应当避免涉及个人隐私问题。若不熟悉对方的习惯，以增进感情为目的的私人交流最好也不直接询问对方个人情况，但可通过展示自己隐私的方式测试对方隐私圈的大小，寻找对方感兴趣的话题。

三、协商礼仪的作用

协商礼仪也是一种方法和手段，因为有些问题的产生和解决都是与礼仪有关的。做得不好，会产生摩擦和阻力，节外生枝，协商破裂；做得好，有利于提高协商的效率，激活创意，促进合作共赢。因此，在协商中，礼仪的作用是显而易见的。协商礼仪主要具有以下作用：

（一）沟通作用

良好的礼仪容易使人们之间的感情得到沟通，从而建工起良好的人际关系，促进协商的成功。反之，如果不注意良好得体的协商礼仪，则很容易产生感情排斥，给对方以不佳的印象，造成人际关系紧张，进而影响协商的顺利进行。

（二）协调作用

做好协商礼仪，有助于调节感情、增进理解，加强人们之间的相互尊重、友好合作的关系，也可缓解进而消除那些不必要的障碍，消除误会，处理好分歧，促使协商成功，建立友好的合作关系。

（三）规范作用

礼仪最基本的功能就是规范各种行为，一方面，协商礼仪可指导人们在协商过程中的行为和思维习惯，充分体现长期以来共同遵守、约定俗成的惯例。礼仪规范可以使人明白应该怎么做、不应该怎么做，哪些可以做、哪些不可以做。另一方面，协商礼仪可帮助协商人员把准自己的位置、规范自己的行为、加强自身修养。

（四）形象作用

运用协商礼仪的基本目的是树立和塑造企业、团体以及个人的良好形象，展示个人的文化修养和职业道德。对于协商人员来说，商务礼仪是其思想水平、文化修养、交际能力的外在表现；对于企业和组织来说，协商礼仪是其价值观念、道德理念、职工整体素质的集中体现。协商就是要达到合作共赢，合作就必须让对方感到己方是可信赖、稳重、真诚的，这些都可以通过协商礼仪展示并传递给对方的。因此，协商礼仪已经成为直接塑造协商人员个人形象、间接塑造组织形象的重要工具和有效手段、方法。

第二节　协商礼仪的类型

一次完整的协商过程涉及双方会见、协商过程和签署集体合同三个步骤，每个步骤都有相应的礼仪要求，协商礼仪可据此划分为以下三种类型。

一、会见礼仪

见面是交往的开始，会见是协商中一个不可缺少的过程，也是协商人员给对方留下的第一印象。举止庄重大方、谈吐幽默文雅，在协商交往之初就能使对方形成牢固的心理定式，会对以后的协商活动产生兴趣，有所期待，带来积极影响。为此，协商人员对见面时的礼仪应予以特别重视。会见礼仪主要包括称呼礼和介绍礼。

（一）称呼礼

要形成良好的交往关系，首先从礼貌、友好的称呼开始。在协商过程中不称呼对方便直接开始协商是非常失礼的行为。称呼也叫称谓，即人们交谈时所使用的用以表示彼此身份与关系的名称。称呼得体、准确，既能反映自身的教养、对对方尊敬的程度，也能体现双方关系发展所达到的程度。称呼的选择要合乎常规、亲切自然，照顾被称呼者的个人习惯。不称呼或乱称呼对方，都会让对方为此不愉快，还应当避免不恰当的俗称、简称及地方性称呼。依照惯例，在协商场合和商务活动中，最正式的称呼有以下三种：（1）行政职务。可以只称呼职务，如"总经理""主任"等；也可以在职务前加上姓名或姓氏，如"张总经理"。（2）技术职称、职务。可以仅称呼职称、职务，如"教授""律师"等；也可以在职称、职务前加上姓名或姓氏，如"李教授""王律师"等。（3）泛尊称。即先生、女士等。

（二）介绍礼

介绍是指经过自己主动沟通，或者通过第三人从中沟通，从而使交往双方相互认识、建立联系、增进了解的一种最基本、最常规的交往方式。由于人际交往的广泛性，在协商活动中会经常结识一些新的面孔，这就离不开自我介绍、为他人介绍等，所以介绍是商务协商活动中的重要环节。

1. 自我介绍

自我介绍是指当自己与他人初次见面时，由自己主动向他人介绍自己，或是应他人的请求对自己的情况作一定程度的介绍。自我介绍应根据当时的具体场合、具体对象以及实际需要来确定自我介绍的内容。一般来说，自我介绍的内容比较简单。进行自我介绍时要注意以下几点：一是内容要实事求是、真实可信；二是要充满自信，态度自然、友善、随和，语速不快不慢，目光正视对方；三是要简洁、清晰，一般不宜过长，不超过一分钟最佳；四要选择好时间，当对方无兴趣、无要求，或正在用餐、处理事物时，切勿打扰。

2. 为他人介绍

在协商活动中，人人都有可能承担介绍他人的义务。在为他人介绍时，介绍的内容大体与自我介绍的内容相仿，介绍时多用敬辞、谦辞、尊称。在作具体介绍时应面带微笑、表情自然，无论介绍哪一位，都应有礼貌地平举右手掌示意，并且眼神要随手势指向被介绍者，向对方点头微笑。

二、协商礼仪

（一）参加协商人员的礼仪要求

1. 气质

气质是指人们稳定的个性特点、风格和气度。良好的气质是以人的文化素养、文明程度、思想品质和生活态度为基础的。一个人具备什么样的气质，对其精神面貌有很大的影响。在现实生活中，有些人只注意穿着打扮，而不注意文化素养和思想品质，尽管精心打扮却不能给人以美感，反而显得庸俗做作。气质首先应当表现在丰富的内心世界上，思想则是内心世界的重要内容。优良品德是气质美的一个重要方面，为人诚恳、心地善良是其具体表现。文化水平在一定程度上对气质起者很大的影响作用。气质通过一个人的态度、个性、语言和行为等表现出来，举手投足、待人接物都属此列。

2. 风度

风度是气质、知识及素质的外在表现。它主要有五个方面的要求：一是饱满的精神状态。协商人员如果一进场，就给人一种神采奕奕、精力充沛、自信而又有活力的感觉，这样能激发对方的兴趣，活跃会场的气氛。二是诚恳的待人态度。对协商对方均表现出诚恳而坦率的态度，端庄而不冷漠、谦逊而不矫作、热情而不轻佻。三是受欢迎的性格。性格是表现人的态度和行为特点的较稳定的心理特征。要使自己的风度得到别人的赞美，就应当加强自身的修养。要大方、自重、认真、活泼、直爽，尽量克服性格中的弱点，如傲慢、幼稚等，千万不能因小失大。四是幽默文雅的谈吐。语言是风度的窗口，说话时要言之有据、言之有理、言之有物、言之有味，如果满口粗话、出言不逊，就谈不上有风度了。五是洒脱的仪表礼节。一个人仪表秀美整洁、俊逸潇洒，就能使人乐于亲近。这种魅力不仅在于长相和衣着方面，更在于人的气质和仪态，这是人内在品格的自然流露。

3. 表情

反映表情最敏感的部位是头部、背部和肩膀，通过观察这些部位的变化，可以窥见协商人员的内心世界。协商人员要特别注意面部的表情，表情务必率真、自然。面部表情的表达关键在于眼睛的变化，协商人员的目光交流十分重要，个人的情绪变化都可体现在眼神中。当然除了眼睛之外，口唇的变化和面部肌肉的变化也自然会改变面部的表情。面部的表情，只有用得恰当，才可能产生正面的交流作用。

4. 服饰

协商人员的服饰是决定其形象的重要因素，服装的色调、清洁状况、装饰品的多少，都深刻反映了协商人员的心理特征。协商服饰要从三个方面予以重视：一是服装配色的艺术。色调是影响服装美观度的重要因素之一，衣服面料的色调要与环境、穿衣者的年龄以及职业相协调，颜色协调了就是美。二是款式与体形。服装的新颖款式可以给人增添魅力，能使自然美和气质更加突出，也能弥补原有体形、气质上的不足。协商人员的服装是影响协商人员形象的重要因素，服装的色调与清洁状态，反映了协商人员的心理特征、审美观念。一般来说，协商人员的服装与款式应当美观、大方和整洁，但由于服饰属于文化习俗的范围，不同的文化背景对服装与款式有不同的要求。三是装饰物。协商人员的装饰物要恰到好处，适当的点缀可以增加亮点，但过多的装饰会惹人厌烦。一般可以佩戴上正式的徽章，例如，团徽、党徽、组织徽章等，不仅可以表明个人身份，还可以起到点缀美化的效果。

（二）合理安排协商位置

有的协商者为了消除桌子所显示的"权力"，干脆搬掉所有的像桌子一类的东西；有的协商者则把放文件或杯子的桌子摆在双方的身后或旁边。然而，较为保守的人对这种位置安排不以为然，他们认为，面前没有桌子或类似的东西就有种失落感。为了不使他们感到困窘，可以在前面摆上桌子，但当协商只有两个人的时候应尽量避免面对面地坐着。安排面谈不仅要摆放好桌椅，还要适时适量地提供一些茶点、冷饮等，另外要尽量避免电话或来访者的干扰。

（三）营造适宜的协商气氛

协商是为了互惠、合作共赢，成熟的双方协商人员都会努力寻求互利互惠的最佳结果。为了达到这一目的，协商双方应秉持诚挚、合作和认真的态度，同时要营造和谐、轻松的气氛。这需要有一定的时间，不能在协商刚开始不久就进入实质性协商。因此，要花足够的时间，利用各种因素，协调双方的思想或行动。在协商进入正式的话题之前，谈些中性话题最为合适，轻松而非业务性的话题容易引起共鸣，有利于创造和谐的气氛。

三、签约礼仪

（一）签约仪式的准备

1. 布置签字厅

签字厅在布置上应该遵循庄严、整洁的原则，除了必要的座椅之外，不需要过多的设施和装饰。签字桌最好设计为长方形，铺设红色或者绿色的台布，并在上面放置与会者的姓名牌。同时，放置两把座椅，供双方签字人签字时就座，座位一般应正对门口，并事先准备好签字所需文具。

2. 确定出席签约仪式人数

一般来说，参加签约仪式的双方或多方的人数应大致相同。如一方要求未参加会谈的人员出席，另一方应予以同意，但各方出席签约仪式的人数最好相当。也有例外，为了表示对要签订的协议的重视，往往由更多或更高的领导人出席签约仪式，此时就不必坚持"对等、相当"的要求了。

3. 安排签字时的座次

签字时各方代表的座次，是由主方代为先期排定的。合乎礼仪的座次排列做法一般为：在签署双边合同时，双方主签人应当坐在签字桌后面，面对正门，其中，客方签字人应坐在右侧，主方签字人应坐在左侧。其他人应站在双方主签人的外侧。双方其他的随员，可以按照一定的顺序在己方签字人的正对面就座。也可以依照职位的高低，依次自左至右或自右至左地排为一行，站立于己方签字人身后。

4. 准备代签的协议

在签署协议时，应该拟定协议的最终文本，这个最终文本是不可修改且应是双方一致同意的正式文本。这个正式文本的形成，应该是双方共同定稿、校对、印制和装订的。除了正本之外，还应准备一份副本。另外，一般的协议应该是大八开（285mm×420mm）的设计，以方便双方保存。

(二) 签字仪式的程序

1. 仪式开始

出席签字仪式的人员基本都是双方参加协商的人员，双方人员数量和级别基本相当。签字人是签字仪式的主角，一般为公司的最高领导和职工方的首席代表。

双方签字人同时入座，助签人在其外侧负责将椅子拉出，打开合同文本并把笔递给签字人，向签字人指明具体的签字位置。

2. 正式签署

各方签字人再次确认合同内容，若无异议，则在规定的位置上签字，之后由各方助签人相互交换合同文本，再在第二份合同上签字。按惯例，各方签字人先签的是己方保存的合同文本，交换后再签的是对方保存的合同文本。

3. 交换合同文本

各方主签人起身离座至桌子中间，正式交换各自签好的合同文本，而且交换文本时要用右手。一般来说，用左手传递东西是不礼貌、不文雅的。同时，双方握手或者拥抱，互致祝贺，或者交换刚刚签字用的笔作为纪念，其他成员则鼓掌祝贺。

附　录

中华人民共和国劳动法

（1994 年 7 月 5 日第八届全国人民代表大会常务委员会第八次会议通过
根据 2009 年 8 月 27 日第十一届全国人民代表大会常务委员会第十次会议
《关于修改部分法律的决定》第一次修正　根据 2018 年 12 月 29 日第十三届
全国人民代表大会常务委员会第七次会议《关于修改〈中华人民共和国劳动
法〉等七部法律的决定》第二次修正）

第一章　总　　则

第一条　为了保护劳动者的合法权益，调整劳动关系，建立和维护适应社会
主义市场经济的劳动制度，促进经济发展和社会进步，根据宪法，制定本法。

第二条　在中华人民共和国境内的企业、个体经济组织（以下统称用人单
位）和与之形成劳动关系的劳动者，适用本法。

国家机关、事业组织、社会团体和与之建立劳动合同关系的劳动者，依照本
法执行。

第三条　劳动者享有平等就业和选择职业的权利、取得劳动报酬的权利、休息
休假的权利、获得劳动安全卫生保护的权利、接受职业技能培训的权利、享受社会
保险和福利的权利、提请劳动争议处理的权利以及法律规定的其他劳动权利。

劳动者应当完成劳动任务，提高职业技能，执行劳动安全卫生规程，遵守劳
动纪律和职业道德。

第四条　用人单位应当依法建立和完善规章制度，保障劳动者享有劳动权利
和履行劳动义务。

第五条　国家采取各种措施，促进劳动就业，发展职业教育，制定劳动标
准，调节社会收入，完善社会保险，协调劳动关系，逐步提高劳动者的生活
水平。

第六条　国家提倡劳动者参加社会义务劳动，开展劳动竞赛和合理化建议活

动，鼓励和保护劳动者进行科学研究、技术革新和发明创造，表彰和奖励劳动模范和先进工作者。

第七条 劳动者有权依法参加和组织工会。

工会代表和维护劳动者的合法权益，依法独立自主地开展活动。

第八条 劳动者依照法律规定，通过职工大会、职工代表大会或者其他形式，参与民主管理或者就保护劳动者合法权益与用人单位进行平等协商。

第九条 国务院劳动行政部门主管全国劳动工作。

县级以上地方人民政府劳动行政部门主管本行政区域内的劳动工作。

第二章 促进就业

第十条 国家通过促进经济和社会发展，创造就业条件，扩大就业机会。

国家鼓励企业、事业组织、社会团体在法律、行政法规规定的范围内兴办产业或者拓展经营，增加就业。

国家支持劳动者自愿组织起来就业和从事个体经营实现就业。

第十一条 地方各级人民政府应当采取措施，发展多种类型的职业介绍机构，提供就业服务。

第十二条 劳动者就业，不因民族、种族、性别、宗教信仰不同而受歧视。

第十三条 妇女享有与男子平等的就业权利。在录用职工时，除国家规定的不适合妇女的工种或者岗位外，不得以性别为由拒绝录用妇女或者提高对妇女的录用标准。

第十四条 残疾人、少数民族人员、退出现役的军人的就业，法律、法规有特别规定的，从其规定。

第十五条 禁止用人单位招用未满十六周岁的未成年人。

文艺、体育和特种工艺单位招用未满十六周岁的未成年人，必须遵守国家有关规定，并保障其接受义务教育的权利。

第三章 劳动合同和集体合同

第十六条 劳动合同是劳动者与用人单位确立劳动关系、明确双方权利和义务的协议。

建立劳动关系应当订立劳动合同。

第十七条　订立和变更劳动合同，应当遵循平等自愿、协商一致的原则，不得违反法律、行政法规的规定。

劳动合同依法订立即具有法律约束力，当事人必须履行劳动合同规定的义务。

第十八条　下列劳动合同无效：

（一）违反法律、行政法规的劳动合同；

（二）采取欺诈、威胁等手段订立的劳动合同。

无效的劳动合同，从订立的时候起，就没有法律约束力。确认劳动合同部分无效的，如果不影响其余部分的效力，其余部分仍然有效。

劳动合同的无效，由劳动争议仲裁委员会或者人民法院确认。

第十九条　劳动合同应当以书面形式订立，并具备以下条款：

（一）劳动合同期限；

（二）工作内容；

（三）劳动保护和劳动条件；

（四）劳动报酬；

（五）劳动纪律；

（六）劳动合同终止的条件；

（七）违反劳动合同的责任。劳动合同除前款规定的必备条款外，当事人可以协商约定其他内容。

第二十条　劳动合同的期限分为有固定期限、无固定期限和以完成一定的工作为期限。

劳动者在同一用人单位连续工作满十年以上，当事人双方同意续延劳动合同的，如果劳动者提出订立无固定期限的劳动合同，应当订立无固定期限的劳动合同。

第二十一条　劳动合同可以约定试用期。试用期最长不得超过六个月。

第二十二条　劳动合同当事人可以在劳动合同中约定保守用人单位商业秘密的有关事项。

第二十三条　劳动合同期满或者当事人约定的劳动合同终止条件出现，劳动合同即行终止。

第二十四条　经劳动合同当事人协商一致，劳动合同可以解除。

第二十五条　劳动者有下列情形之一的，用人单位可以解除劳动合同：

（一）在试用期间被证明不符合录用条件的；

（二）严重违反劳动纪律或者用人单位规章制度的；

（三）严重失职，营私舞弊，对用人单位利益造成重大损害的；

（四）被依法追究刑事责任的。

第二十六条　有下列情形之一的，用人单位可以解除劳动合同，但是应当提前三十日以书面形式通知劳动者本人：

（一）劳动者患病或者非因工负伤，医疗期满后，不能从事原工作也不能从事由用人单位另行安排的工作的；

（二）劳动者不能胜任工作，经过培训或者调整工作岗位，仍不能胜任工作的；

（三）劳动合同订立时所依据的客观情况发生重大变化，致使原劳动合同无法履行，经当事人协商不能就变更劳动合同达成协议的。

第二十七条　用人单位濒临破产进行法定整顿期间或者生产经营状况发生严重困难，确需裁减人员的，应当提前三十日向工会或者全体职工说明情况，听取工会或者职工的意见，经向劳动行政部门报告后，可以裁减人员。

用人单位依据本条规定裁减人员，在六个月内录用人员的，应当优先录用被裁减的人员。

第二十八条　用人单位依据本法第二十四条、第二十六条、第二十七条的规定解除劳动合同的，应当依照国家有关规定给予经济补偿。

第二十九条　劳动者有下列情形之一的，用人单位不得依据本法第二十六条、第二十七条的规定解除劳动合同：

（一）患职业病或者因工负伤并被确认丧失或者部分丧失劳动能力的；

（二）患病或者负伤，在规定的医疗期内的；

（三）女职工在孕期、产期、哺乳期内的；

（四）法律、行政法规规定的其他情形。

第三十条　用人单位解除劳动合同，工会认为不适当的，有权提出意见。如果用人单位违反法律、法规或者劳动合同，工会有权要求重新处理；劳动者申请仲裁或者提起诉讼的，工会应当依法给予支持和帮助。

第三十一条　劳动者解除劳动合同，应当提前三十日以书面形式通知用人单位。

第三十二条　有下列情形之一的，劳动者可以随时通知用人单位解除劳动合同：

（一）在试用期内的；

（二）用人单位以暴力、威胁或者非法限制人身自由的手段强迫劳动的；

（三）用人单位未按照劳动合同约定支付劳动报酬或者提供劳动条件的。

第三十三条　企业职工一方与企业可以就劳动报酬、工作时间、休息休假、劳动安全卫生、保险福利等事项，签订集体合同。

集体合同草案应当提交职工代表大会或者全体职工讨论通过。集体合同由工会代表职工与企业签订；没有建立工会的企业，由职工推举的代表与企业签订。

第三十四条　集体合同签订后应当报送劳动行政部门；劳动行政部门自收到集体合同文本之日起十五日内未提出异议的，集体合同即行生效。

第三十五条　依法签订的集体合同对企业和企业全体职工具有约束力。职工个人与企业订立的劳动合同中劳动条件和劳动报酬等标准不得低于集体合同的规定。

第四章　工作时间和休息休假

第三十六条　国家实行劳动者每日工作时间不超过八小时、平均每周工作时间不超过四十四小时的工时制度。

第三十七条　对实行计件工作的劳动者，用人单位应当根据本法第三十六条规定的工时制度合理确定其劳动定额和计件报酬标准。

第三十八条　用人单位应当保证劳动者每周至少休息一日。

第三十九条　企业因生产特点不能实行本法第三十六条、第三十八条规定的，经劳动行政部门批准，可以实行其他工作和休息办法。

第四十条　用人单位在下列节日期间应当依法安排劳动者休假：

（一）元旦；

（二）春节；

（三）国际劳动节；

（四）国庆节；

（五）法律、法规规定的其他休假节日。

第四十一条　用人单位由于生产经营需要，经与工会和劳动者协商后可以延长工作时间，一般每日不得超过一小时；因特殊原因需要延长工作时间的，在保障劳动者身体健康的条件下延长工作时间每日不得超过三小时，但是每月不得超过三十六小时。

第四十二条　有下列情形之一的，延长工作时间不受本法第四十一条规定的限制：

（一）发生自然灾害、事故或者因其他原因，威胁劳动者生命健康和财产安全，需要紧急处理的；

（二）生产设备、交通运输线路、公共设施发生故障，影响生产和公众利益，必须及时抢修的；

（三）法律、行政法规规定的其他情形。

第四十三条　用人单位不得违反本法规定延长劳动者的工作时间。

第四十四条　有下列情形之一的，用人单位应当按照下列标准支付高于劳动者正常工作时间工资的工资报酬：

（一）安排劳动者延长工作时间的，支付不低于工资的百分之一百五十的工资报酬；

（二）休息日安排劳动者工作又不能安排补休的，支付不低于工资的百分之二百的工资报酬；

（三）法定休假日安排劳动者工作的，支付不低于工资的百分之三百的工资报酬。

第四十五条　国家实行带薪年休假制度。劳动者连续工作一年以上的，享受带薪年休假。具体办法由国务院规定。

第五章　工　　资

第四十六条　工资分配应当遵循按劳分配原则，实行同工同酬。

工资水平在经济发展的基础上逐步提高。国家对工资总量实行宏观调控。

第四十七条　用人单位根据本单位的生产经营特点和经济效益，依法自主确定本单位的工资分配方式和工资水平。

第四十八条　国家实行最低工资保障制度。最低工资的具体标准由省、自治区、直辖市人民政府规定，报国务院备案。

用人单位支付劳动者的工资不得低于当地最低工资标准。

第四十九条　确定和调整最低工资标准应当综合参考下列因素：

（一）劳动者本人及平均赡养人口的最低生活费用；

（二）社会平均工资水平；

（三）劳动生产率；

（四）就业状况；

（五）地区之间经济发展水平的差异。

第五十条　工资应当以货币形式按月支付给劳动者本人。不得克扣或者无故拖欠劳动者的工资。

第五十一条　劳动者在法定休假日和婚丧假期间以及依法参加社会活动期间，用人单位应当依法支付工资。

第六章　劳动安全卫生

第五十二条　用人单位必须建立、健全劳动安全卫生制度，严格执行国家劳动安全卫生规程和标准，对劳动者进行劳动安全卫生教育，防止劳动过程中的事故，减少职业危害。

第五十三条　劳动安全卫生设施必须符合国家规定的标准。

新建、改建、扩建工程的劳动安全卫生设施必须与主体工程同时设计、同时施工、同时投入生产和使用。

第五十四条　用人单位必须为劳动者提供符合国家规定的劳动安全卫生条件和必要的劳动防护用品，对从事有职业危害作业的劳动者应当定期进行健康检查。

第五十五条　从事特种作业的劳动者必须经过专门培训并取得特种作业资格。

第五十六条　劳动者在劳动过程中必须严格遵守安全操作规程。

劳动者对用人单位管理人员违章指挥、强令冒险作业，有权拒绝执行；对危害生命安全和身体健康的行为，有权提出批评、检举和控告。

第五十七条　国家建立伤亡事故和职业病统计报告和处理制度。县级以上各级人民政府劳动行政部门、有关部门和用人单位应当依法对劳动者在劳动过程中发生的伤亡事故和劳动者的职业病状况，进行统计、报告和处理。

第七章　女职工和未成年工特殊保护

第五十八条　国家对女职工和未成年工实行特殊劳动保护。

未成年工是指年满十六周岁未满十八周岁的劳动者。

第五十九条　禁止安排女职工从事矿山井下、国家规定的第四级体力劳动强度的劳动和其他禁忌从事的劳动。

第六十条　不得安排女职工在经期从事高处、低温、冷水作业和国家规定的第三级体力劳动强度的劳动。

第六十一条　不得安排女职工在怀孕期间从事国家规定的第三级体力劳动强度的劳动和孕期禁忌从事的劳动。对怀孕七个月以上的女职工，不得安排其延长工作时间和夜班劳动。

第六十二条　女职工生育享受不少于九十天的产假。

第六十三条　不得安排女职工在哺乳未满一周岁的婴儿期间从事国家规定的第三级体力劳动强度的劳动和哺乳期禁忌从事的其他劳动，不得安排其延长工作时间和夜班劳动。

第六十四条　不得安排未成年工从事矿山井下、有毒有害、国家规定的第四级体力劳动强度的劳动和其他禁忌从事的劳动。

第六十五条　用人单位应当对未成年工定期进行健康检查。

第八章　职业培训

第六十六条　国家通过各种途径，采取各种措施，发展职业培训事业，开发劳动者的职业技能，提高劳动者素质，增强劳动者的就业能力和工作能力。

第六十七条　各级人民政府应当把发展职业培训纳入社会经济发展的规划，鼓励和支持有条件的企业、事业组织、社会团体和个人进行各种形式的职业培训。

第六十八条 用人单位应当建立职业培训制度，按照国家规定提取和使用职业培训经费，根据本单位实际，有计划地对劳动者进行职业培训。

从事技术工种的劳动者，上岗前必须经过培训。

第六十九条 国家确定职业分类，对规定的职业制定职业技能标准，实行职业资格证书制度，由经备案的考核鉴定机构负责对劳动者实施职业技能考核鉴定。

第九章　社会保险和福利

第七十条 国家发展社会保险事业，建立社会保险制度，设立社会保险基金，使劳动者在年老、患病、工伤、失业、生育等情况下获得帮助和补偿。

第七十一条 社会保险水平应当与社会经济发展水平和社会承受能力相适应。

第七十二条 社会保险基金按照保险类型确定资金来源，逐步实行社会统筹。用人单位和劳动者必须依法参加社会保险，缴纳社会保险费。

第七十三条 劳动者在下列情形下，依法享受社会保险待遇：

（一）退休；

（二）患病、负伤；

（三）因工伤残或者患职业病；

（四）失业；

（五）生育。

劳动者死亡后，其遗属依法享受遗属津贴。

劳动者享受社会保险待遇的条件和标准由法律、法规规定。

劳动者享受的社会保险金必须按时足额支付。

第七十四条 社会保险基金经办机构依照法律规定收支、管理和运营社会保险基金，并负有使社会保险基金保值增值的责任。

社会保险基金监督机构依照法律规定，对社会保险基金的收支、管理和运营实施监督。

社会保险基金经办机构和社会保险基金监督机构的设立和职能由法律规定。

任何组织和个人不得挪用社会保险基金。

第七十五条　国家鼓励用人单位根据本单位实际情况为劳动者建立补充保险。

国家提倡劳动者个人进行储蓄性保险。

第七十六条　国家发展社会福利事业，兴建公共福利设施，为劳动者休息、休养和疗养提供条件。

用人单位应当创造条件，改善集体福利，提高劳动者的福利待遇。

第十章　劳动争议

第七十七条　用人单位与劳动者发生劳动争议，当事人可以依法申请调解、仲裁、提起诉讼，也可以协商解决。

调解原则适用于仲裁和诉讼程序。

第七十八条　解决劳动争议，应当根据合法、公正、及时处理的原则，依法维护劳动争议当事人的合法权益。

第七十九条　劳动争议发生后，当事人可以向本单位劳动争议调解委员会申请调解；调解不成，当事人一方要求仲裁的，可以向劳动争议仲裁委员会申请仲裁。当事人一方也可以直接向劳动争议仲裁委员会申请仲裁。对仲裁裁决不服的，可以向人民法院提起诉讼。

第八十条　在用人单位内，可以设立劳动争议调解委员会。劳动争议调解委员会由职工代表、用人单位代表和工会代表组成。劳动争议调解委员会主任由工会代表担任。

劳动争议经调解达成协议的，当事人应当履行。

第八十一条　劳动争议仲裁委员会由劳动行政部门代表、同级工会代表、用人单位方面的代表组成。劳动争议仲裁委员会主任由劳动行政部门代表担任。

第八十二条　提出仲裁要求的一方应当自劳动争议发生之日起六十日内向劳动争议仲裁委员会提出书面申请。仲裁裁决一般应在收到仲裁申请的六十日内作出。对仲裁裁决无异议的，当事人必须履行。

第八十三条　劳动争议当事人对仲裁裁决不服的，可以自收到仲裁裁决书之日起十五日内向人民法院提起诉讼。一方当事人在法定期限内不起诉又不履行仲裁裁决的，另一方当事人可以申请人民法院强制执行。

第八十四条　因签订集体合同发生争议，当事人协商解决不成的，当地人民政府劳动行政部门可以组织有关各方协调处理。

因履行集体合同发生争议，当事人协商解决不成的，可以向劳动争议仲裁委员会申请仲裁；对仲裁裁决不服的，可以自收到仲裁裁决书之日起十五日内向人民法院提起诉讼。

第十一章　监督检查

第八十五条　县级以上各级人民政府劳动行政部门依法对用人单位遵守劳动法律、法规的情况进行监督检查，对违反劳动法律、法规的行为有权制止，并责令改正。

第八十六条　县级以上各级人民政府劳动行政部门监督检查人员执行公务，有权进入用人单位了解执行劳动法律、法规的情况，查阅必要的资料，并对劳动场所进行检查。

县级以上各级人民政府劳动行政部门监督检查人员执行公务，必须出示证件，秉公执法并遵守有关规定。

第八十七条　县级以上各级人民政府有关部门在各自职责范围内，对用人单位遵守劳动法律、法规的情况进行监督。

第八十八条　各级工会依法维护劳动者的合法权益，对用人单位遵守劳动法律、法规的情况进行监督。

任何组织和个人对于违反劳动法律、法规的行为有权检举和控告。

第十二章　法律责任

第八十九条　用人单位制定的劳动规章制度违反法律、法规规定的，由劳动行政部门给予警告，责令改正；对劳动者造成损害的，应当承担赔偿责任。

第九十条　用人单位违反本法规定，延长劳动者工作时间的，由劳动行政部门给予警告，责令改正，并可以处以罚款。

第九十一条　用人单位有下列侵害劳动者合法权益情形之一的，由劳动行政部门责令支付劳动者的工资报酬、经济补偿，并可以责令支付赔偿金：

（一）克扣或者无故拖欠劳动者工资的；

（二）拒不支付劳动者延长工作时间工资报酬的；

（三）低于当地最低工资标准支付劳动者工资的；

（四）解除劳动合同后，未依照本法规定给予劳动者经济补偿的。

第九十二条 用人单位的劳动安全设施和劳动卫生条件不符合国家规定或者未向劳动者提供必要的劳动防护用品和劳动保护设施的，由劳动行政部门或者有关部门责令改正，可以处以罚款；情节严重的，提请县级以上人民政府决定责令停产整顿；对事故隐患不采取措施，致使发生重大事故，造成劳动者生命和财产损失的，对责任人员依照刑法有关规定追究刑事责任。

第九十三条 用人单位强令劳动者违章冒险作业，发生重大伤亡事故，造成严重后果的，对责任人员依法追究刑事责任。

第九十四条 用人单位非法招用未满十六周岁的未成年人的，由劳动行政部门责令改正，处以罚款；情节严重的，由市场监督管理部门吊销营业执照。

第九十五条 用人单位违反本法对女职工和未成年工的保护规定，侵害其合法权益的，由劳动行政部门责令改正，处以罚款；对女职工或者未成年工造成损害的，应当承担赔偿责任。

第九十六条 用人单位有下列行为之一，由公安机关对责任人员处以十五日以下拘留、罚款或者警告；构成犯罪的，对责任人员依法追究刑事责任：

（一）以暴力、威胁或者非法限制人身自由的手段强迫劳动的；

（二）侮辱、体罚、殴打、非法搜查和拘禁劳动者的。

第九十七条 由于用人单位的原因订立的无效合同，对劳动者造成损害的，应当承担赔偿责任。

第九十八条 用人单位违反本法规定的条件解除劳动合同或者故意拖延不订立劳动合同的，由劳动行政部门责令改正；对劳动者造成损害的，应当承担赔偿责任。

第九十九条 用人单位招用尚未解除劳动合同的劳动者，对原用人单位造成经济损失的，该用人单位应当依法承担连带赔偿责任。

第一百条 用人单位无故不缴纳社会保险费的，由劳动行政部门责令其限期缴纳；逾期不缴的，可以加收滞纳金。

第一百零一条 用人单位无理阻挠劳动行政部门、有关部门及其工作人员行使监督检查权，打击报复举报人员的，由劳动行政部门或者有关部门处以罚款；构成犯罪的，对责任人员依法追究刑事责任。

第一百零二条　劳动者违反本法规定的条件解除劳动合同或者违反劳动合同中约定的保密事项，对用人单位造成经济损失的，应当依法承担赔偿责任。

第一百零三条　劳动行政部门或者有关部门的工作人员滥用职权、玩忽职守、徇私舞弊，构成犯罪的，依法追究刑事责任；不构成犯罪的，给予行政处分。

第一百零四条　国家工作人员和社会保险基金经办机构的工作人员挪用社会保险基金，构成犯罪的，依法追究刑事责任。

第一百零五条　违反本法规定侵害劳动者合法权益，其他法律、行政法规已规定处罚的，依照该法律、行政法规的规定处罚。

第十三章　附　　则

第一百零六条　省、自治区、直辖市人民政府根据本法和本地区的实际情况，规定劳动合同制度的实施步骤，报国务院备案。

第一百零七条　本法自 1995 年 1 月 1 日起施行。

中华人民共和国劳动合同法

(2007 年 6 月 29 日第十届全国人民代表大会常务委员会第二十八次会议通过　根据 2012 年 12 月 28 日第十一届全国人民代表大会常务委员会第三十次会议《关于修改〈中华人民共和国劳动合同法〉的决定》修正)

第一章　总　　则

第一条　立法宗旨

为了完善劳动合同制度，明确劳动合同双方当事人的权利和义务，保护劳动者的合法权益，构建和发展和谐稳定的劳动关系，制定本法。

第二条　适用范围

中华人民共和国境内的企业、个体经济组织、民办非企业单位等组织（以下称用人单位）与劳动者建立劳动关系，订立、履行、变更、解除或者终止劳动合同，适用本法。

国家机关、事业单位、社会团体和与其建立劳动关系的劳动者，订立、履行、变更、解除或者终止劳动合同，依照本法执行。

第三条　基本原则

订立劳动合同，应当遵循合法、公平、平等自愿、协商一致、诚实信用的原则。

依法订立的劳动合同具有约束力，应当遵循合法、公平、平等自愿、协商一致、诚实信用的原则。

第四条　规章制度

用人单位应当依法建立和完善劳动规章制度，保障劳动者享有劳动权利、履行劳动义务。

用人单位在制定、修改或者决定有关劳动报酬、工作时间、休息休假、劳动安全卫生、保险福利、职工培训、劳动纪律以及劳动定额管理等直接涉及劳动者切身利益的规章制度或者重大事项时，应当经职工代表大会或者全体职工讨论，提出方案和意见，与工会或者职工代表平等协商确定。

在规章制度和重大事项决定实施过程中，工会或者职工认为不适当的，有权向用人单位提出，通过协商予以修改完善。

用人单位应当将直接涉及劳动者切身利益的规章制度和重大事项决定公示，或者告知劳动者。

第五条　协调劳动关系三方机制

县级以上人民政府劳动行政部门会同工会和企业方面代表，建立健全协调劳动关系三方机制，共同研究解决有关劳动关系的重大问题。

第六条　集体协商机制

工会应当帮助、指导劳动者与用人单位依法订立和履行劳动合同，并与用人单位建立集体协商机制，维护劳动者的合法权益。

第二章　劳动合同的订立

第七条　劳动关系的建立

用人单位自用工之日起即与劳动者建立劳动关系。用人单位应当建立职工名册备查。

第八条　用人单位的告知义务和劳动者的说明义务

用人单位招用劳动者时，应当如实告知劳动者工作内容、工作条件、工作地点、职业危害、安全生产状况、劳动报酬，以及劳动者要求了解的其他情况；用人单位有权了解劳动者与劳动合同直接相关的基本情况，劳动者应当如实说明。

第九条　用人单位不得扣押劳动者证件和要求提供担保

用人单位招用劳动者，不得扣押劳动者的居民身份证和其他证件，不得要求劳动者提供担保或者以其他名义向劳动者收取财物。

第十条　订立书面劳动合同

建立劳动关系，应当订立书面劳动合同。

已建立劳动关系，未同时订立书面劳动合同的，应当自用工之日起一个月内订立书面劳动合同。

用人单位与劳动者在用工前订立劳动合同的，劳动关系自用工之日起建立。

第十一条　未订立书面劳动合同时劳动报酬不明确的解决

用人单位未在用工的同时订立书面劳动合同，与劳动者约定的劳动报酬不明确的，新招用的劳动者的劳动报酬按照集体合同规定的标准执行；没有集体合同或者集体合同未规定的，实行同工同酬。

第十二条 劳动合同的种类

劳动合同分为固定期限劳动合同、无固定期限劳动合同和以完成一定工作任务为期限的劳动合同。

第十三条 固定期限劳动合同

固定期限劳动合同，是指用人单位与劳动者约定合同终止时间的劳动合同。

用人单位与劳动者协商一致，可以订立固定期限劳动合同。

第十四条 无固定期限劳动合同

无固定期限劳动合同，是指用人单位与劳动者约定无确定终止时间的劳动合同。

用人单位与劳动者协商一致，可以订立无固定期限劳动合同。有下列情形之一，劳动者提出或者同意续订、订立劳动合同的，除劳动者提出订立固定期限劳动合同外，应当订立无固定期限劳动合同：

（一）劳动者在该用人单位连续工作满十年的；

（二）用人单位初次实行劳动合同制度或者国有企业改制重新订立劳动合同时，劳动者在该用人单位连续工作满十年且距法定退休年龄不足十年的；

（三）连续订立二次固定期限劳动合同，且劳动者没有本法第三十九条和第四十条第一项、第二项规定的情形，续订劳动合同的。

用人单位自用工之日起满一年不与劳动者订立书面劳动合同的，视为用人单位与劳动者已订立无固定期限劳动合同。

第十五条 以完成一定工作任务为期限的劳动合同

以完成一定工作任务为期限的劳动合同，是指用人单位与劳动者约定以某项工作的完成为合同期限的劳动合同。

用人单位与劳动者协商一致，可以订立以完成一定工作任务为期限的劳动合同。

第十六条 劳动合同的生效

劳动合同由用人单位与劳动者协商一致，并经用人单位与劳动者在劳动合同文本上签字或者盖章生效。

劳动合同文本由用人单位和劳动者各执一份。

第十七条　劳动合同的内容

劳动合同应当具备以下条款：

（一）用人单位的名称、住所和法定代表人或者主要负责人；

（二）劳动者的姓名、住址和居民身份证或者其他有效身份证件号码；

（三）劳动合同期限；

（四）工作内容和工作地点；

（五）工作时间和休息休假；

（六）劳动报酬；

（七）社会保险；

（八）劳动保护、劳动条件和职业危害防护；

（九）法律、法规规定应当纳入劳动合同的其他事项。

劳动合同除前款规定的必备条款外，用人单位与劳动者可以约定试用期、培训、保守秘密、补充保险和福利待遇等其他事项。

第十八条　劳动合同对劳动报酬和劳动条件约定不明确的解决

劳动合同对劳动报酬和劳动条件等标准约定不明确，引发争议的，用人单位与劳动者可以重新协商；协商不成的，适用集体合同规定；没有集体合同或者集体合同未规定劳动报酬的，实行同工同酬；没有集体合同或者集体合同未规定劳动条件等标准的，适用国家有关规定。

第十九条　试用期

劳动合同期限三个月以上不满一年的，试用期不得超过一个月；劳动合同期限一年以上不满三年的，试用期不得超过二个月；三年以上固定期限和无固定期限的劳动合同，试用期不得超过六个月。

同一用人单位与同一劳动者只能约定一次试用期。

以完成一定工作任务为期限的劳动合同或者劳动合同期限不满三个月的，不得约定试用期。

试用期包含在劳动合同期限内。劳动合同仅约定试用期的，试用期不成立，该期限为劳动合同期限。

第二十条　试用期工资

劳动者在试用期的工资不得低于本单位相同岗位最低档工资或者劳动合同约

定工资的百分之八十，并不得低于用人单位所在地的最低工资标准。

第二十一条　试用期内解除劳动合同

在试用期中，除劳动者有本法第三十九条和第四十条第一项、第二项规定的情形外，用人单位不得解除劳动合同。用人单位在试用期解除劳动合同的，应当向劳动者说明理由。

第二十二条　服务期

用人单位为劳动者提供专项培训费用，对其进行专业技术培训的，可以与该劳动者订立协议，约定服务期。

劳动者违反服务期约定的，应当按照约定向用人单位支付违约金。违约金的数额不得超过用人单位提供的培训费用。用人单位要求劳动者支付的违约金不得超过服务期尚未履行部分所应分摊的培训费用。

用人单位与劳动者约定服务期的，不影响按照正常的工资调整机制提高劳动者在服务期期间的劳动报酬。

第二十三条　保密义务和竞业限制

用人单位与劳动者可以在劳动合同中约定保守用人单位的商业秘密和与知识产权相关的保密事项。

对负有保密义务的劳动者，用人单位可以在劳动合同或者保密协议中与劳动者约定竞业限制条款，并约定在解除或者终止劳动合同后，在竞业限制期限内按月给予劳动者经济补偿。劳动者违反竞业限制约定的，应当按照约定向用人单位支付违约金。

第二十四条　竞业限制的范围和期限

竞业限制的人员限于用人单位的高级管理人员、高级技术人员和其他负有保密义务的人员。竞业限制的范围、地域、期限由用人单位与劳动者约定，竞业限制的约定不得违反法律、法规的规定。

在解除或者终止劳动合同后，前款规定的人员到与本单位生产或者经营同类产品、从事同类业务的有竞争关系的其他用人单位，或者自己开业生产或者经营同类产品、从事同类业务的竞业限制期限，不得超过二年。

第二十五条　违约金

除本法第二十二条和第二十三条规定的情形外，用人单位不得与劳动者约定由劳动者承担违约金。

第二十六条　劳动合同的无效

下列劳动合同无效或者部分无效：

（一）以欺诈、胁迫的手段或者乘人之危，使对方在违背真实意思的情况下订立或者变更劳动合同的；

（二）用人单位免除自己的法定责任、排除劳动者权利的；

（三）违反法律、行政法规强制性规定的。

对劳动合同的无效或者部分无效有争议的，由劳动争议仲裁机构或者人民法院确认。

第二十七条　劳动合同部分无效

劳动合同部分无效，不影响其他部分效力的，其他部分仍然有效。

第二十八条　劳动合同无效后劳动报酬的支付

劳动合同被确认无效，劳动者已付出劳动的，用人单位应当向劳动者支付劳动报酬。劳动报酬的数额，参照本单位相同或者相近岗位劳动者的劳动报酬确定。

第三章　劳动合同的履行和变更

第二十九条　劳动合同的履行

用人单位与劳动者应当按照劳动合同的约定，全面履行各自的义务。

第三十条　劳动报酬

用人单位应当按照劳动合同约定和国家规定，向劳动者及时足额支付劳动报酬。

用人单位拖欠或者未足额支付劳动报酬的，劳动者可以依法向当地人民法院申请支付令，人民法院应当依法发出支付令。

第三十一条　加班

用人单位应当严格执行劳动定额标准，不得强迫或者变相强迫劳动者加班。用人单位安排加班的，应当按照国家有关规定向劳动者支付加班费。

第三十二条　劳动者拒绝违章指挥、强令冒险作业

劳动者拒绝用人单位管理人员违章指挥、强令冒险作业的，不视为违反劳动合同。

劳动者对危害生命安全和身体健康的劳动条件，有权对用人单位提出批评、检举和控告。

第三十三条　用人单位名称、法定代表人等的变更

用人单位变更名称、法定代表人、主要负责人或者投资人等事项，不影响劳动合同的履行。

第三十四条　用人单位合并或者分立

用人单位发生合并或者分立等情况，原劳动合同继续有效，劳动合同由承继其权利和义务的用人单位继续履行。

第三十五条　劳动合同的变更

用人单位与劳动者协商一致，可以变更劳动合同约定的内容。变更劳动合同，应当采用书面形式。

变更后的劳动合同文本由用人单位和劳动者各执一份。

第四章　劳动合同的解除和终止

第三十六条　协商解除劳动合同

用人单位与劳动者协商一致，可以解除劳动合同。

第三十七条　劳动者提前通知解除劳动合同

劳动者提前三十日以书面形式通知用人单位，可以解除劳动合同。劳动者在试用期内提前三日通知用人单位，可以解除劳动合同。

第三十八条　劳动者单方解除劳动合同

用人单位有下列情形之一的，劳动者可以解除劳动合同：

（一）未按照劳动合同约定提供劳动保护或者劳动条件的；

（二）未及时足额支付劳动报酬的；

（三）未依法为劳动者缴纳社会保险费的；

（四）用人单位的规章制度违反法律、法规的规定，损害劳动者权益的；

（五）因本法第二十六条第一款规定的情形致使劳动合同无效的；

（六）法律、行政法规规定劳动者可以解除劳动合同的其他情形。

用人单位以暴力、威胁或者非法限制人身自由的手段强迫劳动者劳动的，或者用人单位违章指挥、强令冒险作业危及劳动者人身安全的，劳动者可以立即解除劳动合同，不需事先告知用人单位。

第三十九条　用人单位单方解除劳动合同（过失性辞退）

劳动者有下列情形之一的，用人单位可以解除劳动合同：

（一）在试用期间被证明不符合录用条件的；

（二）严重违反用人单位的规章制度的；

（三）严重失职，营私舞弊，给用人单位造成重大损害的；

（四）劳动者同时与其他用人单位建立劳动关系，对完成本单位的工作任务造成严重影响，或者经用人单位提出，拒不改正的；

（五）因本法第二十六条第一款第一项规定的情形致使劳动合同无效的；

（六）被依法追究刑事责任的。

第四十条　无过失性辞退

有下列情形之一的，用人单位提前三十日以书面形式通知劳动者本人或者额外支付劳动者一个月工资后，可以解除劳动合同：

（一）劳动者患病或者非因工负伤，在规定的医疗期满后不能从事原工作，也不能从事由用人单位另行安排的工作的；

（二）劳动者不能胜任工作，经过培训或者调整工作岗位，仍不能胜任工作的；

（三）劳动合同订立时所依据的客观情况发生重大变化，致使劳动合同无法履行，经用人单位与劳动者协商，未能就变更劳动合同内容达成协议的。

第四十一条　经济性裁员

有下列情形之一，需要裁减人员二十人以上或者裁减不足二十人但占企业职工总数百分之十以上的，用人单位提前三十日向工会或者全体职工说明情况，听取工会或者职工的意见后，裁减人员方案经向劳动行政部门报告，可以裁减人员：

（一）依照企业破产法规定进行重整的；

（二）生产经营发生严重困难的；

（三）企业转产、重大技术革新或者经营方式调整，经变更劳动合同后，仍需裁减人员的；

（四）其他因劳动合同订立时所依据的客观经济情况发生重大变化，致使劳动合同无法履行的。

裁减人员时，应当优先留用下列人员：

（一）与本单位订立较长期限的固定期限劳动合同的；

（二）与本单位订立无固定期限劳动合同的；

（三）家庭无其他就业人员，有需要扶养的老人或者未成年人的。

用人单位依照本条第一款规定裁减人员，在六个月内重新招用人员的，应当通知被裁减的人员，并在同等条件下优先招用被裁减的人员。

第四十二条　用人单位不得解除劳动合同的情形

劳动者有下列情形之一的，用人单位不得依照本法第四十条、第四十一条的规定解除劳动合同：

（一）从事接触职业病危害作业的劳动者未进行离岗前职业健康检查，或者疑似职业病病人在诊断或者医学观察期间的；

（二）在本单位患职业病或者因工负伤并被确认丧失或者部分丧失劳动能力的；

（三）患病或者非因工负伤，在规定的医疗期内的；

（四）女职工在孕期、产期、哺乳期的；

（五）在本单位连续工作满十五年，且距法定退休年龄不足五年的；

（六）法律、行政法规规定的其他情形。

第四十三条　工会在劳动合同解除中的监督作用

用人单位单方解除劳动合同，应当事先将理由通知工会。用人单位违反法律、行政法规规定或者劳动合同约定的，工会有权要求用人单位纠正。用人单位应当研究工会的意见，并将处理结果书面通知工会。

第四十四条　劳动合同的终止

有下列情形之一的，劳动合同终止：

（一）劳动合同期满的；

（二）劳动者开始依法享受基本养老保险待遇的；

（三）劳动者死亡，或者被人民法院宣告死亡或者宣告失踪的；

（四）用人单位被依法宣告破产的；

（五）用人单位被吊销营业执照、责令关闭、撤销或者用人单位决定提前解散的；

（六）法律、行政法规规定的其他情形。

第四十五条　劳动合同的逾期终止

劳动合同期满，有本法第四十二条规定情形之一的，劳动合同应当续延至相应的情形消失时终止。但是，本法第四十二条第二项规定丧失或者部分丧失劳动能力劳动者的劳动合同的终止，按照国家有关工伤保险的规定执行。

第四十六条　经济补偿

有下列情形之一的，用人单位应当向劳动者支付经济补偿：

（一）劳动者依照本法第三十八条规定解除劳动合同的；

（二）用人单位依照本法第三十六条规定向劳动者提出解除劳动合同并与劳动者协商一致解除劳动合同的；

（三）用人单位依照本法第四十条规定解除劳动合同的；

（四）用人单位依照本法第四十一条第一款规定解除劳动合同的；

（五）除用人单位维持或者提高劳动合同约定条件续订劳动合同，劳动者不同意续订的情形外，依照本法第四十四条第一项规定终止固定期限劳动合同的；

（六）依照本法第四十四条第四项、第五项规定终止劳动合同的；

（七）法律、行政法规规定的其他情形。

第四十七条　经济补偿的计算

经济补偿按劳动者在本单位工作的年限，每满一年支付一个月工资的标准向劳动者支付。六个月以上不满一年的，按一年计算；不满六个月的，向劳动者支付半个月工资的经济补偿。

劳动者月工资高于用人单位所在直辖市、设区的市级人民政府公布的本地区上年度职工月平均工资三倍的，向其支付经济补偿的标准按职工月平均工资三倍的数额支付，向其支付经济补偿的年限最高不超过十二年。

本条所称月工资是指劳动者在劳动合同解除或者终止前十二个月的平均工资。

第四十八条　违法解除或者终止劳动合同的法律后果

用人单位违反本法规定解除或者终止劳动合同，劳动者要求继续履行劳动合同的，用人单位应当继续履行；劳动者不要求继续履行劳动合同或者劳动合同已经不能继续履行的，用人单位应当依照本法第八十七条规定支付赔偿金。

第四十九条　社会保险关系跨地区转移接续

国家采取措施，建立健全劳动者社会保险关系跨地区转移接续制度。

第五十条　劳动合同解除或者终止后双方的义务

用人单位应当在解除或者终止劳动合同时出具解除或者终止劳动合同的证明，并在十五日内为劳动者办理档案和社会保险关系转移手续。

劳动者应当按照双方约定，办理工作交接。用人单位依照本法有关规定应当向劳动者支付经济补偿的，在办结工作交接时支付。

用人单位对已经解除或者终止的劳动合同的文本，至少保存二年备查。

第五章　特别规定

第一节　集体合同

第五十一条　集体合同的订立和内容

企业职工一方与用人单位通过平等协商，可以就劳动报酬、工作时间、休息休假、劳动安全卫生、保险福利等事项订立集体合同。集体合同草案应当提交职工代表大会或者全体职工讨论通过。

集体合同由工会代表企业职工一方与用人单位订立；尚未建立工会的用人单位，由上级工会指导劳动者推举的代表与用人单位订立。

第五十二条　专项集体合同

企业职工一方与用人单位可以订立劳动安全卫生、女职工权益保护、工资调整机制等专项集体合同。

第五十三条　行业性集体合同、区域性集体合同

在县级以下区域内，建筑业、采矿业、餐饮服务业等行业可以由工会与企业方面代表订立行业性集体合同，或者订立区域性集体合同。

第五十四条　集体合同的报送和生效

集体合同订立后，应当报送劳动行政部门；劳动行政部门自收到集体合同文本之日起十五日内未提出异议的，集体合同即行生效。

依法订立的集体合同对用人单位和劳动者具有约束力。行业性、区域性集体合同对当地本行业、本区域的用人单位和劳动者具有约束力。

第五十五条　集体合同中劳动报酬、劳动条件等标准

集体合同中劳动报酬和劳动条件等标准不得低于当地人民政府规定的最低标准；用人单位与劳动者订立的劳动合同中劳动报酬和劳动条件等标准不得低于集体合同规定的标准。

第五十六条　集体合同纠纷和法律救济

用人单位违反集体合同，侵犯职工劳动权益的，工会可以依法要求用人单位承担责任；因履行集体合同发生争议，经协商解决不成的，工会可以依法申请仲裁、提起诉讼。

第二节　劳务派遣

第五十七条　劳务派遣单位的设立

经营劳务派遣业务应当具备下列条件：

（一）注册资本不得少于人民币二百万元；

（二）有与开展业务相适应的固定的经营场所和设施；

（三）有符合法律、行政法规规定的劳务派遣管理制度；

（四）法律、行政法规规定的其他条件。

经营劳务派遣业务，应当向劳动行政部门依法申请行政许可；经许可的，依法办理相应的公司登记。未经许可，任何单位和个人不得经营劳务派遣业务。

第五十八条　劳务派遣单位、用工单位及劳动者的权利义务

劳务派遣单位是本法所称用人单位，应当履行用人单位对劳动者的义务。劳务派遣单位与被派遣劳动者订立的劳动合同，除应当载明本法第十七条规定的事项外，还应当载明被派遣劳动者的用工单位以及派遣期限、工作岗位等情况。

劳务派遣单位应当与被派遣劳动者订立二年以上的固定期限劳动合同，按月支付劳动报酬；被派遣劳动者在无工作期间，劳务派遣单位应当按照所在地人民政府规定的最低工资标准，向其按月支付报酬。

第五十九条　劳务派遣协议

劳务派遣单位派遣劳动者应当与接受以劳务派遣形式用工的单位（以下称用工单位）订立劳务派遣协议。劳务派遣协议应当约定派遣岗位和人员数量、派遣期限、劳动报酬和社会保险费的数额与支付方式以及违反协议的责任。

用工单位应当根据工作岗位的实际需要与劳务派遣单位确定派遣期限，不得

将连续用工期限分割订立数个短期劳务派遣协议。

第六十条　劳务派遣单位的告知义务

劳务派遣单位应当将劳务派遣协议的内容告知被派遣劳动者。

劳务派遣单位不得克扣用工单位按照劳务派遣协议支付给被派遣劳动者的劳动报酬。

劳务派遣单位和用工单位不得向被派遣劳动者收取费用。

第六十一条　跨地区派遣劳动者的劳动报酬、劳动条件

劳务派遣单位跨地区派遣劳动者的，被派遣劳动者享有的劳动报酬和劳动条件，按照用工单位所在地的标准执行。

第六十二条　用工单位的义务

用工单位应当履行下列义务：

（一）执行国家劳动标准，提供相应的劳动条件和劳动保护；

（二）告知被派遣劳动者的工作要求和劳动报酬；

（三）支付加班费、绩效奖金，提供与工作岗位相关的福利待遇；

（四）对在岗被派遣劳动者进行工作岗位所必需的培训；

（五）连续用工的，实行正常的工资调整机制。

用工单位不得将被派遣劳动者再派遣到其他用人单位。

第六十三条　被派遣劳动者同工同酬

被派遣劳动者享有与用工单位的劳动者同工同酬的权利。用工单位应当按照同工同酬原则，对被派遣劳动者与本单位同类岗位的劳动者实行相同的劳动报酬分配办法。用工单位无同类岗位劳动者的，参照用工单位所在地相同或者相近岗位劳动者的劳动报酬确定。

劳务派遣单位与被派遣劳动者订立的劳动合同和与用工单位订立的劳务派遣协议，载明或者约定的向被派遣劳动者支付的劳动报酬应当符合前款规定。

第六十四条　被派遣劳动者参加或者组织工会

被派遣劳动者有权在劳务派遣单位或者用工单位依法参加或者组织工会，维护自身的合法权益。

第六十五条　劳务派遣中解除劳动合同

被派遣劳动者可以依照本法第三十六条、第三十八条的规定与劳务派遣单位解除劳动合同。

被派遣劳动者有本法第三十九条和第四十条第一项、第二项规定情形的，用工单位可以将劳动者退回劳务派遣单位，劳务派遣单位依照本法有关规定，可以与劳动者解除劳动合同。

第六十六条 劳务派遣的适用岗位

劳动合同用工是我国的企业基本用工形式。劳务派遣用工是补充形式，只能在临时性、辅助性或者替代性的工作岗位上实施。

前款规定的临时性工作岗位是指存续时间不超过六个月的岗位；辅助性工作岗位是指为主营业务岗位提供服务的非主营业务岗位；替代性工作岗位是指用工单位的劳动者因脱产学习、休假等原因无法工作的一定期间内，可以由其他劳动者替代工作的岗位。

用工单位应当严格控制劳务派遣用工数量，不得超过其用工总量的一定比例，具体比例由国务院劳动行政部门规定。

第六十七条 用人单位不得自设劳务派遣单位

用人单位不得设立劳务派遣单位向本单位或者所属单位派遣劳动者。

第三节 非全日制用工

第六十八条 非全日制用工的概念

非全日制用工，是指以小时计酬为主，劳动者在同一用人单位一般平均每日工作时间不超过四小时，每周工作时间累计不超过二十四小时的用工形式。

第六十九条 非全日制用工的劳动合同

非全日制用工双方当事人可以订立口头协议。

从事非全日制用工的劳动者可以与一个或者一个以上用人单位订立劳动合同；但是，后订立的劳动合同不得影响先订立的劳动合同的履行。

第七十条 非全日制用工不得约定试用期

非全日制用工双方当事人不得约定试用期。

第七十一条 非全日制用工的终止用工

非全日制用工双方当事人任何一方都可以随时通知对方终止用工。终止用工，用人单位不向劳动者支付经济补偿。

第七十二条　非全日制用工的劳动报酬

非全日制用工小时计酬标准不得低于用人单位所在地人民政府规定的最低小时工资标准。

非全日制用工劳动报酬结算支付周期最长不得超过十五日。

第六章　监督检查

第七十三条　劳动合同制度的监督管理体制

国务院劳动行政部门负责全国劳动合同制度实施的监督管理。

县级以上地方人民政府劳动行政部门负责本行政区域内劳动合同制度实施的监督管理。

县级以上各级人民政府劳动行政部门在劳动合同制度实施的监督管理工作中，应当听取工会、企业方面代表以及有关行业主管部门的意见。

第七十四条　劳动行政部门监督检查事项

县级以上地方人民政府劳动行政部门依法对下列实施劳动合同制度的情况进行监督检查：

（一）用人单位制定直接涉及劳动者切身利益的规章制度及其执行的情况；

（二）用人单位与劳动者订立和解除劳动合同的情况；

（三）劳务派遣单位和用工单位遵守劳务派遣有关规定的情况；

（四）用人单位遵守国家关于劳动者工作时间和休息休假规定的情况；

（五）用人单位支付劳动合同约定的劳动报酬和执行最低工资标准的情况；

（六）用人单位参加各项社会保险和缴纳社会保险费的情况；

（七）法律、法规规定的其他劳动监察事项。

第七十五条　监督检查措施和依法行政、文明执法

县级以上地方人民政府劳动行政部门实施监督检查时，有权查阅与劳动合同、集体合同有关的材料，有权对劳动场所进行实地检查，用人单位和劳动者都应当如实提供有关情况和材料。

劳动行政部门的工作人员进行监督检查，应当出示证件，依法行使职权，文明执法。

第七十六条　其他有关主管部门的监督管理

县级以上人民政府建设、卫生、安全生产监督管理等有关主管部门在各自职

责范围内，对用人单位执行劳动合同制度的情况进行监督管理。

第七十七条　劳动者权利救济途径

劳动者合法权益受到侵害的，有权要求有关部门依法处理，或者依法申请仲裁、提起诉讼。

第七十八条　工会监督检查的权利

工会依法维护劳动者的合法权益，对用人单位履行劳动合同、集体合同的情况进行监督。用人单位违反劳动法律、法规和劳动合同、集体合同的，工会有权提出意见或者要求纠正；劳动者申请仲裁、提起诉讼的，工会依法给予支持和帮助。

第七十九条　对违法行为的举报

任何组织或者个人对违反本法的行为都有权举报，县级以上人民政府劳动行政部门应当及时核实、处理，并对举报有功人员给予奖励。

第七章　法律责任

第八十条　规章制度违法的法律责任

用人单位直接涉及劳动者切身利益的规章制度违反法律、法规规定的，由劳动行政部门责令改正，给予警告；给劳动者造成损害的，应当承担赔偿责任。

第八十一条　缺乏必备条款、不提供劳动合同文本的法律责任

用人单位提供的劳动合同文本未载明本法规定的劳动合同必备条款或者用人单位未将劳动合同文本交付劳动者的，由劳动行政部门责令改正；给劳动者造成损害的，应当承担赔偿责任。

第八十二条　不订立书面劳动合同的法律责任

用人单位自用工之日起超过一个月不满一年未与劳动者订立书面劳动合同的，应当向劳动者每月支付二倍的工资。

用人单位违反本法规定不与劳动者订立无固定期限劳动合同的，自应当订立无固定期限劳动合同之日起向劳动者每月支付二倍的工资。

第八十三条　违法约定试用期的法律责任

用人单位违反本法规定与劳动者约定试用期的，由劳动行政部门责令改正；违法约定的试用期已经履行的，由用人单位以劳动者试用期满月工资为标准，按已经履行的超过法定试用期的期间向劳动者支付赔偿金。

第八十四条　扣押劳动者身份等证件的法律责任

用人单位违反本法规定，扣押劳动者居民身份证等证件的，由劳动行政部门责令限期退还劳动者本人，并依照有关法律规定给予处罚。

用人单位违反本法规定，以担保或者其他名义向劳动者收取财物的，由劳动行政部门责令限期退还劳动者本人，并以每人五百元以上二千元以下的标准处以罚款；给劳动者造成损害的，应当承担赔偿责任。

劳动者依法解除或者终止劳动合同，用人单位扣押劳动者档案或者其他物品的，依照前款规定处罚。

第八十五条　未依法支付劳动报酬、经济补偿等的法律责任

用人单位有下列情形之一的，由劳动行政部门责令限期支付劳动报酬、加班费或者经济补偿；劳动报酬低于当地最低工资标准的，应当支付其差额部分；逾期不支付的，责令用人单位按应付金额百分之五十以上百分之一百以下的标准向劳动者加付赔偿金：

（一）未按照劳动合同的约定或者国家规定及时足额支付劳动者劳动报酬的；

（二）低于当地最低工资标准支付劳动者工资的；

（三）安排加班不支付加班费的；

（四）解除或者终止劳动合同，未依照本法规定向劳动者支付经济补偿的。

第八十六条　订立无效劳动合同的法律责任

劳动合同依照本法第二十六条规定被确认无效，给对方造成损害的，有过错的一方应当承担赔偿责任。

第八十七条　违反解除或者终止劳动合同的法律责任

用人单位违反本法规定解除或者终止劳动合同的，应当依照本法第四十七条规定的经济补偿标准的二倍向劳动者支付赔偿金。

第八十八条　侵害劳动者人身权益的法律责任

用人单位有下列情形之一的，依法给予行政处罚；构成犯罪的，依法追究刑事责任；给劳动者造成损害的，应当承担赔偿责任：

（一）以暴力、威胁或者非法限制人身自由的手段强迫劳动的；

（二）违章指挥或者强令冒险作业危及劳动者人身安全的；

（三）侮辱、体罚、殴打、非法搜查或者拘禁劳动者的；

（四）劳动条件恶劣、环境污染严重，给劳动者身心健康造成严重损害的。

第八十九条　不出具解除、终止书面证明的法律责任

用人单位违反本法规定未向劳动者出具解除或者终止劳动合同的书面证明，由劳动行政部门责令改正；给劳动者造成损害的，应当承担赔偿责任。

第九十条　劳动者的赔偿责任

劳动者违反本法规定解除劳动合同，或者违反劳动合同中约定的保密义务或者竞业限制，给用人单位造成损失的，应当承担赔偿责任。

第九十一条　用人单位的连带赔偿责任

用人单位招用与其他用人单位尚未解除或者终止劳动合同的劳动者，给其他用人单位造成损失的，应当承担连带赔偿责任。

第九十二条　劳务派遣单位的法律责任

违反本法规定，未经许可，擅自经营劳务派遣业务的，由劳动行政部门责令停止违法行为，没收违法所得，并处违法所得一倍以上五倍以下的罚款；没有违法所得的，可以处五万元以下的罚款。

劳务派遣单位、用工单位违反本法有关劳务派遣规定的，由劳动行政部门责令限期改正；逾期不改正的，以每人五千元以上一万元以下的标准处以罚款，对劳务派遣单位，吊销其劳务派遣业务经营许可证。用工单位给被派遣劳动者造成损害的，劳务派遣单位与用工单位承担连带赔偿责任。

第九十三条　无营业执照经营单位的法律责任

对不具备合法经营资格的用人单位的违法犯罪行为，依法追究法律责任；劳动者已经付出劳动的，该单位或者其出资人应当依照本法有关规定向劳动者支付劳动报酬、经济补偿、赔偿金；给劳动者造成损害的，应当承担赔偿责任。

第九十四条　个人承包经营者的连带赔偿责任

个人承包经营违反本法规定招用劳动者，给劳动者造成损害的，发包的组织与个人承包经营者承担连带赔偿责任。

第九十五条　不履行法定职责、违法行使职权的法律责任

劳动行政部门和其他有关主管部门及其工作人员玩忽职守、不履行法定职责，或者违法行使职权，给劳动者或者用人单位造成损害的，应当承担赔偿责

任；对直接负责的主管人员和其他直接责任人员，依法给予行政处分；构成犯罪的，依法追究刑事责任。

第八章 附 则

第九十六条 事业单位聘用制劳动合同的法律适用

事业单位与实行聘用制的工作人员订立、履行、变更、解除或者终止劳动合同，法律、行政法规或者国务院另有规定的，依照其规定；未作规定的，依照本法有关规定执行。

第九十七条 过渡性条款

本法施行前已依法订立且在本法施行之日存续的劳动合同，继续履行；本法第十四条第二款第三项规定连续订立固定期限劳动合同的次数，自本法施行后续订固定期限劳动合同时开始计算。

本法施行前已建立劳动关系，尚未订立书面劳动合同的，应当自本法施行之日起一个月内订立。

本法施行之日存续的劳动合同在本法施行后解除或者终止，依照本法第四十六条规定应当支付经济补偿的，经济补偿年限自本法施行之日起计算；本法施行前按照当时有关规定，用人单位应当向劳动者支付经济补偿的，按照当时有关规定执行。

第九十八条 施行时间

本法自 2008 年 1 月 1 日起施行。

中华人民共和国工会法

（1992 年 4 月 3 日第七届全国人民代表大会第五次会议通过　1992 年 4 月 3 日中华人民共和国主席令第五十七号公布　根据 2001 年 10 月 27 日第九届全国人民代表大会常务委员会第二十四次会议《关于修改〈中华人民共和国工会法〉的决定》第一次修正　根据 2009 年 8 月 27 日第十一届全国人民代表大会常务委员会第十次会议《关于修改部分法律的决定》第二次修正）

第一章　总　　则

第一条　为保障工会在国家政治、经济和社会生活中的地位，确定工会的权利与义务，发挥工会在社会主义现代化建设事业中的作用，根据宪法，制定本法。

第二条　工会是职工自愿结合的工人阶级的群众组织。

中华全国总工会及其各工会组织代表职工的利益，依法维护职工的合法权益。

第三条　在中国境内的企业、事业单位、机关中以工资收入为主要生活来源的体力劳动者和脑力劳动者，不分民族、种族、性别、职业、宗教信仰、教育程度，都有依法参加和组织工会的权利。任何组织和个人不得阻挠和限制。

第四条　工会必须遵守和维护宪法，以宪法为根本的活动准则，以经济建设为中心，坚持社会主义道路、坚持人民民主专政、坚持中国共产党的领导、坚持马克思列宁主义毛泽东思想邓小平理论，坚持改革开放，依照工会章程独立自主地开展工作。

工会会员全国代表大会制定或者修改《中国工会章程》，章程不得与宪法和法律相抵触。

国家保护工会的合法权益不受侵犯。

第五条　工会组织和教育职工依照宪法和法律的规定行使民主权利，发挥国家主人翁的作用，通过各种途径和形式，参与管理国家事务、管理经济和文化事业、管理社会事务；协助人民政府开展工作，维护工人阶级领导的、以工农联盟为基础的人民民主专政的社会主义国家政权。

第六条　维护职工合法权益是工会的基本职责。工会在维护全国人民总体利益的同时，代表和维护职工的合法权益。

工会通过平等协商和集体合同制度，协调劳动关系，维护企业职工劳动权益。

工会依照法律规定通过职工代表大会或者其他形式，组织职工参与本单位的民主决策、民主管理和民主监督。

工会必须密切联系职工，听取和反映职工的意见和要求，关心职工的生活，帮助职工解决困难，全心全意为职工服务。

第七条　工会动员和组织职工积极参加经济建设，努力完成生产任务和工作任务。教育职工不断提高思想道德、技术业务和科学文化素质，建设有理想、有道德、有文化、有纪律的职工队伍。

第八条　中华全国总工会根据独立、平等、互相尊重、互不干涉内部事务的原则，加强同各国工会组织的友好合作关系。

第二章　工会组织

第九条　工会各级组织按照民主集中制原则建立。

各级工会委员会由会员大会或者会员代表大会民主选举产生。企业主要负责人的近亲属不得作为本企业基层工会委员会成员的人选。

各级工会委员会向同级会员大会或者会员代表大会负责并报告工作，接受其监督。

工会会员大会或者会员代表大会有权撤换或者罢免其所选举的代表或者工会委员会组成人员。

上级工会组织领导下级工会组织。

第十条　企业、事业单位、机关有会员二十五人以上的，应当建立基层工会委员会；不足二十五人的，可以单独建立基层工会委员会，也可以由两个以上单位的会员联合建立基层工会委员会，也可以选举组织员一人，组织会员开展活动。女职工人数较多的，可以建立工会女职工委员会，在同级工会领导下开展工作；女职工人数较少的，可以在工会委员会中设女职工委员。

企业职工较多的乡镇、城市街道，可以建立基层工会的联合会。

县级以上地方建立地方各级总工会。

同一行业或者性质相近的几个行业，可以根据需要建立全国的或者地方的产业工会。

全国建立统一的中华全国总工会。

第十一条　基层工会、地方各级总工会、全国或者地方产业工会组织的建立，必须报上一级工会批准。

上级工会可以派员帮助和指导企业职工组建工会，任何单位和个人不得阻挠。

第十二条　任何组织和个人不得随意撤销、合并工会组织。

基层工会所在的企业终止或者所在的事业单位、机关被撤销，该工会组织相应撤销，并报告上一级工会。

依前款规定被撤销的工会，其会员的会籍可以继续保留，具体管理办法由中华全国总工会制定。

第十三条　职工二百人以上的企业、事业单位的工会，可以设专职工会主席。工会专职工作人员的人数由工会与企业、事业单位协商确定。

第十四条　中华全国总工会、地方总工会、产业工会具有社会团体法人资格。

基层工会组织具备民法通则规定的法人条件的，依法取得社会团体法人资格。

第十五条　基层工会委员会每届任期三年或者五年。各级地方总工会委员会和产业工会委员会每届任期五年。

第十六条　基层工会委员会定期召开会员大会或者会员代表大会，讨论决定工会工作的重大问题。经基层工会委员会或者三分之一以上的工会会员提议，可以临时召开会员大会或者会员代表大会。

第十七条　工会主席、副主席任期未满时，不得随意调动其工作。因工作需要调动时，应当征得本级工会委员会和上一级工会的同意。

罢免工会主席、副主席必须召开会员大会或者会员代表大会讨论，非经会员大会全体会员或者会员代表大会全体代表过半数通过，不得罢免。

第十八条　基层工会专职主席、副主席或者委员自任职之日起，其劳动合同期限自动延长，延长期限相当于其任职期间；非专职主席、副主席或者委员自任职之日起，其尚未履行的劳动合同期限短于任期的，劳动合同期限自动延长至任期期满。但是，任职期间个人严重过失或者达到法定退休年龄的除外。

第三章　工会的权利和义务

第十九条　企业、事业单位违反职工代表大会制度和其他民主管理制度，工会有权要求纠正，保障职工依法行使民主管理的权利。

法律、法规规定应当提交职工大会或者职工代表大会审议、通过、决定的事项，企业、事业单位应当依法办理。

第二十条　工会帮助、指导职工与企业以及实行企业化管理的事业单位签订劳动合同。

工会代表职工与企业以及实行企业化管理的事业单位进行平等协商，签订集体合同。集体合同草案应当提交职工代表大会或者全体职工讨论通过。

工会签订集体合同，上级工会应当给予支持和帮助。

企业违反集体合同，侵犯职工劳动权益的，工会可以依法要求企业承担责任；因履行集体合同发生争议，经协商解决不成的，工会可以向劳动争议仲裁机构提请仲裁，仲裁机构不予受理或者对仲裁裁决不服的，可以向人民法院提起诉讼。

第二十一条　企业、事业单位处分职工，工会认为不适当的，有权提出意见。

企业单方面解除职工劳动合同时，应当事先将理由通知工会，工会认为企业违反法律、法规和有关合同，要求重新研究处理时，企业应当研究工会的意见，并将处理结果书面通知工会。

职工认为企业侵犯其劳动权益而申请劳动争议仲裁或者向人民法院提起诉讼的，工会应当给予支持和帮助。

第二十二条　企业、事业单位违反劳动法律、法规规定，有下列侵犯职工劳动权益情形，工会应当代表职工与企业、事业单位交涉，要求企业、事业单位采取措施予以改正；企业、事业单位应当予以研究处理，并向工会作出答复；企业、事业单位拒不改正的，工会可以请求当地人民政府依法作出处理：

（一）克扣职工工资的；

（二）不提供劳动安全卫生条件的；

（三）随意延长劳动时间的；

（四）侵犯女职工和未成年工特殊权益的；

（五）其他严重侵犯职工劳动权益的。

第二十三条　工会依照国家规定对新建、扩建企业和技术改造工程中的劳动条件和安全卫生设施与主体工程同时设计、同时施工、同时投产使用进行监督。对工会提出的意见，企业或者主管部门应当认真处理，并将处理结果书面通知工会。

第二十四条　工会发现企业违章指挥、强令工人冒险作业，或者生产过程中发现明显重大事故隐患和职业危害，有权提出解决的建议，企业应当及时研究答复；发现危及职工生命安全的情况时，工会有权向企业建议组织职工撤离危险现场，企业必须及时作出处理决定。

第二十五条　工会有权对企业、事业单位侵犯职工合法权益的问题进行调查，有关单位应当予以协助。

第二十六条　职工因工伤亡事故和其他严重危害职工健康问题的调查处理，必须有工会参加。工会应当向有关部门提出处理意见，并有权要求追究直接负责的主管人员和有关责任人员的责任。对工会提出的意见，应当及时研究，给予答复。

第二十七条　企业、事业单位发生停工、怠工事件，工会应当代表职工同企业、事业单位或者有关方面协商，反映职工的意见和要求并提出解决意见。对于职工的合理要求，企业、事业单位应当予以解决。工会协助企业、事业单位做好工作，尽快恢复生产、工作秩序。

第二十八条　工会参加企业的劳动争议调解工作。

地方劳动争议仲裁组织应当有同级工会代表参加。

第二十九条　县级以上各级总工会可以为所属工会和职工提供法律服务。

第三十条　工会协助企业、事业单位、机关办好职工集体福利事业，做好工资、劳动安全卫生和社会保险工作。

第三十一条 工会会同企业、事业单位教育职工以国家主人翁态度对待劳动，爱护国家和企业的财产，组织职工开展群众性的合理化建议、技术革新活动，进行业余文化技术学习和职工培训，组织职工开展文娱、体育活动。

第三十二条 根据政府委托，工会与有关部门共同做好劳动模范和先进生产（工作）者的评选、表彰、培养和管理工作。

第三十三条 国家机关在组织起草或者修改直接涉及职工切身利益的法律、法规、规章时，应当听取工会意见。

县级以上各级人民政府制定国民经济和社会发展计划，对涉及职工利益的重大问题，应当听取同级工会的意见。

县级以上各级人民政府及其有关部门研究制定劳动就业、工资、劳动安全卫生、社会保险等涉及职工切身利益的政策、措施时，应当吸收同级工会参加研究，听取工会意见。

第三十四条 县级以上地方各级人民政府可以召开会议或者采取适当方式，向同级工会通报政府的重要的工作部署和与工会工作有关的行政措施，研究解决工会反映的职工群众的意见和要求。

各级人民政府劳动行政部门应当会同同级工会和企业方面代表，建立劳动关系三方协商机制，共同研究解决劳动关系方面的重大问题。

第四章 基层工会组织

第三十五条 国有企业职工代表大会是企业实行民主管理的基本形式，是职工行使民主管理权力的机构，依照法律规定行使职权。

国有企业的工会委员会是职工代表大会的工作机构，负责职工代表大会的日常工作，检查、督促职工代表大会决议的执行。

第三十六条 集体企业的工会委员会，应当支持和组织职工参加民主管理和民主监督，维护职工选举和罢免管理人员、决定经营管理的重大问题的权力。

第三十七条 本法第三十五条、第三十六条规定以外的其他企业、事业单位的工会委员会，依照法律规定组织职工采取与企业、事业单位相适应的形式，参与企业、事业单位民主管理。

第三十八条　企业、事业单位研究经营管理和发展的重大问题应当听取工会的意见；召开讨论有关工资、福利、劳动安全卫生、社会保险等涉及职工切身利益的会议，必须有工会代表参加。

企业、事业单位应当支持工会依法开展工作，工会应当支持企业、事业单位依法行使经营管理权。

第三十九条　公司的董事会、监事会中职工代表的产生，依照公司法有关规定执行。

第四十条　基层工会委员会召开会议或者组织职工活动，应当在生产或者工作时间以外进行，需要占用生产或者工作时间的，应当事先征得企业、事业单位的同意。

基层工会的非专职委员占用生产或者工作时间参加会议或者从事工会工作，每月不超过三个工作日，其工资照发，其他待遇不受影响。

第四十一条　企业、事业单位、机关工会委员会的专职工作人员的工资、奖励、补贴，由所在单位支付。社会保险和其他福利待遇等，享受本单位职工同等待遇。

第五章　工会的经费和财产

第四十二条　工会经费的来源：

（一）工会会员缴纳的会费；

（二）建立工会组织的企业、事业单位、机关按每月全部职工工资总额的百分之二向工会拨缴的经费；

（三）工会所属的企业、事业单位上缴的收入；

（四）人民政府的补助；

（五）其他收入。

前款第二项规定的企业、事业单位拨缴的经费在税前列支。

工会经费主要用于为职工服务和工会活动。经费使用的具体办法由中华全国总工会制定。

第四十三条　企业、事业单位无正当理由拖延或者拒不拨缴工会经费，基层工会或者上级工会可以向当地人民法院申请支付令；拒不执行支付令的，工会可以依法申请人民法院强制执行。

第四十四条 工会应当根据经费独立原则，建立预算、决算和经费审查监督制度。

各级工会建立经费审查委员会。

各级工会经费收支情况应当由同级工会经费审查委员会审查，并且定期向会员大会或者会员代表大会报告，接受监督。工会会员大会或者会员代表大会有权对经费使用情况提出意见。

工会经费的使用应当依法接受国家的监督。

第四十五条 各级人民政府和企业、事业单位、机关应当为工会办公和开展活动，提供必要的设施和活动场所等物质条件。

第四十六条 工会的财产、经费和国家拨给工会使用的不动产，任何组织和个人不得侵占、挪用和任意调拨。

第四十七条 工会所属的为职工服务的企业、事业单位，其隶属关系不得随意改变。

第四十八条 县级以上各级工会的离休、退休人员的待遇，与国家机关工作人员同等对待。

第六章　法律责任

第四十九条 工会对违反本法规定侵犯其合法权益的，有权提请人民政府或者有关部门予以处理，或者向人民法院提起诉讼。

第五十条 违反本法第三条、第十一条规定，阻挠职工依法参加和组织工会或者阻挠上级工会帮助、指导职工筹建工会的，由劳动行政部门责令其改正；拒不改正的，由劳动行政部门提请县级以上人民政府处理；以暴力、威胁等手段阻挠造成严重后果，构成犯罪的，依法追究刑事责任。

第五十一条 违反本法规定，对依法履行职责的工会工作人员无正当理由调动工作岗位，进行打击报复的，由劳动行政部门责令改正、恢复原工作；造成损失的，给予赔偿。

对依法履行职责的工会工作人员进行侮辱、诽谤或者进行人身伤害，构成犯罪的，依法追究刑事责任；尚未构成犯罪的，由公安机关依照治安管理处罚法的规定处罚。

第五十二条　违反本法规定，有下列情形之一的，由劳动行政部门责令恢复其工作，并补发被解除劳动合同期间应得的报酬，或者责令给予本人年收入二倍的赔偿：

（一）职工因参加工会活动而被解除劳动合同的；

（二）工会工作人员因履行本法规定的职责而被解除劳动合同的。

第五十三条　违反本法规定，有下列情形之一的，由县级以上人民政府责令改正，依法处理：

（一）妨碍工会组织职工通过职工代表大会和其他形式依法行使民主权利的；

（二）非法撤销、合并工会组织的；

（三）妨碍工会参加职工因工伤亡事故以及其他侵犯职工合法权益问题的调查处理的；

（四）无正当理由拒绝进行平等协商的。

第五十四条　违反本法第四十六条规定，侵占工会经费和财产拒不返还的，工会可以向人民法院提起诉讼，要求返还，并赔偿损失。

第五十五条　工会工作人员违反本法规定，损害职工或者工会权益的，由同级工会或者上级工会责令改正，或者予以处分；情节严重的，依照《中国工会章程》予以罢免；造成损失的，应当承担赔偿责任；构成犯罪的，依法追究刑事责任。

第七章　附　　则

第五十六条　中华全国总工会会同有关国家机关制定机关工会实施本法的具体办法。

第五十七条　本法自公布之日起施行。1950 年 6 月 29 日中央人民政府颁布的《中华人民共和国工会法》同时废止。

集体合同规定

（2004 年 1 月 20 日劳动和社会保障部令第 22 号公布，自 2004 年 5 月 1 日起施行）

第一章　总　　则

第一条

为规范集体协商和签订集体合同行为，依法维护劳动者和用人单位的合法权益，根据《中华人民共和国劳动法》和《中华人民共和国工会法》，制定本规定。

第二条

中华人民共和国境内的企业和实行企业化管理的事业单位（以下统称用人单位）与本单位职工之间进行集体协商，签订集体合同，适用本规定。

第三条

本规定所称集体合同，是指用人单位与本单位职工根据法律、法规、规章的规定，就劳动报酬、工作时间、休息休假、劳动安全卫生、职业培训、保险福利等事项，通过集体协商签订的书面协议；所称专项集体合同，是指用人单位与本单位职工根据法律、法规、规章的规定，就集体协商的某项内容签订的专项书面协议。

第四条

用人单位与本单位职工签订集体合同或专项集体合同，以及确定相关事宜，应当采取集体协商的方式。集体协商主要采取协商会议的形式。

第五条

进行集体协商，签订集体合同或专项集体合同，应当遵循下列原则：

（一）遵守法律、法规、规章及国家有关规定；

（二）相互尊重，平等协商；

（三）诚实守信，公平合作；

（四）兼顾双方合法权益；

（五）不得采取过激行为。

第六条

符合本规定的集体合同或专项集体合同，对用人单位和本单位的全体职工具有法律约束力。

用人单位与职工个人签订的劳动合同约定的劳动条件和劳动报酬等标准，不得低于集体合同或专项集体合同的规定。

第七条

县级以上劳动保障行政部门对本行政区域内用人单位与本单位职工开展集体协商、签订、履行集体合同的情况进行监督，并负责审查集体合同或专项集体合同。

第二章　集体协商内容

第八条

集体协商双方可以就下列多项或某项内容进行集体协商，签订集体合同或专项集体合同：

（一）劳动报酬；

（二）工作时间；

（三）休息休假；

（四）劳动安全与卫生；

（五）补充保险和福利；

（六）女职工和未成年工特殊保护；

（七）职业技能培训；

（八）劳动合同管理；

（九）奖惩；

（十）裁员；

（十一）集体合同期限；

（十二）变更、解除集体合同的程序；

（十三）履行集体合同发生争议时的协商处理办法；

（十四）违反集体合同的责任；

（十五）双方认为应当协商的其他内容。

第九条

劳动报酬主要包括：

（一）用人单位工资水平、工资分配制度、工资标准和工资分配形式；

（二）工资支付办法；

（三）加班、加点工资及津贴、补贴标准和奖金分配办法；

（四）工资调整办法；

（五）试用期及病、事假等期间的工资待遇；

（六）特殊情况下职工工资（生活费）支付办法；

（七）其他劳动报酬分配办法。

第十条

工作时间主要包括：

（一）工时制度；

（二）加班加点办法；

（三）特殊工种的工作时间；

（四）劳动定额标准。

第十一条

休息休假主要包括：

（一）日休息时间、周休息日安排、年休假办法；

（二）不能实行标准工时职工的休息休假；

（三）其他假期。

第十二条

劳动安全卫生主要包括：

（一）劳动安全卫生责任制；

（二）劳动条件和安全技术措施；

（三）安全操作规程；

（四）劳保用品发放标准；

（五）定期健康检查和职业健康体检。

第十三条

补充保险和福利主要包括：

（一）补充保险的种类、范围；

（二）基本福利制度和福利设施；

（三）医疗期延长及其待遇；

（四）职工亲属福利制度。

第十四条

女职工和未成年工的特殊保护主要包括：

（一）女职工和未成年工禁忌从事的劳动；

（二）女职工的经期、孕期、产期和哺乳期的劳动保护；

（三）女职工、未成年工定期健康检查；

（四）未成年工的使用和登记制度。

第十五条

职业技能培训主要包括：

（一）职业技能培训项目规划及年度计划；

（二）职业技能培训费用的提取和使用；

（三）保障和改善职业技能培训的措施。

第十六条

劳动合同管理主要包括：

（一）劳动合同签订时间；

（二）确定劳动合同期限的条件；

（三）劳动合同变更、解除、续订的一般原则及无固定期限劳动合同的终止条件；

（四）试用期的条件和期限。

第十七条

奖惩主要包括：

（一）劳动纪律；

（二）考核奖惩制度；

（三）奖惩程序。

第十八条

裁员主要包括：

（一）裁员的方案；

（二）裁员的程序；

（三）裁员的实施办法和补偿标准。

第三章　集体协商代表

第十九条

本规定所称集体协商代表（以下统称协商代表），是指按照法定程序产生并有权代表本方利益进行集体协商的人员。

集体协商双方的代表人数应当对等，每方至少 3 人，并各确定 1 名首席代表。

第二十条

职工一方的协商代表由本单位工会选派。未建立工会的，由本单位职工民主推荐，并经本单位半数以上职工同意。

职工一方的首席代表由本单位工会主席担任。工会主席可以书面委托其他协商代表代理首席代表。工会主席空缺的，首席代表由工会主要负责人担任。未建立工会的，职工一方的首席代表从协商代表中民主推举产生。

第二十一条

用人单位一方的协商代表，由用人单位法定代表人指派，首席代表由单位法定代表人担任或由其书面委托的其他管理人员担任。

第二十二条

协商代表履行职责的期限由被代表方确定。

第二十三条

集体协商双方首席代表可以书面委托本单位以外的专业人员作为本方协商代表。委托人数不得超过本方代表的1/3。

首席代表不得由非本单位人员代理。

第二十四条

用人单位协商代表与职工协商代表不得相互兼任。

第二十五条

协商代表应履行下列职责：

（一）参加集体协商；

（二）接受本方人员质询，及时向本方人员公布协商情况并征求意见；

（三）提供与集体协商有关的情况和资料；

（四）代表本方参加集体协商争议的处理；

（五）监督集体合同或专项集体合同的履行；

（六）法律、法规和规章规定的其他职责。

第二十六条

协商代表应当维护本单位正常的生产、工作秩序，不得采取威胁、收买、欺骗等行为。

协商代表应当保守在集体协商过程中知悉的用人单位的商业秘密。

第二十七条

企业内部的协商代表参加集体协商视为提供了正常劳动。

第二十八条

职工一方协商代表在其履行协商代表职责期间劳动合同期满的，劳动合同期限自动延长至完成履行协商代表职责之时，除出现下列情形之一的，用人单位不得与其解除劳动合同：

（一）严重违反劳动纪律或用人单位依法制定的规章制度的；

（二）严重失职、营私舞弊，对用人单位利益造成重大损害的；

（三）被依法追究刑事责任的。

职工一方协商代表履行协商代表职责期间，用人单位无正当理由不得调整其工作岗位。

第二十九条

职工一方协商代表就本规定第二十七条、第二十八条的规定与用人单位发生争议的，可以向当地劳动争议仲裁委员会申请仲裁。

第三十条

工会可以更换职工一方协商代表；未建立工会的，经本单位半数以上职工同意可以更换职工一方协商代表。

用人单位法定代表人可以更换用人单位一方协商代表。

第三十一条

协商代表因更换、辞任或遇有不可抗力等情形造成空缺的，应在空缺之日起15 日内按照本规定产生新的代表。

第四章 集体协商程序

第三十二条

集体协商任何一方均可就签订集体合同或专项集体合同以及相关事宜，以书面形式向对方提出进行集体协商的要求。

一方提出进行集体协商要求的，另一方应当在收到集体协商要求之日起20 日内以书面形式给以回应，无正当理由不得拒绝进行集体协商。

第三十三条

协商代表在协商前应进行下列准备工作：

（一）熟悉与集体协商内容有关的法律、法规、规章和制度；

（二）了解与集体协商内容有关的情况和资料，收集用人单位和职工对协商意向所持的意见；

（三）拟定集体协商议题，集体协商议题可由提出协商一方起草，也可由双方指派代表共同起草；

（四）确定集体协商的时间、地点等事项；

（五）共同确定一名非协商代表担任集体协商记录员。记录员应保持中立、公正，并为集体协商双方保密。

第三十四条

集体协商会议由双方首席代表轮流主持，并按下列程序进行：

（一）宣布议程和会议纪律；

（二）一方首席代表提出协商的具体内容和要求，另一方首席代表就对方的要求作出回应；

（三）协商双方就商谈事项发表各自意见，开展充分讨论；

（四）双方首席代表归纳意见。达成一致的，应当形成集体合同草案或专项集体合同草案，由双方首席代表签字。

第三十五条

集体协商未达成一致意见或出现事先未预料的问题时，经双方协商，可以中止协商。中止期限及下次协商时间、地点、内容由双方商定。

第五章　集体合同的订立、变更、解除和终止

第三十六条

经双方协商代表协商一致的集体合同草案或专项集体合同草案应当提交职工代表大会或者全体职工讨论。

职工代表大会或者全体职工讨论集体合同草案或专项集体合同草案，应当有2/3以上职工代表或者职工出席，且须经全体职工代表半数以上或者全体职工半数以上同意，集体合同草案或专项集体合同草案方获通过。

第三十七条

集体合同草案或专项集体合同草案经职工代表大会或者职工大会通过后，由集体协商双方首席代表签字。

第三十八条

集体合同或专项集体合同期限一般为 1 至 3 年，期满或双方约定的终止条件出现，即行终止。

集体合同或专项集体合同期满前 3 个月内，任何一方均可向对方提出重新签订或续订的要求。

第三十九条

双方协商代表协商一致，可以变更或解除集体合同或专项集体合同。

第四十条

有下列情形之一的，可以变更或解除集体合同或专项集体合同：

（一）用人单位因被兼并、解散、破产等原因，致使集体合同或专项集体合同无法履行的；

（二）因不可抗力等原因致使集体合同或专项集体合同无法履行或部分无法履行的；

（三）集体合同或专项集体合同约定的变更或解除条件出现的；

（四）法律、法规、规章规定的其他情形。

第四十一条

变更或解除集体合同或专项集体合同适用本规定的集体协商程序。

第六章　集体合同审查

第四十二条

集体合同或专项集体合同签订或变更后，应当自双方首席代表签字之日起10日内，由用人单位一方将文本一式三份报送劳动保障行政部门审查。

劳动保障行政部门对报送的集体合同或专项集体合同应当办理登记手续。

第四十三条

集体合同或专项集体合同审查实行属地管辖，具体管辖范围由省级劳动保障行政部门规定。

中央管辖的企业以及跨省、自治区、直辖市的用人单位的集体合同应当报送劳动保障部或劳动保障部指定的省级劳动保障行政部门。

第四十四条

劳动保障行政部门应当对报送的集体合同或专项集体合同的下列事项进行合法性审查：

（一）集体协商双方的主体资格是否符合法律、法规和规章规定；

（二）集体协商程序是否违反法律、法规、规章规定；

（三）集体合同或专项集体合同内容是否与国家规定相抵触。

第四十五条

劳动保障行政部门对集体合同或专项集体合同有异议的，应当自收到文本之日起15日内将《审查意见书》送达双方协商代表。《审查意见书》应当载明以下内容：

（一）集体合同或专项集体合同当事人双方的名称、地址；

（二）劳动保障行政部门收到集体合同或专项集体合同的时间；

（三）审查意见；

（四）作出审查意见的时间。

《审查意见书》应当加盖劳动保障行政部门印章。

第四十六条

用人单位与本单位职工就劳动保障行政部门提出异议的事项经集体协商重新签订集体合同或专项集体合同的，用人单位一方应当根据本规定第四十二条的规定将文本报送劳动保障行政部门审查。

第四十七条

劳动保障行政部门自收到文本之日起 15 日内未提出异议的，集体合同或专项集体合同即行生效。

第四十八条

生效的集体合同或专项集体合同，应当自其生效之日起由协商代表及时以适当的形式向本方全体人员公布。

第七章　集体协商争议的协调处理

第四十九条

集体协商过程中发生争议，双方当事人不能协商解决的，当事人一方或双方可以书面向劳动保障行政部门提出协调处理申请；未提出申请的，劳动保障行政部门认为必要时也可以进行协调处理。

第五十条

劳动保障行政部门应当组织同级工会和企业组织等三方面的人员，共同协调处理集体协商争议。

第五十一条

集体协商争议处理实行属地管辖，具体管辖范围由省级劳动保障行政部门规定。

中央管辖的企业以及跨省、自治区、直辖市用人单位因集体协商发生的争议，由劳动保障部指定的省级劳动保障行政部门组织同级工会和企业组织等三方面的人员协调处理，必要时，劳动保障部也可以组织有关方面协调处理。

第五十二条

协调处理集体协商争议，应当自受理协调处理申请之日起 30 日内结束协调处理工作。期满未结束的，可以适当延长协调期限，但延长期限不得超过 15 日。

第五十三条

协调处理集体协商争议应当按照以下程序进行：

（一）受理协调处理申请；

（二）调查了解争议的情况；

（三）研究制定协调处理争议的方案；

（四）对争议进行协调处理；

（五）制作《协调处理协议书》。

第五十四条

《协调处理协议书》应当载明协调处理申请、争议的事实和协调结果，双方当事人就某些协商事项不能达成一致的，应将继续协商的有关事项予以载明。《协调处理协议书》由集体协商争议协调处理人员和争议双方首席代表签字盖章后生效。争议双方均应遵守生效后的《协调处理协议书》。

第八章　附　　则

第五十五条

因履行集体合同发生的争议，当事人协商解决不成的，可以依法向劳动争议仲裁委员会申请仲裁。

第五十六条

用人单位无正当理由拒绝工会或职工代表提出的集体协商要求的，按照《工会法》及有关法律、法规的规定处理。

第五十七条

本规定于2004年5月1日起实施。原劳动部1994年12月5日颁布的《集体合同规定》同时废止。

参考文献

一、中文著作

［1］左春玲．集体谈判与集体合同制度［M］．北京：中国劳动社会保障出版社，2019：2.

［2］鲁赛佛尔达特，菲瑟．欧洲劳企关系：传统与转变［M］．余云霞，等，译．北京：世界知识出版社，2000：17.

［3］王泽鉴．民法学说与判例研究［M］．北京：中国政法大学出版社，1997：343.

［4］王益英．外国劳动法与社会保障法［M］．北京：中国人民大学出版社，2001：45.

［5］唐鑛，嵇月婷．集体协商与集体谈判［M］．北京：中国人民大学出版社，2019：53－55.

［6］张建国，徐微．中国工会推动工资集体协商的实践探索［M］．北京：中国工人出版社，2014：45－60.

［7］宋湛．集体协商与集体合同［M］．北京：中国劳动社会保障出版社，2008.

［8］刘燕斌．国外集体谈判机制研究［M］．北京：中国劳动社会保障出版社，2012.

［9］谈育明．集体协商机制［M］．上海：华东师范大学出版社，2010.

［10］张丽琴．欧洲集体谈判研究［M］．北京：中国政法大学出版社，2016.

［11］王霞．工资集体协商与利益共享机制［M］．北京：社会科学文献出版社，2015.

［12］宋湛，李岩．集体谈判演练技术：赢在共赢［M］．北京：中国工人出版

社，2013.

［13］常凯，郑宇硕，乔健，等．全球化下的劳资关系与劳工政策［M］．北京：中国工人出版社，2003.

［14］荣兆梓．通往和谐之路：当代中国劳资关系研究［M］．北京：中国人民大学出版社，2010.

二、中文期刊

［1］杨成湘．改革开放 40 年中国集体协商制度变迁及其前景分析［J］．现代经济探讨，2018，440（8）：25 – 29.

［2］吕景春，李梁栋．公有资本、"劳动平等"与和谐劳动关系构建：基于马克思劳企关系及其相关理论的拓展分析［J］．南开经济研究，2019，210（6）：3 – 17.

［3］汤乃飙．我国非公企业劳资关系中集体协商问题的研究：基于上海市的调查［J］．人民论坛·学术前沿，2019，168（8）：88 – 91.

［4］常凯．劳动关系的集体化转型与政府劳工政策的完善［J］．中国社会科学，2013（6）：91 – 108，206.

［5］王立明．论集体协商的地方经验：以青海省为样本［J］．青海社会科学，2019，235（1）：163 – 170.

［6］张旭昆，寿菊萍．工资集体协商的工资负效应分析［J］．社会科学战线，2019，294（12）：85 – 93.

［7］艾少伟，张楠楠，李洪彬，等．地方情景、集体协商与宗教空间的生产：以散杂居回族清真寺重建为例［J］．青海民族研究，2018，29（3）：188 – 195.

［8］吴延溢．"权利推动型"劳资集体协商模式的构建［J］．南通大学学报（社会科学版），2018，34（4）：69 – 74.

［9］刘湘丽．集体协商：减员过程中化解冲突的有效方式［J］．首都经济贸易大学学报，2018，20（1）：40 – 48.

［10］寿菊萍．民营企业工资集体协商效果实证分析［J］．浙江学刊，2020，241（2）：155 – 166.

［11］谢玉华，杨玉芳，郭永星．工资集体协商形成机理及效果比较研究：基于

制度变迁的视角 [J]. 广东社会科学, 2017, 184 (2): 28-36.

[12] 韩志明, 潘玉华. 工资集体协商的制度及其实践: 以天津市情况为例 [J]. 中国劳动关系学院学报, 2014, 28 (3): 41-47.

[13] 谢玉华, 苏策, 张媚, 等. 集体协商评价指标设计与应用研究 [J]. 财经理论与实践, 2017, 38 (5): 99-103.

[14] 姚先国, 焦晓钰, 乐君杰. 工资集体协商制度对企业雇佣量影响的实证研究: 来自杭州市企业的证据 [J]. 财经论丛, 2014, 183 (7): 3-9.

[15] 秦鲁隼. 全国财贸轻纺系统推进餐饮行业工资集体协商工作的实践与思考 [J]. 中国劳动关系学院学报, 2014, 28 (4): 42-45.

[16] 谢玉华, 毛斑斑, 潘晓丽. 中国集体协商形成影响因素实证研究 [J]. 中国劳动关系学院学报, 2014, 28 (3): 13-16.

[17] 王霞. 对地方性工资集体协商专项立法的分析 [J]. 中国劳动关系学院学报, 2015, 29 (4): 25-28.

[18] 孙海涛. 讨价还价模型下我国工资集体协商机制的博弈分析 [J]. 中国劳动关系学院学报, 2015, 29 (5): 97-100.

[19] 甘满堂, 赵丹. 从离职跳槽到非制度化工资集体协商: 当前农民工寻求工资待遇提高的新动向 [J]. 福建论坛 (人文社会科学版), 2016, 291 (8): 93-101.

[20] 孙海涛. 劳资博弈"囚徒困境"的合作解: 工资集体协商 [J]. 中国劳动关系学院学报, 2014, 28 (3): 48-52.

[21] 周秋琴, 张水娟, 孙文平. 论企业和职工利益共享机制的建构: 基于江苏镇江市工资集体协商制度的实证分析 [J]. 江苏社会科学, 2013, 269 (4): 103-107.

[22] 杨静. 完善我国工资集体协商制度 推动劳动关系和谐发展 [J]. 河北经贸大学学报, 2014, 35 (6): 73-79.

[23] 周恋, 李敏. 工资集体协商对员工态度的跨层次影响: 组织支持感的中介作用 [J]. 华东经济管理, 2015, 29 (9): 49-55.

[24] 王黎黎. 地方政府在工资集体协商中的角色偏差与归位 [J]. 宏观经济研究, 2014, 185 (4): 121-126, 143.

［25］岑峨．我国劳动关系集体协商的法律机制构建［J］．河南师范大学学报（哲学社会科学版），2013，40（4）：58-62.

［26］李力东，钟冬生．多中心治理视角下和谐劳动关系的构建：以浙江温岭行业工资集体协商为例［J］．晋阳学刊，2014，206（5）：75-81.

［27］胡乐明，陈晓菲，王杰．维权意识、工资集体协商与工资效应［J］．河北经贸大学学报，2015，36（5）：53-59.

［28］艾琳．地方政府介入集体协商的边界和方式：以比例原则为分析工具对权力行使模式的透视［J］．理论与现代化，2016，242（6）：54-61.

［29］靳凤林．劳资冲突的集体协商制度：伦理原则及其反思［J］．马克思主义与现实，2015，138（5）：147-152.

［30］栾卉．工资集体协商制度对农民工工资增长的影响机制研究：对七大城市的调查分析［J］．兰州学刊，2017，285（6）：193-208.

［31］李文沛．政府在集体协商中职能定位的法律分析［J］．理论与改革，2013，194（6）：111-114.

［32］陈永福，沈星．我国劳资集体协商制度的社会法反思［J］．南昌大学学报（人文社会科学版），2015，46（4）：98-104.

［33］李岩，张桂梅．德国集体谈判对完善我国行业性工资集体协商制度的启示［J］．山东社会科学，2014，229（9）：189-192.

［34］王黎黎．统合协作：工资集体协商启动模式［J］．天府新论，2015，184（4）：109-116.

［35］闻效仪．从"国家主导"到多元推动：集体协商的新趋势及其类型学［J］．社会学研究，2017，32（2）：28-50，242-243.

［36］杨正喜，黄茂英．论新时期工人工资集体协商的制度化建构［J］．社会主义研究，2015，224（6）：92-101.

［37］王天玉．工资集体协商行为主观要件的法律塑造：以美国劳资善意谈判义务为借鉴［J］．社会科学战线，2015，243（9）：232-243.

［38］姚锐敏，董念念．工资集体协商对劳资关系气氛的影响［J］．商业研究，2013，430（2）：138-145.

［39］阳芳．工资集体协商在广西城镇居民收入倍增计划中作用的考察［J］．社

会科学家, 2015, 213 (1): 58 – 63.

[40] 王天玉. 臆断与实情: 工资集体协商制度运行的实证分析 [J]. 西南民族大学学报 (人文社会科学版), 2014, 35 (1): 96 – 100.

[41] 吴延溢. 适度介入型: 工资集体协商政府治理的应然模式 [J]. 南通大学学报 (社会科学版), 2015, 31 (1): 50 – 56.

[42] 杨正喜. 地方工会 "上代下" 与工资集体协商: 以南海本田事件为例的研究 [J]. 社会科学, 2014, 411 (11): 69 – 78.

[43] 杨冬梅. 集体协商立法中政府作用探析 [J]. 新视野, 2014, 182 (2): 73 – 76.

[44] 张梅艳, 芦垚. 青年产业工人集体协商中的劳方协商代表协商能力研究 [J]. 中国青年研究, 2015, 236 (10): 12 – 19.

[45] 吴亚平. 行业工资集体协商: 工资集体协商制度建设的突破口和发展方向 [J]. 新视野, 2012, 174 (6): 85 – 88.

[46] 雷晓天. 政府在集体协商中的角色重塑 [J]. 中国党政干部论坛, 2013, 294 (5): 15 – 17.

[47] 吴延溢. 工资集体协商中多元利益的博弈及其制度建构 [J]. 南通大学学报 (社会科学版), 2013, 29 (1): 43 – 49.

[48] 杨正喜, 杨敏. 论转型期自下而上式工资集体协商机制: 基于深圳先端的个案分析 [J]. 广东社会科学, 2013, 162 (4): 180 – 188.

[49] 胡磊. 在构建中国式集体协商制度中发展和谐劳动关系 [J]. 现代经济探讨, 2012, 368 (8): 28 – 32.

[50] 张建国. 积极推动集体协商制度建设 [J]. 中国党政干部论坛, 2013, 294 (5): 7 – 10.

[51] 谢玉华, 陈佳, 陈培培, 等. 中国行业工资集体协商效果的实证分析: 以武汉餐饮行业为例 [J]. 经济社会体制比较, 2012, 163 (5): 55 – 67.

[52] 钟冬生, 李力东. 基于新合作主义视角的非公企业职工参与探析: 以浙江慈溪非公企业工资集体协商为个案 [J]. 学术论坛, 2012, 35 (8): 165 – 170.

[53] 杨成湘, 刘蕾. 行业集体协商对维护农民工权益的作用及其实现 [J]. 经济理论与经济管理, 2013, 266 (2): 16 – 23.

[54] 杨成湘，陈治亚．中国集体协商制度的实践困境与策略安排［J］．求索，2013，248（4）：206-208.

[55] 石晓天．工人集体行动、工会主席直选与工资集体协商：以广东省为例［J］．理论与改革，2012，187（5）：36-39.

[56] 陶文忠．切实履行雇主法定义务　推进集体协商制度建设［J］．中国党政干部论坛，2013，294（5）：18-21.

[57] 许银英，贺汉魂．当代视域下马克思劳资关系思想的伦理新解［J］．齐鲁学刊，2020，275（2）：68-75.

[58] 吕国泉．工资集体协商宜加快立法完善规则［J］．中国党政干部论坛，2013，294（5）：22-25.

[59] 周余祥．一战期间美国劳资关系的联邦管制政策及影响：以国家战时劳工委员会为例［J］．历史教学（下半月刊），2019，821（8）：27-32.

[60] 张树华，吴波．劳资关系与新时代中国道路的完善［J］．甘肃社会科学，2020，246（3）：1-8.

[61] 侯风云，张海霞．主体、主义与主张：中国特色社会主义劳资关系研究的建构［J］．福建论坛（人文社会科学版），2020，337（6）：20-30.

[62] 李晓宁，冯颖．基于合作共赢的和谐劳资关系构建研究［J］．经济问题，2019，478（6）：21-29.

[63] 张新春．人工智能技术条件下资本主义劳资关系演化与启示［J］．当代经济研究，2018，280（12）：12-18.

[64] 林英．高福利下的频密罢工：近代商务印书馆劳资关系考察［J］．出版科学，2019，27（4）：124-128.

[65] 赵秀丽，杨志．劳资关系新形态：弹性劳资关系网络的形成与变迁［J］．经济学家，2018，239（11）：55-61.

[66] 姚先国，焦晓钰，张海峰，等．工资集体协商制度的工资效应与员工异质性：对杭州市企业调查数据的分析［J］．中国人口科学，2013，155（2）：49-59，127.

[67] 陈仁涛．经济新常态对非公有制企业劳资关系的影响与对策［J］．甘肃社会科学，2018，234（3）：123-129.

［68］陈珍，费军．基于演化博弈视角下企业工资集体协商机制的研究［J］．中国管理科学，2012，20（S1）：1-7．

［69］刘皓琰．金融危机后西方国家劳资关系现状及发展趋势［J］．理论月刊，2019，449（5）：134-141．

［70］刘容．制度变迁理论视域下日本企业劳资关系的演化规律及启示［J］．西部论坛，2018，28（6）：30-41．

［71］常凯．我国劳资集体争议的法律规制体系建构研究［J］．南京大学学报（哲学·人文科学·社会科学），2017，54（05）：60-70，158．

［72］郑广怀．劳工权益与安抚型国家：以珠江三角洲农民工为例［J］．开放时代，2010（5）：27-38．

［73］庄文嘉．"调解优先"能缓解集体性劳动争议吗：基于1999—2011年省际面板数据的实证检验［J］．社会学研究，2013（5）：145-171．

［74］于桂兰，梁潇杰，孙瑜．基于扎根理论的企业和谐劳动关系质性研究［J］．管理学报，2016，13（10）：1446-1455，1533．

［75］李志，李苑凌．领导—成员交换理论及对组织公平管理研究的启示［J］．重庆大学学报（社会科学版），2006（2）：67-71．

［76］吴清军．集体协商与"国家主导"下的劳动关系治理：指标管理的策略与实践［J］．社会学研究，2012（3）：66-89

［77］闻效仪．工会直选：广东实践的经验与教训［J］．开放时代，2014（5）：54-65．

［78］孟泉．谈判游戏中的"说和人"：以DLDA区工会为例［J］．清华社会学评论，2013（8）：206-222．

［79］孟泉．塑造基于"平衡逻辑"的"缓冲地带"：沿海地区地方政府治理劳企冲突模式分析［J］．东岳论丛，2014，35（5）：47-54．

［80］李苑凌，戴中亮．高校劳动关系专业人才培养措施探讨［J］．人才资源开发，2020（13）：55-57．

［81］熊新发，曹大友．劳动关系集体化转型的历史回顾与治理启示［J］．中国行政管理，2016（05）：125-128．

三、外文文献

［1］ACKERS, PETER, WILKINSON. Understanding Work and Employment: Industrial Relations inTransition ［M］. Oxford: Oxford University Press, 2003.

［2］BEWLEY, TRUMAN. Why Wages Don't FallDurin a Ression ［M］. Cambridge: Harvard University Press, 1999.

［3］BOXALL, PETER, PURCELL. Strategy and Human Resource Management ［M］. New York: Palgrave Macmillan, 2008.

［4］EAWARDS, PAUL. The Employment Relationship and the Field of Industrial Relations. In Edwards, Industrial relations: Theory and Practice ［M］. London: Blackwell, 2005: 1 – 36.

［5］CHUNG. Explaining Compliance: A Multi – Actor Framework for UnderstandingLabour Law Compliance in China ［J］. Human Relations, 2015, 68 （2）: 237 – 260.

［6］FRIEDMAN, KURIVILLA. Experimentation and Decentralization in China's Labor Relations ［J］. Human Relations, 2015 68 （2）, 181 – 195.

［7］POLANY. The Great Transformation: The Political and Economic Origins of Our Time ［M］. Boston: Beacon Press, 1944.

［8］CHEN. Trade Unions and the Quadripartite Interactions in Strike Settlement in China ［J］. The China Quarterly, 2010, 201 （201）: 104 – 124.

［9］HUI. Hegemonic Transformation: The State, Laws, andLabour Relations in Post – Socialist China ［M］. New York: Palgrave Macmillan, 2017.

［10］BURAWOY. The Politics of Production: Factory Regime under Capitalism and Socialism ［M］. London: Verso, 1985.

［11］MCNULTY, PAUL. The Origins and Development of LaborEconomics ［M］. Cambridge: MIT Press, 1980.